westermann

fit fürs **abi**

Oberstufenwissen

Referat und Facharbeit

fit fürs
abi
Oberstufenwissen
Referat
und Facharbeit

Autor:

Karlheinz Uhlenbrock ist Autor verschiedener Lernhilfen für die gymnasiale Oberstufe.

Er besitzt langjährige Unterrichtserfahrung in der gymnasialen Oberstufe und in der Betreuung von Facharbeiten. Neben der Arbeit in der Schule war er viele Jahre in der Lehrerausbildung tätig.

westermann GRUPPE

© 2018 Georg Westermann Verlag GmbH, Georg-Westermann-Allee 66, 38104 Braunschweig
www.westermann.de

Druck [3] / Jahr 2021

Redaktion: imprint, Zusmarshausen
Kontakt: lernhilfen@ westermanngruppe.de
Umschlaggestaltung und Innenlayout: Janssen Kahlert Design & Kommunikation, Hannover
Umschlagfoto: Getty Images iStock/Steve Debenport
Druck und Bindung: Westermann Druck GmbH, Georg-Westermann-Allee 66, 38104 Braunschweig

ISBN 978-3-7426-**0154**-4

Inhalt

Vorwort

Später, in der Ausbildung, an der Hochschule oder im Berufsleben, werden Sie feststellen, dass viele Fakten und Daten, die Sie im Verlauf Ihres Schullebens gelernt haben, für Sie nicht mehr von Bedeutung sind. Sie werden aber auch Lernstoff entdecken, der immer wieder abverlangt und eingefordert wird. Dazu gehören zuallererst die schriftliche Abfassung und die Präsentation wissenschaftlicher Ausarbeitungen. Ob Sie nun Sport, Englisch, Physik oder Geographie, Verfahrenstechnik oder Biotechnologie studieren – Sie werden Referate vortragen und Seminararbeiten erstellen. Ähnliches gilt für die Berufsschule ebenso wie für den Berufsalltag, in dem beispielsweise neue Produkte und Ideen präsentiert werden müssen.

Es ist daher sinnvoll, gerade diese beiden Methoden in der Oberstufe einzuüben. Aus diesem Grunde ist die Erstellung einer Facharbeit, der schulischen Variante einer universitären Seminararbeit, in fast allen Bundesländern verpflichtend vorgegeben. Ebenso zählt der mündliche Vortrag von Referaten zu den an allen Schulen eingeübten Grundtechniken. Dabei ist es unerheblich, in welchem Unterrichtsfach Sie die hierfür notwendigen Schritte kennenlernen. Denn diese sind, von wenigen fachlichen Besonderheiten und Feinheiten abgesehen, in allen Fächern gleich.

Doch anders als das Schreiben von Klausuren, mit dem Sie bereits seit der Unterstufe vertraut sind, ist die Präsentation eines Referats und das Erstellen einer Facharbeit für die meisten von Ihnen ungewohnt-methodisches Neuland sozusagen.

An dieser Stelle möchte Ihnen **Fit fürs Abi Referat und Facharbeit** gezielte Hilfen anbieten. Es zeigt Ihnen Schritt für Schritt den erfolgreichen Weg zu Referat und Facharbeit. Von der Themenfindung über die Literatur- und Internetrecherche bis hin zur Gestaltung der Texte und zur Präsentation der Ergebnisse.

Vier Besonderheiten prägen das Buch:
- Der Weg zu Präsentation und Facharbeit wird hier Punkt für Punkt erläutert. Daher sind **Aufzählungen** ein markantes Merkmal des Buches.
- Die einzelnen Schritte werden aber nicht nur erklärt, sondern an vielen Stellen durch **Beispielseiten** veranschaulicht. Diese sind blau eingefärbt und sollen Ihnen die Umsetzung der Erstellungsrezepte erleichtern. Die Beispiele stammen aus unterschiedlichen Fächern.
- Die an verschiedenen Stellen im Buch vorgestellten **Checklisten** ermöglichen es Ihnen, Ihr Referat bzw. Ihre Facharbeit vor der endgültigen Präsentation

auf Stimmigkeit und eventuelle Schwachstellen hin zu überprüfen. So wird es einfach, das Endprodukt auch im Detail zu optimieren.

◉ In den zahlreichen **Tipp-Kästen** finden Sie praxiserprobte Tipps und Tricks, die Ihnen die Erstellung und Präsentation Ihres Referates bzw. Ihrer Facharbeit erleichtern.

Das Buch ist in zehn Kapitel untergliedert. Nach einer Einführung in die Kennzeichen von Referat und Facharbeit zeigen Ihnen

◉ die Kapitel 2 bis 7 die grundlegenden Schritte der Referats- oder Facharbeitserstellung von der Themenfindung bis zur Textgestaltung auf.

◉ Im Kapitel 8 wird auf die Besonderheiten eigenständiger Forschungsarbeit eingegangen.

◉ Die Kapitel 9 und 10 stellen Ihnen dann spezielle Aspekte vor, die bei der Erstellung einer Facharbeit bzw. bei der Ausarbeitung und Präsentation eines Referats zu beachten sind.

→ **Querverweise** erleichtern das Auffinden gesuchter Informationen innerhalb des Buches. Die gleiche Funktion hat auch das **Stichwortverzeichnis** im Anhang. Im laufenden Text ermöglichen **Halbfettdruck** oder *Kursivdruck* zentrale Aussagen und Aspekte rasch zu entdecken.

Der Dank des Verfassers gilt Prof. Dr. Volker Steenblock und Bernd Wahlbrinck für ihre Anregungen und Antje Uhlenbrock, Dr. Christina Uhlenbrock, Lena Castrup sowie Ansgar Elling für die Bereitstellung ihrer Arbeiten.

Es bleibt an dieser Stelle nur noch, Ihnen liebe Leserinnen und Leser ein erfolgreiches Arbeiten mit diesem Buch zu wünschen. Möge es Ihnen ein brauchbarer Leitfaden auf dem Weg zu einer gelungenen Facharbeit sein und Sie bei der Optimierung Ihrer Referate und Präsentationen unterstützen.

Viel Erfolg,
Karlheinz Uhlenbrock

Referat – Präsentation – Facharbeit

„Nicht für die Schule, sondern für das Leben lernen wir!"
Diese Weisheit gilt – wie im Vorwort aufgezeigt – in besonderer Weise für
die Kompetenzen, die Sie in der Schule zu den Bereichen Referat, Facharbeit und Präsentation vermittelt bekommen. – Doch was unterscheidet
diese drei eigentlich?

1.1 Referat

Der Begriff Referat leitet sich vom lateinischen Verb „referre" ab, was Bericht
erstatten, vortragen bedeutet.

Ein **Referat im klassischen Sinne** weist damit folgende Kennzeichen auf:

Abb. 1.1: Wer sich gut
vorbereitet, braucht vor so
einer Szene keine Angst zu
haben.

- Es handelt sich um einen frei gehaltenen mündlichen Vortrag.
- Die Vortragszeit ist vorgegeben und darf in der Regel nicht wesentlich über-
  schritten werden. Sie kann je nach Themenvorgabe zwischen 5 und circa
  30 Minuten liegen.
- Das Thema ist inhaltlich eng umgrenzt.
- Der Vortrag ist auf eine bestimmte Zielgruppe hin orientiert (z. B. einen
  Leistungskurs Biologie in der Jahrgangstufe 12.1).
- Die Materialbasis ist häufig klar eingeschränkt (z. B. zwei Zeitungsartikel, die
  Ergebnisse eines Versuches).
- Der Inhalt des Referats besteht vorrangig aus einer Darstellung von Fakten
  und Sachzusammenhängen. Je nach Thema kann aber auch eine differen-
  zierte Erörterung und Beurteilung eines bestimmten Sachaspektes, einer
  Entwicklung usw. gefordert sein.
- Zur Veranschaulichung der vorgetragenen Informationen können Medien
  wie Smartboard, Beamer, Overhead-Projektor und Flipchart oder auch
  Experimente und szenische Darstellungen eingesetzt werden.
- Als schriftliche Komponente kann ein Handout (Thesenpapier) den mündlichen Vortrag abrunden.

Neben dem Referat im klassischen Sinne besteht an vielen Schulen auch die
Möglichkeit, **schriftliche Referate** zu erstellen. Diese ähneln einer Facharbeit.
Allerdings sind Thema, Materialbasis, Ausarbeitungszeit und Umfang enger be-
grenzt. Zudem geht die erteilte Note in den Bereich „Sonstige Mitarbeit" ein.
Das schriftliche Referat ersetzt somit keine Klausur.

1.2 Facharbeit

Die Facharbeit ist eine selbstständig zu erstellende schriftliche Ausarbeitung.

Ihre Kennzeichen sind:
- Sie ist schriftlich zu erstellen.
- Man muss sie selbstständig verfassen. Das Abschreiben „alter" Facharbeiten ist also verboten.
- Das Thema ist klar umrissen, jedoch weiter gefasst als das Thema eines schriftlichen Referats.
- Unter- und Obergrenze des Umfangs der Facharbeit sind vorgegeben.
- Die Erstellungszeit ist vorgegeben. In der Regel beträgt sie je nach Bundesland zwischen 3 und 12 Monaten.
- Je nach Bundesland ist die Facharbeit nur als Einzelarbeit bzw. wahlweise als Einzel- oder Gruppenarbeit abzufassen.
- Die Erstellung der Facharbeit erfolgt unter Anwendung bestimmter Formen und Methoden wissenschaftlichen Arbeitens, die im Unterricht eingeführt und geübt werden.
- In der Regel schließt sich an die schriftliche Ausarbeitung ein **Kolloquium** oder ein Vortrag der Arbeitsergebnisse mit anschließender Fragerunde („Verteidigung") an, in dem man nachweisen muss, dass man die Arbeit selbstständig verfasst hat.
- In Form einer *Besonderen Lernleistung* kann eine (umfangreichere) Facharbeit in vielen Bundesländern sogar Bestandteil der Abiturprüfung sein.

Kolloquium = ein fachliches Gespräch über einen bestimmten Sachgegenstand ohne eine feste, vorgegebene Form

Im Rahmen der Facharbeit muss nachgewiesen werden, dass man
- ein Arbeitsthema zu erfassen und auf den Punkt zu bringen vermag;
- themenrelevante Literatur eigenständig suchen, beschaffen und fachgerecht auswerten kann;
- eine themengerechte, logische Gliederung erstellen kann;
- verschiedene Formen wissenschaftlichen Zitierens anzuwenden vermag;
- Fachinhalte themenbezogen, fachlich und sprachlich korrekt darstellen kann;
- gegebenenfalls eine eigenständige Untersuchung (Befragung, Experiment, Kartierung …) fachgerecht planen und durchführen kann, sowie deren Ergebnisse korrekt darzustellen und kritisch zu reflektieren vermag;
- in der Lage ist, ein Literatur- bzw. Quellenverzeichnis zu erstellen.

Die Note der Facharbeit wird sich daran orientieren, inwieweit der Nachweis dieser methodischen und fachlichen Fähigkeiten gelungen ist.

1.3 Präsentation

In einigen Bundesländern ist eine besondere Form von Referat Bestandteil des Abiturs: die **Präsentation**. Dabei wird unter diesem Oberbegriff je nach Bundesland durchaus etwas Unterschiedliches verstanden.

In Hessen zum Beispiel muss die im fünften Abiturfach wahlweise mögliche Präsentation ein medienunterstützter Vortrag sein, bei dem unter anderem gezeigt werden soll, dass man die Auswahl und den Einsatz der Medien kritisch zu reflektieren vermag. Auch Experimente sowie musikalische, künstlerische oder sportliche Darbietungen können eingebunden werden. Thema und Aufgabenstellung legt der Lehrer fest. Die Vorbereitungszeit beträgt mindestens vier Schulwochen. An den ca. 15-minütigen Vortrag schließt sich ein ebenso langes Kolloquium an, ein vertiefendes Prüfungsgespräch über den dargebotenen Vortrag.

In Baden-Württemberg steht noch bis zur Abiturprüfung 2020 eine Präsentation im Rahmen des mündlichen Abiturfachs an. Diese ist in ihrer Gestaltung offener als in Hessen. Der Prüfling reicht vier Themen ein, aus denen die Schule ein Thema für die Präsentation auswählt. Neben Einzelprüfungen sind auch Gruppenprüfungen möglich. Etwa eine Woche vor der Prüfung wird dem Prüfling das von der Schule ausgewählte Präsentationsthema mitgeteilt. Die Präsentation kann medienunterstützt erfolgen oder auch als reiner Vortrag gestaltet werden. An die etwa 10-minütige Präsentation schließt sich ein gleich langes Kolloquium an.

In Berlin kann die Präsentation zu einem selbstgewählten Thema als fünfte Prüfungskomponente in Form einer Einzel- oder Gruppenprüfung durchgeführt werden. Dabei muss der Vortrag durch Medien unterstützt werden. Zwingend vorgeschrieben ist, dass die Präsentation fächerübergreifende bzw. fächerverbindende Elemente enthält. Etwa zwei Wochen vor der Prüfung muss eine etwa fünfseitige Ausarbeitung zur Präsentation eingereicht werden, die eine Darstellung des Arbeitsprozesses sowie dessen Reflexion und ein Verzeichnis der benutzten Quellen enthalten muss. An die Präsentation schließt sich ein Kolloquium an. Die Gesamtdauer einer Einzelprüfung beträgt ca. 30 Minuten.

⊙ **Referat:** Ein in der Regel frei gehaltener mündlicher Vortrag.

⊙ **Facharbeit:** Eine umfangreichere, selbstständig erstellte schriftliche Ausarbeitung; kann in einigen Bundesländern eine Oberstufenklausur ersetzen.

⊙ **Präsentation:** In einigen Ländern Teil der Abiturprüfung; besteht in der Regel aus einer vorab einzureichenden schriftlichen Ausarbeitung, einem mediengestützten Vortrag und einem abschließenden Kolloquium.

Überblick

2 Arbeitsorganisation

Zwar unterscheiden sich das Referat im klassischen Sinne und die Facharbeit in ihrer Ergebnispräsentation deutlich.
Ihr Anfertigungsprozess wie auch die Anforderungen, die an ihren Aufbau und ihre Gestaltung gestellt werden, sind jedoch in zentralen Punkten gleich. Dies zeigt sich auch darin, dass die wesentlichen Schritte bei der Erstellung von Referat und Facharbeit weitgehend identisch sind.

Doch wie sieht eine optimale Organisation des Erstellungsprozesses aus?

2.1 Schritte bei der Anfertigung

Haben Sie sich für die Erstellung eines Referats bzw. einer Facharbeit in einem bestimmten Fach entschieden oder wird Ihnen dies von der Schule bzw. Ihrer Lehrerin oder Ihrem Lehrer verpflichtend vorgegeben, so stellt sich die Frage, wie Sie die Arbeit bis zum fertigen Endprodukt sinnvoll organisieren können. Folgendes Arbeitsraster bietet sich hierzu an:

① Einholen grundlegender Informationen zu den Rahmenvorgaben
  – Hierzu zählen: Themenrahmen, Zeitrahmen, Vorgaben zu Umfang und formaler Gestaltung, fachspezifische Regelungen, versicherungsrechtliche Regelungen bei praktischen Arbeiten, Benotungskriterien.
  – Bei Referaten können diese Informationen durch die Kurslehrerin oder den Kurslehrer zu Beginn des Halbjahres gegeben werden.
  – Bei Facharbeiten ist es üblich, die generellen Rahmenbedingungen der Erstellung in einer zentralen Informationsveranstaltung und/oder in einem Aushang bzw. auf Info-Blättern bekannt zu geben.
② Wahl bzw. Formulierung des vorläufigen Themas (→ Kapitel 3)
③ Erfassen des Themas
  – Verschaffen eines ersten Überblicks über den inhaltlichen Rahmen und den methodischen Schwerpunkt des Themas
  – Untergliedern des Themas in Teilaspekte oder
  – Formulierung von Fragen an das Thema (Formulierung einer zentralen Forschungsfrage sowie von untergliedernden Unterfragen)
  – Abgrenzung des Themas von anderen, ähnlichen Themen
  – eventuell Einengung des Themas durch Formulierung eines Unterthemas bzw. einer enger eingegrenzten Themenstellung (→ Kapitel 3)

④ Erstellen eines Arbeitsplanes (→ Seite 12 ff.)
⑤ Literatur-/Quellensuche (→ Kapitel 4)
⑥ Literatur-/Quellenauswertung (→ Kapitel 5)
⑦ Bei praktischen Arbeiten:
  – Planung der praktischen Arbeitsteile (Experimente, Beobachtungen, Befragungen usw.) (→ Kapitel 8)
  – Durchführung der praktischen Arbeiten
  – Auswertung und Interpretation der Ergebnisse
  – ggf. Fehleranalyse
⑧ Strukturierung des Themas und Erstellen einer vorläufigen Gliederung
⑨ Erste Schritte zum Text
  – Erstellen einer Stoffsammlung (→ Seite 74 ff.)
  – Erarbeitung und Formulierung erster Textbausteine (→ Kapitel 6)
  – erste Überlegungen zur Veranschaulichung zentraler Aspekte (z. B. durch Folien beim Referat oder Abbildungen in einer Facharbeit; → Seite 126 ff. und 175 ff.)
⑩ Zusammenstellung der Textbausteine zu einer Rohfassung des Referats oder der Facharbeit
⑪ Festlegen der endgültigen Gliederung (→ Seite 133 ff.)
⑫ Fertigstellung der Endfassung
  Beim Referat:
  – Erstellen eines Redemanuskriptes oder von Karteikarten mit zentralen Stichworten als Gedächtnisstützen (→ Seite 167 ff.)
  – Erstellen geeigneter Veranschaulichungsmittel (Overheadprojektor-Folien, digitale Folien, Karten usw.; → Seite 175 ff.)
  – ggf. Verfassen eines Handouts (→ Seite 184 f.)
  Bei der Facharbeit:
  – logisch stimmige Anordnung der Textbausteine gemäß der endgültigen Gliederung
  – Verbinden der einzelnen Textabschnitte durch Überleitungen
  – eventuell inhaltliche und formale Überarbeitung des Textes
  – Einbau der Veranschaulichungselemente (Diagramme, Skizzen, Bilder usw.; → Seite 126 ff.)
  – optischer Feinschliff
⑬ Die letzten Schritte
  – Beim Referat: eine oder mehrere Probepräsentationen vor Freunden, Verwandten oder Bekannten; eventuell auch Aufzeichnung des Probedurchlaufes mit der Smartphone- oder einer Videokamera; Schlusskorrektur
  – Bei der Facharbeit: Schlusskorrektur, Ausdrucken, Binden

2.2 Zeitplanung

Wichtig für die erfolgreiche Erstellung eines Referats oder einer Facharbeit ist ein durchdachtes Zeitmanagement.

Am Anfang wird Ihnen die zur Verfügung stehende Zeit märchenhaft lang erscheinen. Ein Referat innerhalb einiger Wochen oder eine Facharbeit innerhalb einiger Monate zu erstellen, scheint problemlos möglich. Ist es auch. Doch nur, wenn Sie zu Beginn einen klaren Zeitplan erstellen.

Nehmen Sie also Ihren Kalender zur Hand und legen Sie ein grobes Zeitraster für Ihre Arbeit fest. Bei der Erstellung eines solchen **Arbeitsplanes** sollten Sie berücksichtigen:

- ⦿ die verbindlich vorgegebenen Eckdaten (z. B. Beratungsgespräche, Abgabetermin)
- ⦿ eine möglichst gleichmäßige Auslastung des Gesamtzeitraumes – also nicht alles auf die letzten drei Wochen schieben
- ⦿ absehbare schulische Belastungen (z. B. Klausurwochen)
- ⦿ bereits bekannte private Ausfallzeiten (z. B. Urlaub, Nebenjob)
- ⦿ markante Zwischenmarken Ihrer Arbeit:
  - – Anfang und Ende der Literatursuche bzw. praktischer Arbeitsteile
  - – Fertigstellung der Gliederung und der Stoffsammlung
  - – Beginn der Niederschrift der Endfassung
  - – Termine der Gespräche mit der betreuenden Lehrkraft
  - – Datum der Fertigstellung (diese sollte zur Vermeidung unnötiger Schlusshektik einige Tage vor dem Abgabetermin liegen)

Ein solcher Zeitplan ist jedoch nur gewinnbringend, wenn Sie ihn auch konsequent einhalten!

Tipp | Damit Sie ihn stets vor Augen haben, sollten Sie den Arbeitsplan an auffälliger Stelle aufhängen, also etwa neben Ihrem Schreibtisch oder an der Tür zu Ihrem Arbeitszimmer.

Sie können den Arbeitsplan zugleich auch als **Checkliste** nutzen:

- ⦿ Streichen Sie die erfolgreich abgeschlossenen Teile/Termine durch oder haken Sie diese ab.
- ⦿ Umranden Sie nicht termingerecht abgeschlossene oder noch ausstehende Arbeitsschritte/Termine.

Übrigens: Das Erstellen und Einhalten eines Arbeitsplanes lässt sich auch bequem per Smartphone organisieren (→ Kapitel 2.5).

Woche Nr.	Woche	Besonderheiten	Arbeitsschritte
1	5.3. – 11. 3.	Beratungsgespräch mit Fr. Schlumpf am 7.3.	– Thema wird gestellt am 5.3. – Arbeitsfragen/Arbeitshypothesen formulieren und mit betreuender Lehrerin am 7.3. besprechen – Materialrecherche im Internet – Material quer lesen
2	12.3. – 18.3.	Klausurwoche	– Gespräch mit H. Rörr (Experte) – Materialrecherche im Internet – Materialrecherche in Stadtbücherei
3	19.3. – 25.3.	Klausurwoche	– Materialrecherche in Stadtbücherei – ausgewähltes Material durcharbeiten
4	26.3. – 1.4.	Beratungsgespräch mit Fr. Schlumpf am 30.3.	– ausgewähltes Material durcharbeiten – Erstellen einer vorläufiger Gliederung – Beginn Stoffsammlung
5	2.4. – 8.4.		– falls notwendig, weitere Materialrecherche – ausgewähltes Material durcharbeiten – Fortsetzung Stoffsammlung – Abschluss Materialrecherche am Freitag
6	9.4. – 15.4.	Kroatien-Urlaub	
7	16.4. – 22.4.	Beratungsgespräch mit Fr. Schlumpf am 20.4.	– Material durcharbeiten – Abschluss Stoffsammlung – Gliederung fertigstellen – gegebenenfalls Nachrecherche + Ergänzung Stoffsammlung – Erstellen erster Textteile
8	23.4. – 29.4.		– Erstellen weiterer Textteile
9	30.4. – 6.5.	Geburtstag Freundin (Party vorbereiten?!)	– Erstellen weiterer Textteile
10	7.5. – 13.5.	Klausurwoche	diese Woche ist nix drin!
11	14.5. – 20.5.	Montag Mathe-Klausur! Zahnarzt-Termin am Freitag	– Erstellen letzter Textabschnitte für Hauptteil – Abbildungen (Grafiken, Bilder usw.) einbinden – Erstellen des Schlussteils – Layout-Feinabstimmung – Gedanken zum Deckblatt machen!
12	21.5. – 27.5.		– Erstellen der Einleitung – Schlusskorrektur (Tippfehler, Rechtschreibung, Kommasetzung) – Gegenlesen durch Charlotte – Erstellen Inhaltsverzeichnis – Erstellen Deckblatt + Titelblatt – Erstellen Quellenverzeichnis – Erstellen Abschlusserklärung – Ausdruck – Binden der Arbeit am 26. Mai

Abgabe am Dienstag, 29. Mai 10.00 Uhr

Beispiel: Arbeitsplan für eine Facharbeit

Bei der Erstellung und der Umsetzung Ihres Zeitplanes sollten Sie einige häufig zu beobachtende Fehler vermeiden:

Fehler 1: Zu später Beginn der Arbeit

Nach Festlegung des Themas scheint der Abgabetermin in weiter Ferne zu liegen und man zögert den Beginn der ernsthaften Arbeit am Thema immer weiter hinaus.

Gegenstrategie: Erstellen Sie direkt nach der Themenwahl einen Arbeitsplan und halten Sie diesen konsequent ein.

Fehler 2: Schulische und private Stressphasen werden nicht berücksichtigt

Sie wissen selbst, dass in „heißen" Klausurphasen kaum Zeit für eine intensive Arbeit an anderen Dingen, also an Referat oder Facharbeit, bleibt. Gleiches gilt für Zeiten starker Belastung im Privatleben (z. B. Turniere im Sport).

Gegenstrategie: Überlegen Sie, welche wichtigen Termine in Schule, Ehrenamt und Privatsphäre in die Zeit der Erstellung Ihres Referats/Ihrer Facharbeit fallen. Berücksichtigen Sie diese im Zeitplan.

Fehler 3: Zu lange Literaturrecherche

Häufig entwickelt sich im Laufe der Informationssuche das „The-next-is-the-better-Syndrom": Obwohl bereits eine Vielzahl von Quellen zusammengetragen wurde, glaubt man beständig, eine noch ergiebigere Internetquelle oder ein noch anschaulicheres Buch finden zu können. Und so recherchiert man bis zum Vortrags- bzw. Abgabetermin.

Für eine sorgfältige Erstellung des Endproduktes bleibt kaum noch Zeit. Das Ergebnis: Referat oder Facharbeit erwecken den Eindruck, mit der sprichwörtlichen „heißen Nadel" gestrickt zu sein.

Gegenstrategie: Vermerken Sie in Ihrem Arbeitsplan ein definitives Ende der Literatur-/Quellensuche. Dieses muss etwa auf der Hälfte der zur Verfügung stehenden Bearbeitungszeit liegen. Nur zur Lösung spezieller Probleme sollte man danach erneut nach Informationen suchen. Finden Sie zu bestimmten Aspekten keine ausreichende Literatur, bitten Sie die betreuende Lehrkraft um Hilfe.

Fehler 4: Literaturbestellzeiten werden nicht eingeplant

Unter Umständen muss Literatur per Fernleihe, direkt beim Verlag oder bei staatlichen Stellen bestellt werden (→ Seite 57 f.). Oft stehen per Fernleihe bestellte Werke erst nach zwei bis vier Wochen zur Verfügung oder die um Materialzusendung gebetenen Institutionen antworten eventuell stark verzögert.

Gegenstrategie: Planen Sie solche Zeitverzögerungen ein – bestellen Sie frühzeitig.

Fehler 5: Das Literaturlesevermögen wird überschätzt

Bei den zu bearbeitenden Quellen handelt es sich zumeist um Fachliteratur. Diese ist nicht immer einfach zu lesen. Fachbegriffe müssen nachgeschlagen, kompliziertere Passagen eventuell mehrmals gelesen werden.

Gegenstrategie: Planen Sie ausreichend Lesezeit ein.

Halten Sie ein allgemeines sowie ein fachspezifisches Wörterbuch bereit.

Schalten Sie in Lesephasen ablenkende Hintergrundgeräusche aus (Smartphone, Fernseher, Radio). So fällt es leichter, sich zu konzentrieren.

> Bei Fachliteratur ist eine Lesegeschwindigkeit von vier bis acht Seiten pro Stunde realistischer als eine solche von zehn bis 20.

Fehler 6: Man geht von einem glatten Verlauf praktischer Arbeiten aus

Praktische Arbeiten verlaufen jedoch selten ohne Probleme: Experimente scheitern beim ersten Mal. Chemikalien sind aufgebraucht und müssen neu bestellt werden. Geräte werden defekt. Zu interviewende Zeitzeugen erkranken oder verreisen kurzfristig. Unwetter verhindert Kartierungen usw.

Gegenstrategie: Planen Sie eine Zeitreserve für eventuelle Probleme im praktischen Teil Ihrer Arbeit ein. Schließen Sie diesen so früh wie möglich ab. Liegen dann alle Daten/Befunde vor, kann man diese in Ruhe auswerten.

Fehler 7: Korrekturzeiten bleiben unberücksichtigt

Bei einem Referat sind nach dem ersten Probevortrag oft noch Korrekturen notwendig. Bei einer Facharbeit müssen Rechtschreibung, Zeichensetzung und Layout überprüft werden. Die Arbeit muss zudem kopiert und gebunden werden. All dies nimmt meist mehr Zeit in Anspruch als vorgesehen.

Gegenstrategie: Planen Sie eine großzügige Korrekturphase ein. Allgemein gilt: Die Arbeit sollte zwei Tage vor dem Abgabetermin fertig sein.

> Viele Facharbeiten werden nicht Korrektur gelesen und enthalten deshalb formale Schwächen, die zu Notenabzügen führen.

Fehler 8: Probleme mit den Computerprogramm werden nicht eingeplant

Die Arbeit mit einem Präsentationsprogramm oder einem Schreibprogramm ist nicht unbedingt eine in allen Aspekten vertraute Tätigkeit. Die Zahl der hierbei möglicherweise auftretenden Probleme ist groß.

Gegenstrategie: Machen Sie sich bereits vor dem ersten großen Projekt mit dem Programm vertraut. Fragen Sie bei Problemen möglichst rasch einen „Experten". Lange Experimentierphasen kosten zu viel Zeit.

Fehler 9: Wer denkt an Computer-Probleme?

Computer-Abstürze kommen aber vor. Auch pflegen Druckerkartuschen im ungünstisten Augenblick leer zu werden. Oder das Papier geht aus …

Gegenstrategie: Sichern Sie während und am Ende jeder PC-Sitzung Ihre Daten. Speichern Sie diese zusätzlich auch auf Stick oder CD-ROM. Halten Sie in der Endphase Ersatztoner bzw. Druckerpatronen, ausreichend Papier bereit – und am besten auch einen Bekannten mit intaktem Drucker …

Abb. 2.1: Böse Überraschung! Die Tinte ist alle …

2.3 Dokumentieren und Ordnen

Bei jeder Form wissenschaftlicher Arbeit ist es wichtig, vom Beginn des Arbeitsprozesses an Ergebnisse, Probleme und Ideen in schriftlicher Form festzuhalten. Hierbei kann man zwei Formen von Notizen unterscheiden:

⊙ Notizen zum Arbeitsprozess;
⊙ bibliografische Notizen (Vermerke zu Autor und Titel der Quellen).

Diese Notizen kann man festhalten:

⊙ handschriftlich in einem Heft (z. B. in Form eines Arbeitstagebuches);
⊙ handschriftlich auf Karteikarten (z. B. in Form von Bibliografiekarten) oder
⊙ elektronisch in einer Datenbank im Computer, Laptop oder Smartphone.

Alle drei Formen der Dokumentation haben Vor- und Nachteile, die sie jeweils für bestimmte Dokumentationsbereiche besonders geeignet bzw. ungeeignet erscheinen lassen (siehe unten).

Arbeitstagebuch

Bei umfangreicheren Referaten sowie bei Facharbeiten ist es hilfreich, den Prozess der Erstellung schriftlich festzuhalten. Dies geschieht in Form eines Arbeitstagebuches. Ein Arbeitstagebuch ist ein Heft mit festem Einband, in das Sie, nach Datum sortiert, handschriftlich eintragen:

⊙ den täglichen Arbeitsprozess
⊙ Arbeitsergebnisse
⊙ aufgetretene Probleme, Ideen für deren Lösung und Lösungsergebnisse
⊙ Geistesblitze
⊙ Hinweise auf eventuell brauchbare Quellen (Buchtitel, Internetadressen)
⊙ Fragen, die im Beratungsgespräch zu klären sind
⊙ Ergebnisse der Beratungsgespräche usw.

Das benutzte Heft sollte handlich sein. So kann man es stets mit sich führen, also auch in der Bibliothek, im Labor, bei Befragungen, selbst im Bett. Denn brauchbare Ideen kommen einem nicht nur am Schreibtisch und Literaturtipps erhält man oft an Stellen, wo man sie am wenigsten erwartet (z. B. in einer Fernsehsendung oder beim Gespräch mit Tante Erna).

Auch nach einigen Wochen muss sich aus den Stichworten der Inhalt der Vermerke noch klar rekonstruieren lassen.

Die Eintragungen können stichwortartig, nach Oberbegriffen geordnet oder als zusammenhängender Text vorgenommen werden. Bei stichwortartigen Vermerken sollte man jedoch in den Formulierungen nicht zu knapp bleiben.

Ein Arbeitstagebuch bietet so die Möglichkeit,

⊙ den Arbeitsprozess im Nachhinein nachzuvollziehen und zu reflektieren;

⊙ Fehler zu erkennen und daraus Verbesserungsideen für nachfolgende Referate/schriftliche Arbeiten abzuleiten (auch für Universität oder FH);

⊙ Ideen, die man eventuell nicht direkt verwerten konnte, festzuhalten – vielleicht benötigt man sie ja an anderer Stelle;

⊙ Quellen, die man gefunden, aber nicht kopiert, ausgedruckt oder ausgeliehen hat, später wiederzufinden;

⊙ die Beratungsgespräche vorzubereiten (den Arbeitsfortschritt gegenüber dem Betreuer nachzuweisen, ungeklärte Fragen festzuhalten usw.) und deren Ergebnisse zu vermerken.

An einigen Schulen ist die Führung eines solchen Arbeitstagebuches bei der Erstellung einer Facharbeit verpflichtend. Es muss bei den Beratungsgesprächen vorgelegt werden.

Für praktische Arbeitsteile (z. B. naturwissenschaftliche Versuche, Befragungen und Interviews) reicht das Arbeitstagebuch als Dokumentation meist nicht aus. Hier sollte zusätzlich ein **Protokoll** erstellt werden (→ Seite 117 f.).

---

25. Mai 2021

Arbeitsprozess und Arbeitsergebnisse

– Literatur in der Stadtbücherei zur Mafia in Italien gesucht.

– Frau Brenner (Bibliotheksaufsicht) war kompetente Hilfe.

– Hat mir Signaturgruppe Ital 15 empfohlen.

– Dort vier brauchbare Bücher gefunden und ausgeliehen: LUPO 2002, RESKI 2009, GASPARINI 2011, DICKIE 2015

– Habe lange im Büchereicomputer nach weiteren Büchern gesucht. Ohne Ergebnis.

– Hätte sofort Frau Brenner fragen sollen!! Sie hat mir gezeigt, dass man dort nicht das Stichwort Mafia eingeben muss, sondern *Mafia*. Nur dann findet man auch Bücher zum Thema Mafia ohne das Wort Mafia im Titel.

– Habe so DICKIE 2006 (Cosa nostra) und SAVIANO 2009 (Camorra) gefunden – doch beide Bücher sind ausgeliehen bis 31. Mai. Habe sie vormerken lassen.

– Weiterer Fund: Artikel in Zeitschrift „Italienisch – Zeitschrift für italienische Sprache und Literatur" 11/1993 von V. Consolo, Titel: „La mafia nella letteratura siciliana". Problem: ist auf Italienisch. Trotzdem kopiert.

Probleme & Lösungsideen

– Artikel in Zeitschrift ist auf Italienisch!!

– Toni von Pizzeria Prima Vera fragen, ob er mir den übersetzen kann.

Geistesblitze

Möchte in die Einleitung eine Sequenz aus dem Film „Der Pate" einbauen. Glaube, die macht neugierig.

Fragen für Beratungsgespräch

– Darf man auch Zitate und Bilder aus Filmen in die Facharbeit bringen?

– Wie gebe ich für solche Bilder die Quelle an?

– Darf man Diagramme aus Büchern einscannen oder muss ich die selber neu zeichnen? Darf man eingescannte Diagramme verändern/ergänzen?

Beispielseite aus einem Arbeitstagebuch

Dokumentation auf Karteikarten

Neben dem Arbeitstagebuch und eventuellen Protokollen praktischer Arbeitsteile bietet auch das Notieren wichtiger Informationen auf Karteikarten eine
Möglichkeit, Arbeitsergebnisse systematisch zu dokumentieren. Man benutzt
dazu meist Karteikarten im Format DIN A5.

Die Eintragungen auf Dokumentationskarteikarten sehen dabei ähnlich aus
wie in einem Arbeitstagebuch. In jedem Fall sollte auf allen Karteikarten oben
das Datum notiert werden, an dem die jeweilige Karte erstellt wurde.

Karteikarten besitzen gegenüber einem Arbeitstagebuch folgende **Vorteile**:

- Sie sind flexibler in der Handhabung.
- Sie sind klein und leicht. Man kann sie immer dabeihaben.
- Man kann sie – je nach Bedarf – immer wieder unter neuen Ordnungs-
  gesichtspunkten sortieren.
- Die Verwendung unterschiedlich gefärbter Karten erlaubt es, die Eintragungen zu systematisieren (z. B. grüne Karten für Arbeitsergebnisse, rote für
  offene Fragen usw.).

Nachteile der Dokumentation auf Karteikarten sind:

- Die für die Dokumentation zur Verfügung stehende Fläche ist kleiner als in
  einem Heft.
- Karteikarten geraten leicht durcheinander.
- Man kann sie leicht verlieren.

Wer Schwierigkeiten hat, in seinen Unterrichtsnotizen Ordnung zu halten, sollte
also besser auf die Benutzung von Karteikarten verzichten.

Karteikarten können mit einer entsprechenden App auch einfach per Smartphone erstellt werden (→ Kapitel 2.5).

Bibliografische Notizen (Literatur)

Sie haben ein für Ihr Thema relevantes Buch oder einen Zeitschriftenartikel gefunden. Um diese Quelle später im Literatur- und Quellenverzeichnis korrekt
angegeben zu können, sollten Sie sich zu jeder gefundenen Quelle bibliografische („bücherkundliche") Notizen machen.

- Diese müssen alle den Literaturtitel betreffenden Informationen enthalten.
- Sie können auf einem Blatt Papier, im Arbeitstagebuch, auf Karteikarten
  oder in einer digitalen Datenbank dokumentiert werden.
- Die Dokumentation auf Karteikarten bzw. in einer digitalen Datenbank
  im Computer/Smartphone ist optimal, da sie die rasche Erstellung eines
  alphabetischen Literaturverzeichnisses erlaubt.

In jedem Fall müssen die bibliografischen Notizen enthalten:

- ⊙ den oder die NACHNAMEN der Autorin, des Autors oder der Autoren
- ⊙ den bzw. die Vornamen
- ⊙ das Erscheinungsjahr des Buches bzw. der Zeitschrift
- ⊙ den Titel und gegebenenfalls den Untertitel des Buches, des vom Autor verfassten Buchkapitels oder des Zeitschriftenaufsatzes
- ⊙ bei einem Buch: die Auflage, den Erscheinungsort, den Verlag und die Seitenzahl
- ⊙ bei einer Zeitschrift: die Heftnummer, den Jahrgang und die Seitenzahl

Bibliographische Notizen zu Büchern oder Zeitschriftenartikeln könnten etwa folgendes Aussehen haben:

Literaturkarteikarte für ein Buch:	Literaturkarteikarte für ein Kapitel aus einem Buch mit Herausgebern, in dem verschiedene Autoren Kapitel geschrieben haben:	Literaturkarteikarte für einen Zeitschriftenartikel:	Beispiel: Literatur- karteikarten
PANTLE, Christian (2017): Der Dreißigjährige Krieg. Als Deutschland in Flammen stand. 6. Auflage. Berlin: Propyläen Verlag	HEBERER, Thomas (1994): Volksrepublik China. In: NOHLEN, Dieter/ NUSCHELER, Franz (Hrsg.): Handbuch der Dritten Welt. Band 8. 3. Auflage. Bonn: Dietz, S. 64–138	WOLF, Christian (2012): Dialog zwischen Mensch und Maschine – Tastenempfindungen per Computer. Eine neuartige Gehirn-Com- puter-Schnittstelle vermittelt Gelähmten Tastempfindungen. In: Spektrum der Wissenschaft, Heft 4/2012, S. 20–21	

Denken Sie daran: Wenn Sie Seiten aus Büchern oder Zeitschriften kopieren, müssen Sie auch **auf den Kopien bibliografische Angaben notieren.** In der Regel reicht es aber, oben auf jeder Kopie den Autor und die Jahreszahl festzuhalten. Anhand dieser Angaben kann die Quelle identifiziert werden – sofern eine entsprechende bibliografische Notiz im Arbeitstagebuch, auf Karteikarte oder im Computer bzw. Smartphone angelegt wurde.

Notieren Sie für alle interessanten Quellen bibliografische Angaben. Denn: Sollte sich ein Buch oder ein Zeitschriftenartikel später als unbrauchbar erweisen, war die unnötigerweise für das Bibliografieren aufgewandte Zeit relativ gering.

Muss hingegen eine Quelle, die sich wider Erwarten als ergiebig erweist, im Nachhinein bibliografisch erfasst werden, ist der Zeitaufwand um ein Vielfaches höher.

Tipp

Bibliografische Notizen (Internetquellen)

Haben Sie für Ihr Thema interessante Internetquellen gefunden, können Sie diese am Bildschirm anlesen. Erweist sich eine Quelle hierbei als (wahrscheinlich) brauchbar, sollten Sie diese ausdrucken. Ein Ausdruck liest sich angenehmer und ermüdungsfreier als ein Bildschirmtext. Zudem ist er stets verfügbar, ohne dass der Computer eingeschaltet werden muss, und kann problemlos mit Anmerkungen versehen werden.

Wie ein Literaturwerk muss auch eine Internetquelle bibliografisch erfasst werden. Nur so können Sie die Quelle im Daten-Dschungel des Internets wiederfinden und sie korrekt in Ihrer Arbeit zitieren (→ Kapitel 7). Und auch hier gilt: Je mehr bibliografische Angaben festgehalten werden, desto besser.

Zur bibliografischen Erfassung einer Internetquelle gehören aber in jedem Fall folgende Angaben:

Aufbau einer URL:

http:// = Verwendetes Protokoll (hier: Hypertext Transfer Protocol)

www.chemie.de = Domain-Name (bestehend aus Sub-, Haupt- und Top-Level-Domain)

/lexikon/Chemie. html = Pfad

- ⊙ URL (*Uniform Resource Locator*, Internetadresse)
- ⊙ Datum der Entnahme der Quelle aus dem Internet
- ⊙ Name und Vorname des Autors der Internetquelle (gegebenenfalls Name der Institution)
- ⊙ Titel der Internetquelle
- ⊙ gegebenenfalls Datum/Erstellungsjahr der Quelle (z. B. bei Zeitungs- und Zeitschriftenartikeln sowie anderen Quellen mit hohem Aktualitätsgrad)

Die **Angabe des Entnahmedatums** aus dem Internet ist von besonderer Wichtigkeit, da das Internet einem raschen Wandel unterworfen ist. Bereits morgen schon kann unter der gleichen URL eine gänzlich andere Information stehen als heute. Durch die Angabe des Entnahmedatums sichert man sich gegen solche inhaltlichen Änderungen ab.

Wie Literaturwerke können auch Internetquellen auf Blättern in einem Ringordner, auf Karteikarten, per Computer oder Smartphone bibliografiert werden. Eine bibliografische Dokumentation von Internetquellen in einer Datenbank kann etwa folgendes Aussehen haben:

Beispiel: Bibliograf. Erfassung einer Internetquelle

http://www.faz.net/aktuell/wissen/medizin/reprogrammierte-hautzellen-der-koenigsweg-zur-stammzelle-1438054.html
aus dem Internet am 15.09.2021 …
Autor: Joachim Müller-Jung
Titel: Reprogrammierte Hautzellen – Der Königsweg zur Stammzelle?
Artikel im FAZ.NET vom 7.6.2007

In vielen Fällen werden bibliografische Angaben beim Drucken von Internetquellen automatisch mit ausgedruckt. Doch gilt dies keineswegs für alle Internetquellen. Kontrollieren Sie also in jedem Fall, ob Ihre Ausdrucke Quellenangaben enthalten. Falls nicht, müssen Sie diese handschriftlich ergänzen. Hier reicht es, die Kurz-URL (bis einschließlich des Domain-Namens) und das Entnahmedatum aus dem Internet zu vermerken (Beispiel: *http://www.faz. net 15.09.2021*). Wurde die Quelle wie vorgeschlagen bibliografisch am Computer oder auf Karteikarten erfasst, kann sie anhand dieser beiden Angaben leicht identifiziert werden.

Die Vorteile einer bibliografischen Erfassung von Internetquellen per Computer werden am Beispiel auf → Seite 20 deutlich:
Lange Internetadressen können nach dem Markieren problemlos durch Nutzen der Kopierfunktion in die Datenbank übernommen werden, ohne dass man sie mühsam abschreiben muss. Zudem ist auf gleichem Weg die spätere Übernahme in das Quellenverzeichnis der Facharbeit oder des Referat-Handouts bequem möglich.

Tipp

Ordnung halten

„Wer Ordnung hält ist nur zu faul zum Suchen!" Diese Redewendung enthält mehr als nur ein Körnchen Wahrheit. Wenn Kopien, Ausdrucke und handschriftliche Notizen ohne System über- und durcheinander auf Ihrem Schreibtisch landen, werden Sie rasch feststellen, dass ein solcher Informationsberg nicht mehr beherrschbar ist, geschweige denn in vertretbarer Zeit die gesuchten Informationen preisgibt.

Legen Sie also vor Beginn Ihrer Arbeit einen Ringordner bereit. Dieser sollte farbige Trennblätter (Registerblätter) aus Pappe oder Plastik enthalten. Heften Sie nun alle Ausdrucke und Kopien, nachdem Sie diese mit einer Quellenangabe versehen haben, unter bestimmten Oberbegriffen im Ordner ab. Diese Oberbegriffe ergeben sich aus dem Thema des zu erstellenden Referats/der Facharbeit und sollten auf den Trennblättern/Registerblättern vermerkt werden.

Abb. 2.2: Trennblätter helfen, Ordnung halten und die Übersicht nicht zu verlieren.

Auch handschriftliche Notizen, Gliederungsentwürfe, Protokolle usw. sollten Sie in gleicher Weise abheften. Hier empfiehlt es sich, oben auf der Seite das Datum der Erstellung dieser Notizen zu vermerken. So lässt sich z. B. die letzte Fassung einer Gliederung rasch von älteren Versionen unterscheiden.

2.4 Arbeitsplatz und Arbeitsrhythmus

Arbeitsplatz

Gestalten Sie Ihren Arbeitsplatz funktional, bequem und ablenkungsarm:

- Ihr Schreibtisch sollte ausreichend Platz bieten, um mehrere Schriftstücke nebeneinanderlegen zu können. Deren Vergleich und Kombination sind dann ohne lästiges Nachschlagen problemlos möglich. Sinnvoll sind auch separate Ablagemöglichkeiten für häufig benutzte Literatur.
- Halten Sie an Ihrem Arbeitsplatz stets ein Blatt Papier griffbereit, um darauf Ideen, Formulierungen oder Fragen zu notieren.
- Ein Arbeitsplatz ist prinzipiell ein Platz zum Arbeiten. Deshalb gehört ein Fernseher nicht in Schreibtischnähe. Computerspiele sowie auch Instagram, Snapchat oder Whatsapp sollten während einer Arbeitssitzung am Computer tabu sein. Handy oder Smartphone gehören abgeschaltet. Trennen Sie Arbeit und Freizeitaktivitäten klar voneinander.
- Die Sitzgelegenheit sollte so beschaffen sein, dass sie ein bequemes, konzentriertes Arbeiten über längere Zeit ermöglicht.
- Die Lichtverhältnisse sollten ermüdungsfreies Lesen erlauben.

Arbeitsrhythmus

Richten Sie Ihren Arbeitsrhythmus so ein, dass längere Arbeitsphasen ohne Unterbrechungen zur Verfügung stehen. Dies bietet Vorteile:

- In einer längeren zusammenhängenden Arbeitsphase müssen Sie sich nur einmal gedanklich auf den Stoff einstellen.
- Sie können auch umfangreiches Material auswerten und dabei Strukturen und Zusammenhänge erkennen.
- Längerer Textpassagen können ohne inhaltliche und stilistische Brüche formuliert werden.

Ungünstig ist es, sich direkt nach starker körperlicher oder geistiger Anstrengung an die Arbeit zu begeben, also z. B. nach einem Fußballspiel oder einer Klausur. Man arbeitet dann oft unkonzentriert. Das Ergebnis ist trotz hohen zeitlichen Einsatzes unbefriedigend. Die Folge: Frustration entsteht.

Arbeiten Sie also bevorzugt zu Zeiten, in denen Sie körperlich und geistig frisch sind.

Setzen Sie sich erreichbare **Tagesziele**: Welche Literatur wollen Sie bis 17.00 Uhr gelesen haben? Welchen Arbeitsschritt wollen Sie heute abschließen? Beenden Sie die Arbeit, wenn Sie Ihre Tagesziele erreicht haben.

Motivieren Sie sich selbst. Gehen Sie mit einem Glas Orangensaft oder einem Tee entspannt an die Arbeit. Genießen Sie den Abschluss eines Kapitels. Belohnen Sie sich nach dem Erreichen der Tagesziele z. B. durch einen Waldlauf oder eine entspannte Spielstunde an Laptop, Tablet oder Smartphone.

2.5 Smartphone

Das Smartphone hat sich dank einer in den vergangenen Jahren enorm gewachsenen Zahl immer besserer Apps zu einem wahren Tausendsassa entwickelt. Es gibt (fast) keinen Lebensbereich, in dem der kleine Alleskönner nicht nutzbar ist oder wäre.

Dies gilt in besonderem Maße auch beim Erstellen von Facharbeiten und Referaten und für die Präsentation von Arbeitsergebnissen. Hier einige Nutzungsbeispiele.

Arbeitsplanung

Das Erstellen und Einhalten eines Arbeitsplanes lässt sich bequem per Smartphone organisieren: Mit Apps wie *Any.do, Zenkit To Do, Todoist* oder *Microsoft To-Do* (alle Android und iOS, gratis) können To-do-Listen erstellt und deren Bearbeitung überprüft werden. Die App *Focus To-Do: Pomodoro-Timer & Aufgabenmanagement* (Android und iOS, gratis) erlaubt es, Aufgaben sowie deren Zeitbedarf zu planen und die Ausführung per Timer zu kontrollieren. Auch mithilfe der App *Evernote* (Android, gratis) können To-Do-Listen gespeichert und verwaltet werden.

Konzipieren einer Mindmap zur Strukturierung des Themas und der Arbeit

Es gibt eine Reihe guter, allerdings nur zum Teil kostenloser Mindmap-Programme, so *SimpleMind* und *MindMeister* oder *miMind* und *Mindly* sowie *Ayoa* und *Miro* (Android und iOS, einige Mindmaps frei, dann kostenpflichtig).

Organisation von Gruppenarbeiten

Es gibt hilfreiche Apps für die Organisation einer Gruppenarbeit, so z.B. für die Terminkoordination *Signal*, *WhatsApp* und *Doodle* (Android und iOS, gratis) oder *Threema* (kostenpflichtig) bzw. für den Austausch von Dokumenten und Bildern auch *WeTransfer* oder *Dropbox* (Android und iOS, gratis).

Internetrecherche

Viele gängige Suchmaschinen (→ Seite 63 f.) sind auch als kostenlose App für Android und iOS erhältlich, so z.B. *DuckDuckGo* oder *Startpage* und *Google*. Damit bietet das Smartphone die Möglichkeit, auftretende Fragen überall und jederzeit direkt mithilfe des Internet zu klären.

Für die eigentliche Literaturrecherche ist das Smartphone aber nur dann gut einsetzbar, wenn eine Möglichkeit zum Ausdrucken der gefundenen Quellen besteht. Hierfür muss eine entsprechende Drucker-App installiert sein, z. B. *Google Cloud Print* bzw. *Apple AirPrint* oder die zum jeweiligen Drucker passende App des Druckerherstellers. Zudem müssen Smartphone und Drucker im gleichen WLAN-Netz angemeldet sein und der Drucker muss den Direktdruck vom Smartphone aus unterstützen (aktuelle WLAN-fähigen Drucker tun dies zumeist).

Das Smartphone in der Hand bedeutet natürlich auch immer eine Gefahr – die Gefahr der Ablenkung!

Literatur abfotografieren und scannen

Als Alternative zum Kopieren von Buch- oder Zeitschriftenseiten bietet sich das Abfotografieren per Smartphone an. Zudem gibt es Scan-Apps, die in vielen Fällen kostenlos sind, wie z. B. *Office Lens*, *Genius Scan*, *CamScanner* oder *Adobe Scan* (alle Android und iOS) sowie *ClearScan*, *Simple Scan* oder *Textfee* (alle Android). Häufig ist eine kostenpflichtige Upgrade-Version erhältlich. Andere Scan-Apps wie *Prizmo* oder *Scanner Pro* (iOS) bzw. *TextGrabber* (Android) sind hingegen kostenpflichtig.

Dokumentation bibliografischer Daten

Karteikarten für die Dokumentation bibliographischer Daten können auch einfach per Smartphone erstellt und verwaltet werden. Hilfreiche Apps sind hier z. B. *AnkiDroid Karteikarten* (Android, gratis) oder *Flashcards Deluxe* (Android und iOS, kostenlose Lite-Version, ansonsten kostenpflichtig).

Dokumentation bei eigener Forschungsarbeit

Im Rahmen eigener Forschungsarbeit bieten sich vielfältige Möglichkeiten, das Smartphone als Dokumentationsinstrument zu nutzen:

- ⊙ Fotografieren von Versuchsanordnungen/-ergebnissen, Begehungsobjekten oder Interviewpartnern; die Fotos lassen sich dann als Mail-Anhang verschicken und an PC, Notebook oder Tablet in die Facharbeit oder die Power-Point®-Präsentation integrieren.
- ⊙ Dokumentation und ggf. grafische Aufbereitung von Versuchsergebnissen mit Apps wie z. B. *Microsoft Excel* (Android und iOS).
- ⊙ Aufnehmen und Nachbereiten von Interviews mit Hilfe kostenloser Diktiergeräte-Apps wie *Dictaphone* oder *Recordium* (beide iOS), *Stimmrekorder Plus* oder *Smart Recorder* (Android) und *Cogi* (Android und iOS); bei personenbezogenen Foto- wie auch Tonaufnahmen muss dabei die Genehmigung der betroffenen Person eingeholt werden (→ Seite 121).

Präsentieren mit dem Smartphone

Mit Apps wie *Microsoft PowerPoint®* (Android und iOS) oder *Keynote®* (iOS) und passendem Zubehör (Verbindungskabel, ggf. Adapter, Presenter) wird das Smartphone zum perfekten Präsentationsmedium. In der Referentenansicht haben Sie z. B. Ihre Notizen zu den einzelnen Folien vor Augen. Zudem sind Zeichenwerkzeuge sowie eine Laserpointer-Funktion verfügbar.

Karteikarten für Präsentationen

Sie können für Ihr Referat ganz traditionell Karteikarten in Papierform als Stichwortgeber und Gedächtnisstütze verwenden. An die Stelle realer können aber auch digitale Karteikarten auf dem Tablet oder Smartphone treten. Apps, die Karteikarten simulieren, sind z. B. *Flashcards Deluxe, Flashcards Study Helper* oder *StudySmarter* (alle Android und iOS, Lite-Versionen sind kostenfrei).

2.6 Beratungsgespräche

Nutzen und Gestaltung der Beratungsgespräche

Die Fachlehrerin bzw. der Fachlehrer, bei der bzw. dem Sie ein Referat anfertigen oder eine Facharbeit erstellen, wird auch diejenige/derjenige sein, der Ihre Leistung beurteilt. Sie sollten daher der Zusammenarbeit mit ihr/ihm einen besonderen Stellenwert einräumen.

Eine Möglichkeit zu intensiven Gesprächskontakten bieten die Beratungsgespräche mit der betreuenden Lehrkraft. An vielen Schulen sind solche Gespräche im Rahmen der Facharbeitserstellung verpflichtend vorgesehen. Doch auch wenn diese an Ihrer Schule nicht obligatorisch sind, sollten Sie sich um entsprechende Gesprächstermine bemühen. Auch bei der Erstellung eines Referates zahlen sich Abstimmungs- und Beratungsgespräche mit der Lehrerin/ dem Lehrer aus. Und dies aus mehreren Gründen:

- ⊙ Sie vermeiden auf diese Weise, eine gänzlich andere Arbeitsrichtung einzuschlagen, als von der betreuenden Lehrkraft angedacht und gefordert.
- ⊙ Auftretende Probleme lassen sich häufig im Gespräch rasch klären.
- ⊙ Eine kontinuierliche, enge Zusammenarbeit mit der betreuenden Lehrkraft schützt Sie vor unangenehmen Überraschungen bei der Erteilung der Note.
- ⊙ Die Gespräche erleichtern der Lehrerin bzw. dem Lehrer die Bewertung. Aus dem Gesprächsverlauf kann abgeschätzt werden, wie tief Sie in die Problematik eingedrungen sind und wie intensiv Sie gearbeitet haben. Das kann sich durchaus positiv auf die Note auswirken.

Für alle Beratungsgespräche gilt:

- ◉ Planen Sie diese Gespräche fest in Ihren Arbeitsplan ein (→ Seite 13), sofern nicht bereits vonseiten der Schule konkrete Beratungstermine vorgegeben sind.
- ◉ Melden Sie sich bei der betreuenden Lehrerin/dem betreuenden Lehrer an.
- ◉ Bitten Sie diese/n, sich Zeit für das Gespräch zu nehmen. Führen Sie Beratungsgespräche nicht zwischen Tür und Angel, also z.B. nicht in der Fünf-Minuten-Pause.
- ◉ Bereiten Sie sich auf diese Gespräche vor. Sichten Sie Ihr Arbeitstagebuch (→ Seite 16). Sofern Sie kein solches führen, sollte auf Ihrem Schreibtisch stets ein Blatt Papier griffbereit liegen, auf dem Sie Fragen, Probleme, aber auch Ideen notieren. Gehen Sie vor dem Beratungsgespräch Ihre Notizen durch. Ordnen Sie diese. Entwickeln Sie davon ausgehend einen Leitfaden für das Gespräch und halten Sie ihn schriftlich fest.
- ◉ Formulieren Sie wichtige Aspekte, die Sie ansprechen wollen, vorab schriftlich (z.B. Ihre vorläufige Gliederung). Geben Sie diese schriftlichen Unterlagen unter Umständen bereits einen Tag vor dem Gespräch an die betreuende Lehrperson. Diese hat so die Möglichkeit, sich mit Ihren Vorstellungen in Ruhe auseinanderzusetzen, und kann Sie dann intensiver und besser beraten.
- ◉ Vertrauen Sie nicht allein Ihrem Gedächtnis: Halten Sie wichtige Informationen und Ergebnisse schon während des laufenden Beratungsgespräches schriftlich fest. Notieren Sie Termine. Halten Sie konkrete Vorgaben und zentrale Formulierungen wörtlich fest, alles andere sinngemäß.
- ◉ Optimal ist es, den schriftlichen Leitfaden für das Beratungsgespräch so zu gestalten, dass unter dem jeweiligen Problempunkt bzw. der jeweiligen Frage Platz für Gesprächsnotizen frei gelassen wird.
- ◉ Stellen Sie wichtige Fragen direkt und unverblümt. Nur so erhalten Sie eine eindeutige Antwort.
- ◉ Bitten Sie die Lehrerin bzw. den Lehrer bei zentralen Fragen um eine klare Antwort. Aussagen wie „Machen Sie dieses zunächst einmal so. Wir werden dann ja sehen. ..." helfen Ihnen in Ihrer Arbeit nicht weiter. Sie sollten sie nicht akzeptieren.
- ◉ Lassen Sie sich zentrale Absprachen – etwa die Genehmigung der Gliederung – durch einen schriftlichen Vermerk der Lehrerin/des Lehrers bestätigen (z.B. „o.k. – Schmitz – 4. Oktober 2021").
- ◉ Zeigen Sie sich flexibel: Weichen die Vorstellungen der Lehrerin/des Lehrers deutlich von den Ihren ab, suchen Sie einen Kompromiss.

Das Gespräch mit der betreuenden Lehrperson sollte in jedem Fall immer dann gesucht werden, wenn größere Fragen oder Probleme auftreten.

Für Schule wie auch für Universität/Fachhochschule gilt: Kommunikation ist alles.

Suchen Sie bei Referaten wie auch schriftlichen Ausarbeitungen rechtzeitig das Gespräch mit der Lehrkraft, der Professorin/dem Professor.

Denken Sie daran: Nur Fragen, die Sie auch tatsächlich stellen, können beantwortet werden!

Darüber hinaus sind Beratungsgespräche generell an vier Stellen im Arbeitsprozess sinnvoll und notwendig:

① Zu Beginn des Arbeitsprozesses

② Bei der Themenstellung/Themenwahl

③ Zur Absegnung der Gliederung

④ Kurz nach dem Start in die Reinschriftphase

Beratungsgespräch zu Beginn des Arbeitsprozesses

Hier sollten Sie, soweit nicht bereits im Rahmen einer allgemeinen Informationsveranstaltung für den ganzen Kurs/die gesamte Jahrgangsstufe geschehen, in einem ersten Gespräch mit der Fachlehrerin oder dem Fachlehrer abklären, wie der organisatorische Rahmen der Arbeit abgesteckt ist. Dies betrifft die Aspekte:

- Art und Weise der Themenstellung/-wahl
- Umfang der zu erstellenden Arbeit (bei Referaten minimale und maximale Vortragsdauer; bei Facharbeiten: Unter- und Obergrenze des Seitenumfanges)
- Zeitrahmen der Erstellung, genauer Vortrags- bzw. Abgabetermin
- geforderter Umfang der Literatur- bzw. Quellenarbeit
- Möglichkeiten bzw. Notwendigkeit der Einbindung praktischer Arbeitsteile
- Umfang und Form der Anbindung an das Kursthema oder die behandelten Unterrichtsinhalte
- fachspezifische Regelungen (z. B. Festlegung der Form, in der fremdsprachliche Quellen in die Arbeit eingebracht werden müssen)
- zu beachtende formale Rahmenvorgaben: Seitenlayout, Zitierweise usw.
- Bewertungskriterien
- Stellenwert der erteilten Note
- Termine weiterer Beratungsgespräche

Beratungsgespräch bei der Themenstellung/Themenwahl

Die Abläufe bei der Themenstellung/-wahl variieren je nach Bundesland, Schule, ja Lehrkraft erheblich (→ Kapitel 3). Sofern Sie an der Themenformulierung mitwirken können, ist es nötig, gemeinsam mit der betreuenden Lehrkraft das vorläufige und schließlich auch das endgültige Thema bzw. das eingrenzende Unterthema zu formulieren. Hierbei gilt es abzuklären:

- ⊚ Ist das von mir gewünschte Thema nach Ansicht der Lehrkraft ergiebig genug?
- ⊚ Ist es in ausreichendem Maße eingegrenzt (gegebenenfalls durch das Unterthema)?
- ⊚ Sind meine spontanen Vorstellungen und Fragen zum Thema logisch und nachvollziehbar?

Nachdem Sie Ihr endgültiges Thema erhalten haben und erste Überlegungen zur Umsetzung   angestellt haben, sollten Sie um ein weiteres Beratungsgespräch bitten.
Bringen Sie zu diesem Gespräch mit:

- ⊚ Ihren Arbeitsplan (→ Seite 13)
- ⊚ eine vorläufige Literaturliste
- ⊚ eine erste grobe Gliederung

Erbitten Sie von der Lehrerin/dem Lehrer Informationen zu folgenden Punkten:

- ⊚ Welche inhaltlichen Schwerpunkte stellt sie/er sich bei diesem Thema vor?
- ⊚ Kann sie/er neben den von Ihnen bereits gefundenen Autoren und Literaturwerken weitere empfehlen? (So vermeidet man gegebenenfalls, einen „Lieblingsautor" der Lehrkraft zu übersehen.)
- ⊚ Welche besonderen methodischen Aspekte möchte sie/er bei diesem Thema berücksichtigt wissen? Zum Beispiel: An welcher Stelle und in welchem Umfang müssen praktische Arbeiten eingebracht werden? Wird eine bestimmte Formen der Ergebnisdokumentation gewünscht (Karte, Diagramm usw.)? Wie soll in sprachlichen Fächern der Umgang mit der Primärquelle aussehen?
- ⊚ In Referaten: Ob und in welchem Umfang können bzw. müssen Präsentationstechniken (→ Seite 175 ff.) angewandt werden?
- ⊚ Bei praktischen Arbeiten: Welche Möglichkeiten zur Durchführung der bei diesem Thema notwendigen eigenen Forschungsarbeit gibt es in Ihrer Schule (z. B. Laborplätze; Möglichkeiten zur Haltung von Versuchstieren; Bereitstellung einer Videokamera für die Dokumentation von Lebendbeobachtungen oder von Interviews mit Zeitzeugen)? Welche Vorschriften müssen beachtet werden (z. B. Sicherheitsstandards)? Welche Genehmigungen müssen gegebenenfalls eingeholt werden (z. B. für Umfragen, bestimmte Kartierungen)?
- ⊚ Welche besonderen formalen Aspekte sind bei diesem Thema zu berücksichtigen? Sollten z. B. bei praktischen Arbeiten die ermittelten Rohdaten im Anhang aufgeführt werden?
- ⊚ Ist der von Ihnen vorgesehene Zeitplan praktikabel?
- ⊚ Wann sollte das nächste Beratungsgespräch stattfinden? (Sofern der Termin nicht durch die Schule vorgegeben ist.)

Das Beratungsgespräch zu diesem frühen Zeitpunkt ist von besonderer Bedeutung. Durch möglichst klare Absprachen mit der Fachlehrerin oder dem Fachlehrer vermeiden Sie es, Ihre weitere Arbeit in eine völlig falsche Richtung zu lenken und dieses erst dann zu bemerken, wenn bereits viel Zeit und Mühe investiert wurde und es für eine Korrektur der Arbeitsrichtung eventuell schon zu spät ist.

Beratungsgespräch zur Absegnung der Gliederung

Bevor Sie mit der Abfassung erster Textpassagen beginnen, sollten Sie erneut das Gespräch mit der Betreuerin oder dem Betreuer suchen.

Dies sollte Ihr Arbeitsstand sein:
- Sie haben die Literatur-/Quellensuche und die Literatur-/Quellenauswertung weitestgehend abgeschlossen.
- Es wurde eine Gliederung erstellt.
- Sie haben mit dem Erstellen einer Stoffsammlung begonnen (→ Seite 72 ff.).

Bringen Sie zu diesem Gespräch mit:
- Ihre Literaturliste
- Ihre Gliederung
- gegebenenfalls Ihre Arbeitstagebuch
- gegebenenfalls Ihre Stoffsammlung
- gegebenenfalls eine Fragen- und Problemeliste

Im Gespräch sollten Sie nun
- die Ergebnisse Ihrer bisherigen Arbeit vorstellen und überprüfen, inwieweit Ihre Arbeitsrichtung mit den Vorstellungen der Lehrerin bzw. des Lehrers übereinstimmt;
- die betreuende Lehrkraft darüber informieren, welche Literatur/Quellen Sie bisher gefunden haben; bitten Sie die Lehrerin bzw. den Lehrer gegebenenfalls um Tipps für die Beschaffung von Literatur, mit der noch bestehende Lücken im Materialfundament Ihrer Arbeit ausgefüllt werden können;
- Ihre Gliederung vorstellen und erläutern; diskutieren Sie diese mit der Lehrerin bzw. dem Lehrer; klären Sie ab, ob die Abfolge der Gliederungspunkte logisch ist und dem gestellten Thema entspricht;
- gemeinsam mit der Lehrkraft überprüfen, inwieweit Ihre bisherige Arbeit der Intention des gestellten Themas entspricht;
- gegebenenfalls Probleme und Fragen besprechen, die sich bei Ihrer bisherigen Arbeit ergeben haben, und um Tipps bitten, wie Sie diese lösen können;
- den Termin für ein letztes Beratungsgespräch festlegen (sofern dieser nicht durch die Schule vorgegeben ist).

Beratungsgespräch kurz nach dem Start in die Reinschriftphase

Bei diesem letzten Beratungsgespräch kann es nicht mehr darum gehen, Ihre Arbeitsrichtung neu zu bestimmen oder weitere Literaturempfehlungen aufzunehmen. Dafür ist die Arbeit zu diesem Zeitpunkt bereits zu weit fortgeschritten. Vielmehr geht es darum, dem Endprodukt bezüglich Formulierung, Layout beziehungsweise Darbietung den „letzten Schliff" zu geben.

Dies sollte Ihr Arbeitsstand sein:
- ⊙ Die Rohfassung Ihres Referats bzw. Ihrer Facharbeit liegt vor (Stoffsammlung sowie ausformulierte Textbausteine).
- ⊙ Ebenso haben Sie Ihre vorläufige Gliederung überarbeitet und gegebenenfalls ergänzt oder umgestellt.
- ⊙ Sie haben bei der Facharbeit eine erste Textseite in der vorgesehenen Reinschriftversion bzw. beim Referat eine erste Folie, ein Tafelbild oder Ähnliches erstellt, inklusive des dazu vorgesehenen gesprochenen Textes.
- ⊙ Noch aber ist die Endfassung nur zu einem Bruchteil fertig, sodass Änderungen ohne großen Aufwand möglich sind.

Bringen Sie zu diesem Gespräch mit:
- ⊙ die Endfassung der Gliederung
- ⊙ eine Seite Ihrer Facharbeit/eine Folie etc. Ihres Referats in der vorgesehenen endgültigen Form („Probeseite")
- ⊙ gegebenenfalls Ihr Arbeitstagebuch
- ⊙ gegebenenfalls eine Fragen- und Problemeliste

Im Gespräch mit der Lehrerin oder dem Lehrer sollten Sie
- ⊙ die von Ihnen entworfene endgültige Gliederung besprechen;
- ⊙ inhaltliche und methodische Schwerpunkte erläutern, die Sie in der Endfassung Ihrer Arbeit setzen wollen;
- ⊙ von Ihnen vorgesehene Veranschaulichungselemente vorstellen und deren Einsatz besprechen (bei Referaten: Folien, digitale Folien z. B. im Rahmen einer PowerPoint®-Präsentation, Karten, Filmausschnitte usw.; bei Facharbeiten: Diagramme, Karten, Tabellen usw.);
- ⊙ bei Referaten: den Einsatz eines Handouts besprechen, den Einsatz von Tondokumenten oder Filmausschnitten erörtern;
- ⊙ bei Facharbeiten: die bereits fertiggestellte Probeseite mit der betreuenden Lehrkraft durchsehen und daraufhin überprüfen, ob die formalen Aspekte, die optische Gestaltung und die Zitiertechnik den Vorstellungen der Lehrerin bzw. des Lehrers entsprechen;
- ⊙ gegebenenfalls noch bestehende Fragen und Probleme klären.

2.7 Gruppenarbeit

Häufig besteht die Möglichkeit, ein Referat oder eine Facharbeit zu zweit, zu dritt oder zu viert zu erstellen. Eine solche Gruppenarbeit bringt Vor-, aber auch Nachteile mit sich.

Zunächst muss, so die Vorgabe der Kultusministerkonferenz, bei Arbeiten, an denen mehrere Schülerinnen oder Schüler beteiligt sind, die **individuelle Leistung jedes Einzelnen** gesondert bewertet werden. Das heißt, die Gruppenarbeit muss so konzipiert sein, dass die eigenständige Arbeitsleistung jeder/jedes Beteiligten für die Lehrerin oder den Lehrer klar erkennbar und erfassbar ist und getrennt von den Leistungen der Übrigen bewertet werden kann.

In **Referaten** kann dies z.B. dadurch sichergestellt werden, dass jedes Gruppenmitglied den von ihm formulierten Teil des Referats vorträgt. Dabei ist es wichtig, das Referatthema so zu untergliedern, dass jede bzw. jeder Vortragende einen etwa gleich langen und gleich ergiebigen Abschnitt zugeteilt bekommt. Es besteht jedoch auch die Möglichkeit, eine „methodische Arbeitsteilung" vorzunehmen: Ein Mitglied der Gruppe zeichnet z.B. für den Referattext verantwortlich und trägt diesen vor. Ein anderes erstellt und präsentiert die Overheadfolien, digitale Folien usw. Ein weiteres Gruppenmitglied erstellt das Handout.

In einer **Facharbeit** zum Thema „Malta – eine Insel zwischen Afrika und Europa" könnte z.B. ein Gruppenmitglied den Naturraum, ein anderes die historische und politische Entwicklung Maltas, ein drittes die Wirtschaft der Inselrepublik und ein viertes die aus der Lage der Insel abzuleitende Flüchtlingsproblematik abhandeln. Gemeinsam würden dann Inhaltsverzeichnis, Einleitung, Schlusswort, Literatur-/Quellenverzeichnis und ein eventueller Anhang erstellt. Die Beiträge der Gruppenmitglieder müssen in der Schlusserklärung der Facharbeit einzeln ausgewiesen werden (→ Seite 156).

Vorteile einer Gruppenarbeit sind unter anderem:

- ▶ Jedes Gruppenmitglied kann seine persönlichen Kenntnisse, Fähigkeiten und Fertigkeiten in die Arbeit einbringen. So könnte z.B. ein Gruppenmitglied sein Talent zur Konzeption und Durchführung von Experimenten beisteuern, ein anderes hingegen seine guten Englischkenntnisse bei der Übersetzung wichtiger englischsprachiger Fachliteratur.
- ▶ Auch ein komplexes Thema, dessen Bearbeitung durch eine Einzelperson ausgeschlossen wäre, kann durch eine Gruppe bearbeitet werden.

Gruppenarbeiten lassen sich besonders bequem über das Smartphone organisieren (→ Kapitel 2.5).

- Bei der Quellenrecherche kann jeder seine Rechercheschwerpunkte setzen (z. B. Internet, Bibliothek usw.) und dabei für alle Gruppenmitglieder mitrecherchieren. Hieraus ergibt sich für alle ein Zeitgewinn.
- Man kann Ergebnisse gemeinsam diskutieren und Probleme in der Gruppe meist rascher lösen als allein.
- Man kann sich unter Umständen Formulierungshilfe leisten und fertiggestellte Teile der Arbeit wechselseitig Korrektur lesen.
- Gemeinsames Arbeiten macht Spaß.

Nachteile einer Gruppenarbeit sind unter anderem:
- Um die einzelnen Abschnitte der Arbeit zu koordinieren, sind Absprachen notwendig. Dazu bedarf es einer Reihe von Treffen. Diese kosten Zeit. Zudem ist es nicht immer einfach, gemeinsame Arbeitstermine zu finden. Beispiele für Absprachen bei einer Facharbeit sind:
  - Einige Abschnitte müssen gemeinsam erstellt werden (z. B. Gliederung, Einleitung, Quellenverzeichnis).
  - Zudem muss man sich in der Gruppe inhaltlich abstimmen, um Dopplungen und Widersprüche zu vermeiden.
  - Auch gilt es, sich auf einen gemeinsamen Darstellungsstil zu einigen.
  Beispiele für Absprachen bei einem Referat sind:
  - Den Referattext kann man in große Blöcke aufteilen, die von jeweils einer Person vorgetragen werden. Auch möglich ist eine Untergliederung in viele kleine Abschnitte, die man abwechselnd vorträgt („Ping-Pong-System"). Für beide Varianten gilt: Jeder Vortragende muss mit den Inhalten des Anderen vertraut sein. Nur so können die Referatteile aufeinander bezogen und miteinander vernetzt werden.
  - Noch höher ist der Abstimmungsbedarf, wenn man sich für die auf der Vorseite erläuterte Variante der „methodischen Arbeitsteilung" entscheidet. Ist der eine für den Text, ein anderer für die Folien und ein dritter für das Handout zuständig, so muss jeder ganz genau wissen, was der andere präsentiert, sonst passen Folie und Text oder die Inhalte von Referat und Handout nicht zusammen.
- Einzelne Gruppenmitglieder können sich als Bremser erweisen, wenn sie z. B. ihre Arbeitsteile nicht rechtzeitig fertigstellen.
- Stellen Gruppenmitglieder ihre Arbeitsteile nicht vollständig oder nicht in befriedigender Weise fertig, so schmälert dies den Gesamteindruck. Dies wirkt sich erfahrungsgemäß negativ auf alle Einzelnoten aus.
- Gruppentreffen verleiten dazu, miteinander zu plaudern. Kommunikationsfreudige Gruppenmitglieder können diese Treffen zu „Quasselstunden" werden lassen, was dazu führen kann, dass Termine nicht eingehalten werden und die Qualität der gemeinsamen Arbeit leidet.

Tipp

In Zeiten der Corona-Pandemie haben Videokonferenzen eine große Bedeutung bekommen. An den Schulen kommen dabei verschiedene Videokonferenztools zum Einsatz wie *Zoom, Microsoft Teams, Skype, Jitsi* oder *BigBlueButton*. Solche Tools können auch für Gruppenarbeiten genutzt werden.

Damit gilt:

- Zu Beginn der gemeinsamen Arbeit sollte man klare Absprachen über Arbeitsaufteilung, Arbeitsstil und einzuhaltende Termine treffen.
- Es empfiehlt sich, diese Absprachen schriftlich festzuhalten.
- Verletzt ein Gruppenmitglied die getroffenen Vereinbarungen, muss dieses darauf hingewiesen werden. In gravierenden Fällen sollte man dessen Ausschluss aus der Gruppe in Erwägung ziehen.
- Je genauer man den Arbeitspartner kennt, desto leichter wird die Erstellung gemeinsamer Abschnitte oder die Koordination des Vortrages fallen.
- Eine Gruppenarbeit sollte man daher nur mit jemandem angehen, dessen Arbeitsbereitschaft und Arbeitsfähigkeiten man einschätzen kann.

Überblick

- **Arbeitsplan:** Erstellen Sie zu Beginn Ihrer Arbeit an Referat oder Facharbeit einen Arbeitsplan. Notieren Sie, bis wann Sie markante Elemente fertigstellen wollen (z.B. die Quellensuche, das erste Kapitel). Berücksichtigen Sie hierbei verbindlich vorgegeben Eckdaten (z. B. Beratungsgespräche), aber auch absehbare schulische und persönliche Belastungen. Hängen Sie den Arbeitsplan gut sichtbar auf und halten Sie ihn konsequent ein.
- **Dokumentieren:** Machen Sie sich Notizen zum Arbeitsprozess (z.B. in einem Arbeitstagebuch). Neben Arbeitsergebnissen, Ideen und Problemen müssen alle bibliografischen Informationen zu den Quellen, die Sie für Ihre Arbeit nutzen wollen, festgehalten werden.
  Dies geschieht am besten auf Karteikarten oder im PC/Smartphone.
- **Ordnen:** Ordnen Sie Notizen von Beginn an systematisch (z.B. nach Datum, nach Großabschnitten wie Einleitung, Hauptteil, Schlussteil oder nach Stichworten). So erhält die große Menge der Fakten, Daten und Ideen eine Struktur, die rasches Wiederfinden von Informationen ermöglicht.
- **Beratungsgespräche:** Nutzen Sie die Beratungsgespräche mit der betreuenden Lehrkraft für einen intensiven Austausch. Vergewissern Sie sich hinsichtlich der eingeschlagenen Arbeitsrichtung, klären Sie auftretende Fragen, lassen Sie sich zentrale Elemente (wie z. B. die Gliederung) absegnen, fragen Sie bei auftretenden Problemen nach Lösungshilfen.

3

Themenwahl

Die Wahl bzw. die Formulierung des Themas ist einer der wichtigsten Schritte bei der Erstellung eines Referats oder einer Facharbeit. Dieser Schritt entscheidet nicht selten darüber, ob die Arbeit erfolgreich abgeschlossen werden kann oder nicht. Daher sollte er mit besonderer Sorgfalt ausgeführt werden. Was aber kennzeichnet ein gutes Thema?

3.1 Vorüberlegungen

Für die Themenstellung gibt es prinzipiell drei Möglichkeiten:

① Es sind ausformulierte Themen vorgegeben. Aus der Liste dieser Themen können Sie Ihr Thema auswählen. Dies wird häufig bei Referaten der Fall sein. Es kann aber je nach Gepflogenheiten in Ihrem Bundesland bzw. an Ihrer Schule auch für Themen von Facharbeiten infrage kommen.
Ein Tipp: Loten Sie in einem Gespräch mit der betreuenden Lehrkraft aus, in welchem Umfang eine Umformulierung des Themas im Sinne Ihrer Wunschvorstellungen möglich ist. Selbst bei vorgegeben Themen besteht häufig noch ein gewisser Formulierungsspielraum.

② Es wird ein Oberthema vorgegeben, in dessen Rahmen Sie zusammen mit der Lehrerin bzw. dem Lehrer Ihr konkretes Thema formulieren können (Beispiele für solche Oberthemen: Impressionisten; USA; Lernverhalten bei Säugern; Naturlyrik; Gebrochenrationale Funktionen; Macbeth). Oftmals ergibt sich das Oberthema aus dem Fachunterricht der jeweiligen Jahrgangsstufe.

③ Es wird keinerlei Oberthema vorgegeben. Unter Umständen gibt es lediglich generelle Vorgaben wie „Es muss eine Anbindung an den Fachunterricht gegeben sein". Sie haben damit die Freiheit, ein Thema zu wählen, das voll und ganz Ihren Interessen entspricht, und dieses zusammen mit der betreuenden Lehrkraft auszuformulieren.

Welche dieser Möglichkeiten auch immer für Sie zutrifft, in jedem Fall sollten Sie sich vor der Wahl bzw. Formulierung des Themas vier Fragen stellen:

Kriterien für die Themenwahl:
– Interesse
– Vorkenntnisse
– eigene Stärken und Schwächen

Interessiert mich ein bestimmter Themenbereich besonders?
Ein Thema, dessen Umsetzung Ihnen Spaß macht, werden Sie leichter und besser bearbeiten als ein Thema, an das Sie mit Widerwillen herangehen. Es trägt sie auch über Schwierigkeiten und mühevolle Abschnitte hinweg, die bei der Referats-/Facharbeitserstellung unweigerlich auftreten werden.

Welche besonderen Kenntnisse habe ich?

Diese Vorkenntnisse können schulischer oder privater Natur sein. Beispiele: Sie haben sich im schulischen Rahmen intensiv in das Thema Nationalsozialismus eingearbeitet. Oder: Sie haben besonders gute Englischkenntnisse. Oder: Sie haben zwei verschiedene Aufführungen des Kleist-Dramas *Der zerbrochene Krug* im Theater gesehen. Oder: Sie haben Ihre Ferien bereits dreimal auf Mallorca verbracht.

Richten Sie Ihr Thema an solchen Vorkenntnissen aus, so garantiert Ihnen dies eine gewisse Grundsicherheit bei der Bearbeitung. So lässt sich ein Thema „Massentourismus auf Mallorca" eben leichter bearbeiten, wenn man Mallorca aus eigener Urlaubserfahrung kennt und zudem im Geographieunterricht das Thema „Massentourismus" behandelt hat.

Kann ich etwas besonders gut?

Diese Frage zielt auf methodische Fähigkeiten und Fertigkeiten ab, die man in ein Referat oder eine Facharbeit einbringen kann. Dies könnten Fähigkeiten aus dem schulischen Bereich sein, etwa: Ausgeprägt gute Übersetzungsfertigkeit im Fach Latein. Oder: Besonderes Geschick im Umgang mit Versuchsapparaturen im Fach Chemie. Es könnten aber auch Fähigkeiten aus Ihrem Privatbereich sein, zum Beispiel: Sie sind seit Jahren an die Pflege und Beobachtung von Haustieren gewöhnt. Oder: Sie tanzen schon längere Zeit in einer Musical-Dance-Gruppe.

Häufig lassen sich Ihre speziellen Fähigkeiten gut in ein Facharbeitsthema integrieren. So zum Beispiel das Vertrautsein im Umgang mit Haustieren in das Thema „Scheinschwangerschaft bei Hauskaninchen – Erscheinungsformen und hormonelle Ursachen" oder die jahrelange Tanzerfahrung in ein Thema wie „Tanz als Therapie? Die Entwicklung der Tanztherapie in Deutschland".

Was kann ich gar nicht?

Sind Sie im Besitz „zweier linker Hände", ist es wenig sinnvoll ein Thema zu wählen, bei dem Sie physikalische Versuchsanordnungen konzipieren und aufbauen müssen. Haben Sie mangelhafte Englischkenntnisse, so ist es nicht ratsam, ein Thema zu wählen, bei dem sie vor allem englischsprachige Internetquellen auswerten müssen. Sind Sie allergiegefährdet, sollten Sie auf die Arbeit mit Tieren verzichten.

Haben Sie durch die Beantwortung dieser vier Fragen die Fülle der möglichen Themen bereits ein wenig reduziert, so liefert Ihnen die nachfolgende Checkliste weitere Eingrenzungsmöglichkeiten.

3.2 Checkliste: Kennzeichen guter Themen

Abb. 3.1: Eine erste Recherche kann einen Eindruck verschaffen, ob die Quellenlage eher gut oder eher schlecht ist.

Ein gutes Referat- bzw. Facharbeitsthema weist folgende Kennzeichen auf:

Das Thema weckt spontan Ihr Interesse.
Es erlaubt Ihnen, Vorwissen und gegebenenfalls auch Ihre besonderen methodischen Fertig- und Fähigkeiten einzubringen (→ Kapitel 3.1).
Das Thema ermöglicht es Ihnen, erkannte Schwächen zu meiden (→ Kapitel 3.1).
Es berücksichtigt den vorgegebenen Zeitrahmen (Vortragszeit beim Referat bzw. Erstellungszeit und Seitenzahl bei einer Facharbeit) und eventuelle Präsentationsvorgaben.
Das Thema weist eine klare thematische Ausrichtung und eine deutliche inhaltliche Begrenzung auf, ist also **nicht** zu weit und allgemein formuliert.[1]
Es ist **nicht** zu eng formuliert.[2]
Bei Referaten/Facharbeiten ohne praktische Arbeitsteile: Das Thema ist nicht zu ausgefallen/exzentrisch (dies stellt in der Regel sicher, dass die Quellenbasis für die Bearbeitung des Themas hinreichend breit ist).
Bei Referaten/Facharbeiten mit praktischen Arbeitsteilen (→ Kapitel 8): – Das Thema kann neben dem inhaltlichen auch einen methodischen Schwerpunkt enthalten. – Es ist so formuliert, dass die mit dem Thema verbundene Forschungsarbeit an ihrer Schule bzw. mit den Ihnen zur Verfügung stehenden Hilfsmitteln ausgeführt werden kann. – Bei der Formulierung wird der zeitliche Umfang der praktischen Forschungsarbeit berücksichtigt.[3]
Bei Referaten: Das Thema bietet Möglichkeiten zum Einsatz von Medien.
Insbesondere bei Facharbeiten: Das Thema bietet die Möglichkeit zur reproduktiven Wiedergabe von Daten und Fakten, aber auch die Chancen zur Erklärung und Erläuterung von Zusammenhängen sowie zur Entwicklung eigener Ideen oder zur Formulierung eigener Bewertungsaussagen.
Insbesondere bei Facharbeiten und nur sofern möglich: Das Thema weist eine Anbindung an Ihren Heimatraum auf.[4]
Das Thema ist sprachlich stimmig, klar und eindeutig formuliert.

Anmerkungen:

(1) Ein weit gefasstes Thema birgt die Gefahr, dass die große Fülle der verfügbaren Literatur nicht beherrschbar ist. Zudem könnte es in der vorgegebenen Vortragszeit bzw. auf der erlaubten Seitenzahl nicht abhandelbar sein. Generell gilt: Das Thema sollte eher in die Tiefe und weniger in die Breite gehen. Nicht praktikable Themen sind damit z. B.: „Shakespeare's A Midsummer Night's Dream" oder „Indien" oder „Das Alte Testament". Praktikable Themen wären: „Gender inequality in Shakespeare's A Midsummer Night's Dream" oder „Ziele und Ergebnisse der Grünen Revolution in Indien" oder „Auge um Auge, Zahn um Zahn? – Alttestamentarische Positionen zu Vergeltung und Vergebung".

(2) Bei einem zu eng gefassten Thema gibt es eventuell keine ausreichende Quellenbasis. Oder das Thema gibt nicht genug her, um die vorgegebene Redezeit bzw. Seitenzahl zu füllen.

(3) Bei Referaten/Facharbeiten mit praktischen Arbeitsteilen verschlingt die Forschungsarbeit oft einen Großteil der verfügbaren Zeit. Deshalb muss man hier besonders darauf achten, das Thema nicht zu weit und allgemein zu formulieren. Ein gutes Thema wäre z.B.: „Die Ermittlung der Blattfarbstoffe verschiedener einheimischer Laubgehölze mithilfe der Dünnschichtchromatographie"

(4) Themen mit einer Anbindung an den Heimatraum bieten die Möglichkeit, persönliche Erfahrungen einzubringen, Originalquellen einzusehen, Vor-Ort-Begehungen durchzuführen, mit Zeitzeugen oder Experten zu sprechen usw.

3.3 Der Weg zum Thema

Wird Ihnen von der Schule ein Thema vorgeschrieben oder können Sie dieses lediglich aus einem vorgegebenen Themenpool auswählen, so reichen die in der nebenstehenden Checkliste aufgeführten Kriterien in der Regel zur Entscheidung für ein bestimmtes Thema bereits aus.

Können Sie hingegen aktiv bei der Themenfindung und -formulierung mitwirken, so stellt sich die Frage: Wie sollen Sie in diesem Fall vorgehen? Hier bietet sich ein Vorgehen in vier Schritten an:

Schritt 1 – Startphase

Dieser erste Schritt wird durch die Faktoren „Interesse" – „Neugier" – „Idee" bestimmt:

- ⊙ **Interesse**: Überlegen Sie, welche Thematik Sie interessieren würde. Das könnte z. B. der Themenbereich „Migration – Geflüchtete aus Afrika in Deutschland", der Bereich „Kryptologie" oder das Buch „Harry Potter und die Heiligtümer des Todes" sein. Sofern von der Schule verlangt, muss die Thematik mit dem Unterricht verknüpft sein.
- ⊙ **Neugier**: Eventuell haben Sie aber auch – im Unterricht oder im Privatbereich – gerade ein Problem entdeckt, das Sie spannend finden und gerne lösen würden. Oder Sie sind schon häufiger auf eine bestimmte Frage gestoßen. Solche Fragen könnten sein: „Was kennzeichnet eigentlich einen erfolgreichen Werbespot?" oder „Welche Künstler haben die Skulpturen im Stadtpark gefertigt und welche Aussage verbinden Sie mit diesen Skulpturen?" oder „Wie sehen die gesetzliche Regelungen zu Samenspende und Leihmutterschaft in den Staaten Europas aus?"
- ⊙ **Idee**: Sie haben einen Einfall, der sich in ein Thema münzen lässt, z. B. „Man könnte die Macbeth-Aufführung im Schauspielhaus mit dem Polanski-Film *Macbeth* vergleichen" oder „Das Thema Altern müsste man einmal musikalisch umzusetzen".

Schritt 2 – Von der Idee zum vorläufigen Arbeitsthema

Haben Sie im ersten Schritt eine Idee oder Frage formuliert, so sollten Sie im nächsten Schritt versuchen, diese zu einem brauchbaren (vorläufigen) Arbeitsthema auszubauen. Hierzu können Sie sehr unterschiedlich vorgehen:

Brainstorming – den Gedanken freien Lauf lassen:
Schreiben Sie die Sie interessierende Thematik, Ihre Idee bzw. Frage auf ein Blatt Papier. Notieren Sie dann alle Stichworte, die Ihnen dazu einfallen. Sie

können zudem Freunde nach deren Einfällen fragen und auch diese notieren. So erhalten Sie eine Sammlung von Einfällen und Schlagworten rund um ihre Ausgangsidee. Ein Beispiel:

Beispiel: Ideenliste	Mich interessiert: Die Lebewesen im Tropischen Regenwald

Einfälle dazu:

- Pfeilgiftfrösche
- Orchideen
- Paranüsse
- Kakao
- Schlangen
- Schimpansen und Gorillas
- Würgerfeige
- Kaffee
- Mangos
- Bananen

- Genetische Vielfalt
- Pflanzen, die man als Medikamente nutzen kann
- Medizinmänner
- Eingeborene und wie sie leben
- Kriegsbemalung der Indianer in Amazonien
- Maya
- Ernährung der Ureinwohner im Tropischen Regenwald

Nehmen Sie nun die auf Seite 36 vorgestellte Checkliste zur Hand und versuchen Sie, mithilfe dieser Liste aus den notierten Schlagworten Themen zu formulieren. Beispiele wären:

Beispiel: Vorläufige Arbeits-themen	

- Für ein Referat/eine Facharbeit in **Biologie**: Pfeilgifte der Ureinwohner Südamerikas und deren Wirkung an menschlichen Neuronen
- Für ein Referat/eine Facharbeit in **Biologie (*bilingual*)**: *Food chains in tropical rainforests*
- Für ein Referat/eine Facharbeit in **Chemie**: Alkaloide in den Pflanzen und Tieren des Tropischen Regenwaldes
- Für ein Referat/eine Facharbeit in **Geographie**: Lebensmittel aus dem Regenwald auf dem Frühstückstisch in Deutschland
- Für ein Referat/eine Facharbeit in **Geschichte**: Der Untergang der Maya
- Für ein Referat/eine Facharbeit in **Religion**: Die Glaubenswelt der Ureinwohner in den Regenwäldern Südostasiens
- Für ein Referat/eine Facharbeit in **Kunst**: Die Körperbemalung der Indianer Südamerikas als unmittelbare Kunstform
- Für ein Referat/eine Facharbeit mit **lokalem Bezug und praktischem Arbeitsteil**: Früchte aus dem Regenwald in den Supermärkten von Neustadt
- Für ein Referat/eine Facharbeit **mit praktischem Teil**: Die Darstellung des tropischen Regenwaldes im Öko-Display *Burgers' Bush* des Burgers Zoo in Arnheim – ein Abbild der Realität?

Mindmapping – Gedanken strukturiert sammeln

Eine **Mindmap** („Gedankenkarte") ist eine grafische Darstellung, die Bezüge zwischen verschiedenen Begriffen in Form eines „Gedankenbaumes" aufzeigt.

Beim Erstellen einer solchen Mindmap gehen Sie wie folgt vor:

- Legen Sie ein Papier quer auf Ihren Schreibtisch.
- Setzen Sie Ihre Ausgangsidee bzw. Frage in die Mitte des Papiers und heben Sie den Schriftzug zum Beispiel durch Umrandung hervor. Sie können die Idee auch als einprägsames Bild oder Icon darstellen.
- Von dem zentralen Begriff bzw. Bild ausgehend werden sternförmig bis zu sieben Linien gezeichnet.
- An das Ende jeder Linien bzw. auf jede Linie schreiben Sie nun tiefergehenden Gedanken bzw. Unterpunkte zum Schlagwort in der Blattmitte.
- Von den eingezeichneten Linien (bzw. den an das Ende der Linien geschriebenen Begriffen) können wiederum jeweils maximal sieben Linien ausgehen, auf denen die einzelnen Schlagworte weiter untergliedert werden. Von diesen Linien können wieder andere ausgehen, usw.
- Benutzen Sie eventuell auch unterschiedliche **Farben**, um die Übersichtlichkeit der Mindmap zu erhöhen. So können Sie beispielsweise zusammengehörende Gedanken und Ideen durch Verwendung der gleichen Farbe mit einer optischen Klammer versehen.
- Neben die notierten Begriffe können Symbole wie z. B. Pfeile, Figuren, Icons, Ausrufe- oder Fragezeichen gemalt werden. Dies dient der Veranschaulichung, aber auch der Hervorhebung wichtiger Punkte oder der Kennzeichnung offener Fragen.

Ein Beispiel für eine Mindmap finden Sie auf der nächsten Seite.

Die Mindmap liefert dann – ähnlich wie die Ideenliste beim Brainstorming – den Ausgangspunkt für verschiedene Referat- bzw. Facharbeitsthemen.

Übrigens: Mindmaps lassen sich mit Hilfe entsprechender Apps bzw. Programme leicht im Smartphone oder am PC erstellen (→ Kapitel 2.5).
Zudem kann man das Mindmapping-Verfahren auch an vielen anderen Stellen hervorragend zur Strukturierung von Ideen, Argumenten usw. nutzen, etwa

- zur Strukturierung unübersichtlicher Sachtexte,
- bei der Erstellung der Gliederung eines Referats/einer Facharbeit,
- zur Strukturierung des Lernstoffes im Rahmen der Vorbereitung auf eine Prüfung oder
- bei der Erstellung eines Konzeptes im Rahmen einer Klausur.

Tipp

Beispiel: Der Weg zum endgültigen Thema einer Facharbeit via Mindmap

Vorgegebenes Oberthema: Afrika

Vorläufiges Arbeitsthema: Entsprechend der Interessenlage der Schülerin wird als vorläufiges Arbeitsthema gewählt:

„Namibia – ein Wirtschaftsraum im südlichen Afrika"

Check des vorläufigen Arbeitsthemas: Die Schülerin überprüft im Verlauf einer Woche den Umfang des vorläufigen Arbeitsthemas, dessen inhaltliche Möglichkeiten und die Quellenlage. Bei ihren Recherchen im Internet und in der Stadtbücherei findet sie heraus, dass die Quellenlage zu Namibia durchaus zufriedenstellend ist. Auch Quellen zu speziellen Themen und aktuellen Entwicklungen sind vorhanden. Ausgehend von zwei Reiseführern und vier Internetquellen erstellt die Schülerin eine Mindmap zum vorläufigen Arbeitsthema:

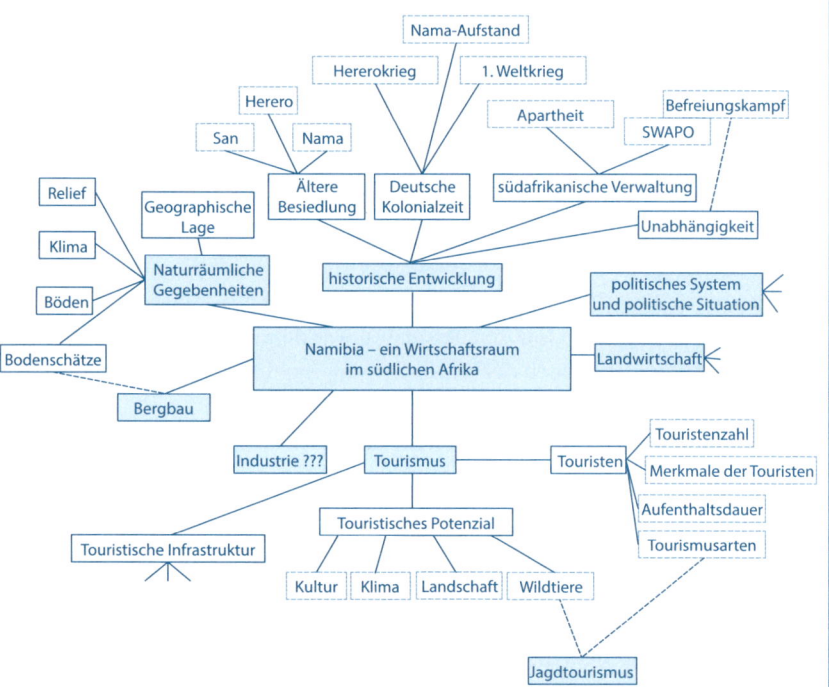

Formulierung des endgültigen Themas: In einem zweiten Beratungsgespräch legt die Schülerin dem Fachlehrer die Mindmap vor, erläutert ihren Eindruck der Literatur-/Quellenlage und ihre Interessen bezüglich der endgültigen Themenstellung.

Zusammen mit dem Lehrer wird sodann das Thema formuliert: „Jagdtourismus in Namibia – Geschäft oder Baustein des Naturschutzes?"

Listen geschickt nutzen

Sie sind nicht die/der Erste, die/der ein Referat halten oder eine Facharbeit erstellen muss. Die von Ihren Vorgängern bei der Themenformulierung geleistete Arbeit können sie sich zunutze machen: Lassen Sie sich von den Themen bereits fertiggestellter Referate/Facharbeiten inspirieren. Sie können diese wie folgt in Erfahrung bringen:

- Fragen Sie in höheren Jahrgangsstufen nach. Meist gelangen Sie auf diese Weise nicht nur an die Themen der dort gehaltenen Referate und Facharbeiten, sondern können sich diese auch ansehen.
- Fragen Sie Ihre Fachlehrerinnen oder Fachlehrer nach Themenlisten der in den Vorjahren angefertigten Referate bzw. Facharbeiten.
- An vielen Schulen sind offizielle Themenlisten der erstellten Facharbeiten vorhanden, die Sie einsehen können. Teils werden besonders gelungene Facharbeiten auch in Ausstellungen präsentiert.
- Im Internet sind Referate und Facharbeiten in Hülle und Fülle veröffentlicht: Zum einen enthalten die Homepages vieler Schulen Themenlisten der dort erstellten Facharbeiten. Zum anderen gibt es im Internet eine Vielzahl von Adressen, unter denen Referate und/oder Facharbeiten im Volltext angeboten werden. Hierzu zählen unter anderem:

		Internet-adressen
https://www.schultreff.de/	*https://lektorat-korrekturlesen.de/*	(Stand September 2021)
http://www.referatschleuder.de/	*facharbeitsthemen/*	
https://e-hausaufgaben.de/	*https://www.pausenhof.de/*	
https://www.lerntippsammlung.de/	*https://www.abipur.de/*	
http://www.referate-max.de/	*https://www.hausarbeiten.de/*	
http://www.fundus.org/	*https://freie-referate.de/*	
	https://www.jugend-forscht.de/	

Hinter diesen Adressen sind Referate- oder Facharbeitssammlungen oder auch Link-Sammlungen zu weiteren Bezugsadressen verborgen. Häufig ist das Einsehen und Herunterladen der Arbeiten allerdings kostenpflichtig. Noch ein Wort zur Nutzung obiger Internetquellen: Denken Sie daran, dass auch Ihre Fachlehrerin bzw. Ihr Fachlehrer diese Quellen kennt. Ein Abkupfern der dort veröffentlichten Referate oder Facharbeiten ist also nicht nur unlauter und verstößt gegen das Urheberrecht, sondern ist zugleich auch äußerst gefährlich. Stellt Ihre Lehrerin bzw. Ihr Lehrer nämlich fest, dass Sie das vorgetragene Referat bzw. die eingereichte Facharbeit einfach abgeschrieben haben, so wird sie/er Ihre Leistung mit *ungenügend* bewerten! Ein solches **Plagiat**, das Ausgeben eines fremden Werkes als eigenes ("Gedankenklau"), kann heute mithilfe von Internetsuchmaschinen oder sogar speziellen Suchprogrammen relativ leicht aufgedeckt werden.

Zu Plagiaten siehe auch → Seite 87 f.

Schritt 3 – Vom vorläufigen zum endgültigen Arbeitsthema

Haben Sie ein vorläufiges Arbeitsthema formuliert, so sollten Sie es vor Beginn der eigentlichen Arbeit, einem „Praktikabilitätstest" unterziehen:

- Verschaffen Sie sich einen ersten Überblick über den Literatur- und Quellenbestand zum Thema (→ Kapitel 4).
- Lesen Sie erste, möglichst allgemeine Literatur zum Thema.
- Bei praktischen Arbeiten: Planen Sie gegebenenfalls einen Vorversuch und führen Sie diesen durch. Oder begehen Sie ein zu kartierendes Gebiet.
- Erstellen Sie eine Mindmap zum vorläufigen Arbeitsthema (→ Seite 39 f.)
- Formulieren Sie die zentrale Frage, die Sie in Ihrem Referat/Ihrer Facharbeit bearbeiten und beantworten wollen *(Forschungsfrage)*. Diese sollte möglichst konkret und nicht zu allgemein sein.

Loten Sie hierbei aus, ob das von Ihnen angedachte Thema

- tatsächlich auf die Bearbeitung und Beantwortung einer konkreten, zentralen Forschungsfrage abzielt (und nicht etwa diffus verschiedene breit gestreute Fragen ansteuert);
- in der vorgegebenen Zeit zu bewältigen ist;
- im vorgegeben Rahmen (Vortragsdauer bei Referaten, Erstellungszeit und Seitenumfang bei Facharbeiten) machbar erscheint;
- angesichts der Quellenlage bzw. der verfügbaren Möglichkeiten zur praktischen Arbeit sinnvoll und einigermaßen vollständig zu bearbeiten ist.

Zur Absicherung Ihrer Einschätzung können Sie Ihre Themenidee mit Freunden, Bekannten sowie der betreuenden Lehrkraft diskutieren.

Eventuell wird sich beim Themencheck herausstellen, dass Ihr vorläufiges Thema praktikabel und umsetzbar ist. Es wird damit zum endgültigen Thema und Sie können mit der Erstellung des Referats/der Facharbeit beginnen.

In vielen Fällen wird sich jedoch die Notwendigkeit ergeben, das vorläufige Thema umzuformulieren oder zu präzisieren. Dies kann z. B. geschehen durch

- Hinzufügen eines Unterthemas;
- Hinzufügen der zentralen Forschungsfrage;
- Einfügen einschränkender Angaben zum abzuhandelnden Gegenstand;
- Einbindung eines lokalen Bezuges.

Falls sich beim Themencheck herausstellt, dass Ihr Wunschthema z. B. wegen Materialmangels oder eines zu großen Aufwandes in den praktischen Arbeitsteilen nicht realisierbar ist, sollten Sie sich nicht scheuen, dieses Thema aufzugeben. Beginnen Sie erneut mit Schritt 1 der Themensuche (→ Seite 37).

Eine **gute** Forschungsfrage wäre z.B. „Welche anatomischen Besonderheiten ermöglichen es mediterranen Pflanzen unter den Klimabedingungen Süditaliens zu leben?"

Eine **schlechte** Forschungsfrage wäre: „Wie sehen Pflanzen in Süditalien aus?"

Vorläufiges Arbeitsthema	Endgültiges Thema	
Die Einstellung der Deutschen zum Kind	Kinder – Karrierehemmnis, Kostenfaktor, Glücksbringer? – Eine Umfrage in Münster und ihre Ergebnisse	Beispiel: Präzisierung vorläufiger Arbeitsthemen
Der Untergang der Maya	Der Untergang der Maya – die Folge einer Klimakatastrophe?	
Pfeilgifte der Ureinwohner Südamerikas und deren Wirkung an menschlichen Neuronen	Pfeilgifte der Indianer Südamerikas und deren Wirkung an menschlichen Neuronen – aufgezeigt am Beispiel von Curare und Batrachotoxin	
Der Roman *Tod und Teufel* von F. Schätzing	Der historische Wahrheitsgehalt im Mittelalterkrimi *Tod und Teufel* von Frank Schätzing	
Muslime in Deutschland	Das Verhältnis von Muslimen und Christen in Deutschland – aufgezeigt am Beispiel des Moschee-Neubaus in Köln	
Die Meinungsfreiheit in der VR China	Gibt es Meinungsfreiheit in der VR China? – Eine Analyse am Beispiel Internet	
Optische Täuschungen und ihre neurobiologische Erklärung	Optische Täuschungen und ihre neurobiologische Erklärung – eine Versuchsreihe im LK Biologie und ihre Auswertung	
Harry Potter	The Harry Potter phenomenon – Why are these books so successful?	
Autorität und Gehorsam	Das Milgram-Experiment – Eine Studie zur Gehorsamsbereitschaft gegenüber Autoritäten	
Früchte aus dem Regenwald auf dem Speiseplan	Angebot, Präsentation und Preis tropischer Früchte in den Supermärkten von Neustadt	
Verkaufsprozesse und die sie steuernden Faktoren	Verkaufsprozesse und die sie steuernden Faktoren – Eine Untersuchung am Kiosk des Paul-Rudolf-Gymnasiums in Bömmelburg	
Ökolandbau in Deutschland	Erstellung und Reflexion einer Präsentation zum Thema „Pro und Kontra ökologischer Landbau in Deutschland"	
Die Pflanzen des Tropischen Regenwaldes	Der Tropische Regenwald – ein pharmakologischer Supermarkt? – Die Nutzung tropischer Pflanzen zur Gewinnung von Arzneimitteln	
Der Film „Carmen" von Carlos Saura	Analyse der Stücke „Habanera" und „Seguidilla" aus der Oper „Carmen" von Georges Bizet im gleichnamigen Film von Carlos Saura in Bezug auf die tänzerische Umsetzung und die Funktion der jeweiligen Szenen	

Kennzeichen eines guten Themas für Referat oder Facharbeit sind u. a.:   Überblick

⊙ Es entspricht Ihrer Interessenlage und Ihren Fähigkeiten.

⊙ Es weist einen klaren Sachschwerpunkt aus.

⊙ Es ist hinreichend eingegrenzt und damit dem vorgegebenen Seitenumfang bzw. Zeitrahmen für Erstellung und Präsentation angepasst.

⊙ Es bietet die Chance, Ihr Können auf verschiedenen Ebenen zu zeigen (z. B. Quellenreproduktion, Erklärung, Bewertung).

Der Weg zum guten Thema führt häufig über mehrere Zwischenschritte, z. B. Stichwortliste – vorläufiges Thema – Mindmap – endgültiges Thema.

4

Informationsbeschaffung

Für die Erstellung eines Referats oder einer Facharbeit ist eine fundierte und hinreichend breite Informationsbasis eine der wichtigsten Voraussetzungen. Damit stellen sich, nachdem man das vorläufige Arbeitsthema erhalten hat, fünf Fragen:

1. Welche Informationsquellen stehen prinzipiell für ein Referat/eine Facharbeit zur Verfügung?
2. Wo und wie finde ich Informationsquellen für mein Referat/meine Facharbeit?
3. Wie kann ich geeignete Informationsquellen erkennen?
4. Wie kann ich geeignete Informationsquellen erschließen?
5. In welcher Weise kann ich aus den ermittelten Informationen den Text des Referats/der Facharbeit erstellen?

Das Kapitel 4 wird Ihnen helfen, diese Fragen zu beantworten.

4.1 Informationsquellen in der Übersicht

Als Basis Ihres Referats/Ihrer Facharbeit kommen folgende Quellen infrage:

Typische Beispiele für Primärliteratur sind: Faust von Johann Wolfgang von Goethe oder Kritik der reinen Vernunft von Immanuel Kant.

Primärliteratur *(frz. primaire = zuerst vorhanden, die Grundlage bildend).* Hierbei handelt es sich z. B. um literarische oder philosophische Originaltexte.
Zum Teil wird der Primärliteratur-Begriff jedoch weiter gefasst: In sprachlichen Fächern werden bei landeskundlichen Themen teils auch Zeitungsartikel, Gesetzestexte oder Statistiken als Primärliteratur bezeichnet. In historischen Arbeiten gilt Gleiches für archivalische Quellen (Urkunden usw.). Ebenso gehören z. B. Reise- und Forschungsberichte zur Primärliteratur.
Generell gilt: In Werken der Primärliteratur stellen Autoren eigene Ideen, eigene Forschungsergebnisse oder Erfahrungen dar.

Sekundärliteratur *(frz. secondaire = an zweiter Stelle, nachträglich hinzukommend).* Hierunter versteht man wissenschaftliche und kritische Texte über einen bestimmten Autor, sein Werk oder eine literarische Epoche, aber auch fachwissenschaftliche Analysen zu den verschiedensten Themenbereichen. Sekundärliteratur wird auch als *Forschungsliteratur* bezeichnet. Sie fasst Primärliteratur zusammen, kommentiert und interpretiert diese.

Die Unterscheidung zwischen Primär- und Sekundärliteratur ist in den sprachlichen Fächern wichtig. Beide Literaturtypen müssen dort im Literaturverzeichnis gesondert ausgewiesen werden (→ Seite 98 ff.). Gleiches gilt für Fächer wie Geschichte, Philosophie oder Soziologie. In den naturwissenschaftlichen Fächern ist eine solche Differenzierung eher unüblich.

Sonstige Textquellen. Hierzu zählen alle Informationen, die nicht in Buchform oder als Zeitschriftenartikel veröffentlicht wurden. Dies sind unter anderem: Zeitungsartikel, Broschüren und Informationshefte, Diplomarbeiten und Doktorarbeiten (Dissertationen), Mitschriften von Radio- oder Fernsehsendungen, Gesprächsnotizen sowie viele Internetquellen.

„Graue Literatur". Diese Bezeichnung bezieht sich auf die *Form der Veröffentlichung* einer Textquelle. Während „weiße Literatur" über Verlage und Buchhändler zu beziehen ist, ist „graue Literatur" dies nicht. Zur „grauen Literatur" gehören somit unter anderem Skripte, Flugblätter, Veröffentlichungen von Betrieben oder Behörden sowie auch Internetquellen.

Datenquellen. Hierzu zählen insbesondere die Ergebnisse der von Ihnen selbst durchgeführten Experimente, Freilandbeobachtungen, Kartierungen, Befragungen usw. *(primäre Datenquellen)*. Wie Sie zu solch eigenen Forschungsergebnissen gelangen, wird im → Kapitel 8 vorgestellt.
Ebenso können Sie aber auch von anderen erhobene Daten nutzen. Diese stammen z. B. aus Beobachtungen, Messungen oder Befragungen anderer Forscher bzw. sind in amtlichen Statistiken, Firmenstatistiken, Jahrbüchern, Datenbanken usw. enthalten *(sekundäre Datenquellen)*.

eBooks (elektronische Bücher) sind, obwohl sie laut dieser Definition „sonstigen Quellen" oder „grauer Literatur" zuzurechnen wären, ihrem Wesen nach Primär- oder Sekundärliteratur. Sie werden daher in der Regel auch einer dieser beiden Kategorien zugeordnet.

Quellen

Textquellen			Bildquellen		Datenquellen	
Primärliteratur	Sekundär-literatur	sonstige Textquellen	Fotos	sonstige Bildquellen	Primär-quellen	Sekundärquellen
– Roman im Original – Forschungs-bericht aus der Hand des Forschers – Reisebericht aus der Hand des Reisenden – historische Quelle – …	– Zeitschrif-tenartikel über einen Roman – Zeitungs-kommentar – Zusammen-fassende Darstellung über ein Forschungs-gebiet – …	– Broschüren – Flugblätter – unveröffent-lichte Manu-skripte – Mitschriften aus Radio und Fernsehen – viele Internet-quellen – …		– Karten – Diagramme – Zeichnun-gen – Skizzen – Fernseh-bilder – Luftbilder – Collagen – …	– eigene Beob-achtungen – eigene Messdaten – eigene Befragungen – eigene Kartierungen – …	– amtliche Statistiken – Daten-banken – Beobach-tungen, Befragungen, Messungen, Kartierun-gen anderer Forscher – …
„Originale"	**„Texte über"**					

Tab. 4.1: Informationsquellen in der Übersicht

4.2 Fundorte für Quellen

Als Fundorte für Text-, Bildquellen und sekundäre Datenquellen kommen insbesondere infrage:

- ▶ Ihre eigene Büchersammlung (inklusive der Schulbücher)
- ▶ die Büchersammlung Ihrer Eltern, Freunde und Verwandten
- ▶ die Schulbibliothek
- ▶ öffentliche Bibliotheken (Gemeinde-/Stadtbibliotheken, Pfarrbüchereien, Universitätsbibliotheken usw.)
- ▶ Spezialbibliotheken (Institutsbibliotheken der Universitäten, Museumsbibliotheken, Bibliotheken von Vereinen, Firmen usw.)
- ▶ Buchhandlungen
- ▶ Archive (öffentliche oder private Sammlungen von Dokumenten, aber auch Büchern zu bestimmten Themen, insbesondere aus den Bereichen Geschichte und Sozialwissenschaften)
- ▶ Zeitungs- und Zeitschriftenarchive (Sammlungen der Ausgaben lokaler, regionaler oder überregionaler Zeitungen bzw. Zeitschriften); in der Regel sind diese in den Verlagshäusern der Zeitungen bzw. Zeitschriften einzusehen; zum Teil ist auch ein Zugriff via Internet möglich (→ Seite 51); auch größere Bibliotheken besitzen eigene Zeitungs- und Zeitschriftenarchive
- ▶ öffentliche und private Institutionen, Vereine und Firmen, die Bücher, Informationsbroschüren, Fotos oder Mitschnitte von Radio- und Fernsehsendungen bereitstellen (UNO, Deutsches Rotes Kreuz, Brot für die Welt, MISEREOR, Bundes- und Landeszentralen für politische Bildung, Bundes- und Landesministerien, Stadt- und Gemeindeverwaltungen, Radio- und Fernsehsender usw.)
- ▶ statistische Ämter
- ▶ das Internet

Der Buchbestand von Bibliotheken muss prinzipiell unterteilt werden in den **Präsenzbestand** (Literatur, die nur innerhalb der Räume der Bibliothek gelesen und gegebenenfalls kopiert werden darf) und den **Leihbestand** (Literatur, die ausgeliehen werden kann).

Tipp

Erfahrungsgemäß tendieren viele Schüler heute dazu, die Quellensuche für ein Referat oder die Facharbeit auf das Internet zu beschränken. Hiermit engen sie Ihre Quellenbasis unnötig ein, denn entgegen landläufiger Meinung findet man im Internet eben doch nicht alles.

Zudem stehen viele Lehrerinnen/Lehrer Referaten oder Facharbeiten, die sich nur auf Internetquellen stützen, skeptisch gegenüber.

Dehnen Sie daher Ihre Quellensuche über das Internet hinaus aus. Insbesondere öffentliche Bibliotheken bieten eine solide Literaturbasis für viele Themen, die zudem dank der Fernleihemöglichkeit (→ Seite 57) problemlos zu erweitern ist.

4.3 Literaturrecherche

Nachdem Sie Ihr Referats- bzw. Facharbeitsthema festgezurrt haben, ist es wenig sinnvoll, direkt mit der Literatursuche zu beginnen. Die Gefahr, sich dabei im Dschungel der Print- und Internetquellen zu verlieren ist zu groß.

Überlegen Sie vielmehr zunächst, wie Sie Ihre Suche zielgerichtet, systematisch und effizient gestalten können. Dazu biete es sich beispielsweise an

- ⊙ zuerst zentrale Suchbegriffe, die mit Ihrem Arbeitsthema in Verbindung stehen, zu identifizieren,
- ⊙ sich über die möglichen Recherchewege klar zu werden,
- ⊙ für den Fall auftretender Probleme mögliche Hilfen im Auge zu haben.

Zentrale Suchbegriffe finden

Bevor man mit der Suche beginnt, sollte man sich darüber klar werden, wonach man überhaupt sucht. Klären Sie also zunächst die Frage:
Welches sind wichtige Begriffe, die mit dem Thema meines Referates/meiner Facharbeit in Verbindung stehen und die durch Informationen aus Literatur und Internet mit Leben gefüllt werden müssen?

Sie finden solche Begriffe indem Sie z.B.:

- ⊙ **Vorwissen nutzen.** Notieren Sie alle Stichworte, die Ihnen in Verbindung mit dem Arbeitsthema spontan in den Sinn kommen. Häufig werden Sie überrascht sein, wie viele dies bereits sind.
- ⊙ **Schulbücher nutzen.** Bei der Durchsicht Ihrer Schulbüchern entdecken Sie eventuell weitere Begriffe, die Sie Ihrem Thema zuordnen können.
- ⊙ **Lexika und Enzyklopädien nutzen.** Hier finden Sie erste, kompakte Sachinformationen zu Ihrem Arbeitsthema und zugleich zentrale Schlagworte, die mit diesem Thema in Verbindung stehen. Allgemeine Lexika (z. B. Der Brockhaus oder Meyers Lexikon) wie auch Speziallexika (so das Lexikon der Biologie, Kindlers Neues Literatur-Lexikon oder das Lexikon der Musik) stehen teilweise im Präsenzbestand Ihrer Schulbibliothek oder öffentlicher Bibliotheken. Zudem sind sie auch im Internet verfügbar (teilweise gegen Gebühr). Im Netz findet man auch Seiten mit Link-Sammlungen für Lexika, z.B. *https://www.spektrum.de/lexikon/* oder *https://www.bpb.de/nachschlagen/lexika/*

> Sie können Ihre Suchbegriffe auch zu einer Mindmap zusammenstellen (→ Seite 39 f.). Dies erhöht die Übersichtlichkeit.

Daneben gibt es spezielle Internetlexika, von denen *wikipedia* größte und bekannteste ist. Nicht immer aber sind deren Informationen sachlich stimmig und uneingeschränkt verwendbar (→ Seite 61).

Recherchewege

Recherche in einer öffentlichen Bibliothek

Öffentliche Bibliotheken können Sie als Schüler meist kostenlos nutzen. Dazu müssen Sie allerdings angemeldet sein. Bringen Sie deshalb bei Ihrem ersten Bibliotheksbesuch den Personal- und Schülerausweis mit. Auch in Universitätsbibliotheken können Sie als „Gastnutzer" Bücher ausleihen. Hier benötigen Sie zur Anmeldung ebenfalls Personal- und Schülerausweis. Gehen Sie bei der Recherche hier wie folgt vor:

- ⊙ Nutzen Sie zur Suche den Bestandskatalog der Bibliothek. In allen größeren Bibliotheken ist dieser heute bequem per Computer abzurufen.
- ⊙ Suchen Sie im Bestandskatalog nach den zu Ihrem Thema passenden Suchbegriffen in Buchtiteln und im Schlagwortregister.
- ⊙ Stöbern Sie zudem in der entsprechenden Fachabteilung der Bibliothek.
- ⊙ Haben Sie neben dem Sachbuchbestand auch ein eventuell vorhandenes Zeitschriftenarchiv als Informationsreservoir im Auge.

Tipp

Fragen Sie zudem das Bibliothekspersonal. Dieses kennt sich im Buchbestand der Bibliothek aus, kann damit auch solche Literatur Ihren Suchbegriffen zuordnen, die vom Titel her keinen Bezug aufweist. Zudem kennt es den Standort der von Ihnen gesuchten Bücher und Zeitschriften.
Neuere Sachbücher sind oftmals auch/nur als eBook verfügbar. Besitzen Sie einen eReader, dann fragen Sie das Bibliothekspersonal also gezielt nach dem eBook-Bestand der Bibliothek.

Recherche in Bibliografien und Literaturdatenbanken

In vielen Bibliotheken sind Bibliografien eingestellt. Hierbei handelt es sich um „Bücher über Quellen", also um die Zusammenstellung von Literaturtiteln zu bestimmen Themenfeldern oder Fachgebieten.

- ⊙ In der Regel sind Bibliografien nach Autoren, Titeln oder Schlagworten geordnet.
- ⊙ Neben Büchern und Zeitschriftenartikeln sind teilweise auch Internetquellen berücksichtigt.
- ⊙ Oft sind zu den Quellen Inhaltsangaben oder Kommentare vermerkt.
- ⊙ Bibliografien gibt es auch in digitalisierter Form (CD-ROM bzw. Online).
- ⊙ Nutzen Sie zur Recherche in Bibliografien die von Ihnen im ersten Schritt entwickelte Stichwortliste/Mindmap (→ Seite 47).
- ⊙ Da das Lesen von Bibliografien nicht ganz einfach ist, sollten Sie sich nicht scheuen, bei Fragen das Bibliothekspersonal anzusprechen.

Recherche in Buchhandlungen

Stöbern Sie in der entsprechenden Fachabteilung von Buchhandlungen. Recherchieren Sie nach Literatur zu den von Ihnen gesuchten Stichworten. Dabei können Sie das Verzeichnis Lieferbarer Bücher (VLB) nutzen. Im VLB sind über 2,5 Millionen Buchtitel sowie viele Zeitschriftartikel mit bibliographischen Angaben erfasst. Es bietet vielfältige Recherchemöglichkeiten, so neben der Suche nach Autor und Titel auch eine solche nach Stichworten. Sie können in der Buchhandlung mit Hilfe der Buchhändlerin/des Buchhändlers im VLB recherchieren. Da es dieses seit 2002 aber auch online gibt (→ *https://www.buchhandel.de/*), ist zudem die Recherche am heimischen PC möglich.

Online-Literaturrecherche

Internet-Buchhandlungen bieten in der Regel die Möglichkeit an, nach lieferbaren Buchtiteln zu recherchieren, auch ohne dass Sie Bücher bestellen (entsprechende Internet-Adressen finden Sie auf → Seite 50). Die Suchmaschinen vieler Internet-Buchhandlungen erlauben dabei auch die Suche nach lieferbaren Büchern z. B. in englischer, französischer, spanischer und italienischer Sprache.

Für eine effiziente Recherche sollten Sie

⊙ sofern verfügbar die Funktion *Profisuche* bzw. *erweiterte Suche* und gegebenenfalls den dort abzurufenden *Index* nutzen.

⊙ nacheinander verschiedene mit Ihrem Thema in Verbindung stehende Schlagworte bzw. Autoren eingeben; so erfassen Sie ein breites Spektrum an Buchtiteln.

⊙ zum Abschätzen der Ergiebigkeit gefundener Bücher die bei viele Internet-Buchhandlungen angebotenen Serviceleistungen nutzen: Lesen Sie sofern verfügbar die Inhaltsangabe, das Inhaltsverzeichnis oder auch angebotene Probeseiten (→ Blick ins Buch).

Neben der Recherche nach aktuell über den Buchhandel zu beziehenden Büchern kann im Internet auch nach älteren Werken und Zeitschriften recherchiert werden. Hierfür bieten sich virtuelle Bibliotheken und Online-Kataloge großer Bibliothekszusammenschlüsse an (→ Seite 50).

....

Ältere, nicht mehr über den Buchhandel zu beziehende Werke können oft kostengünstig als gebrauchte Exemplare über Internetbuchhandlungen (z.B. *Amazon Marketplace*®), Second-Hand-Buchhandlungen (z.B. *Booklooker*®) oder bei Online-Auktionshäusern (z. B. *eBay*®) erworben werden.   **Tipp**

....

Internet-
adressen
(Stand: 15.09. 2021)

Online-Buchhandlungen mit Recherchemöglichkeiten (Auswahl)

https://www.amazon.de/ (auch Links zu Katalogen mit fremdsprachiger Literatur)

https://www.bol.de/ und *https://www.thalia.de* (beides Online-Shops von Thalia; auch englische Bücher, Schulbücher und eBooks*)*

https://www.buch24.de/ (vielfältige Suchmöglichkeiten)

https://www.buecher.de/ (spezielle Fachbuch-Suchfunktion)

https://www.parinfo.fr (alle lieferbaren französischen Bücher)

https://www.amazon.com/ (englischsprachige Literatur)

https://www.waterstones.com/ (englischsprachige Bücher aus GB)

https://www.boeknet.nl/ (Bücher in Niederländisch)

https://www.itallibri.de/ (Bücher in Italienisch)

https://www.ibs.it/ (Bücher in Italienisch; auch eBooks)

https://e-libro.net/ (Bücher in Spanisch)

https://www.express-kniga.de/ (Bücher in Russisch, CDs, Filme, Hörbücher)

http://www.findmybook.de/ (Suche nach neuen und gebrauchten Büchern in Online-Shops und Antiquariaten weltweit)

https://www.zvab.com/ (Zentrales Verzeichnis antiquarischer bzw. vergriffener Bücher)

Es gibt viele regionale Online-Buchhandlungen, bei denen Sie bestellte Bücher abholen können. Sie sparen so ein eventuelles Porto.

Virtuelle Bibliotheken und Online-Kataloge von Bibliotheksverbünden (Auswahl)

https://kvk.bibliothek.kit.edu/ (Karlsruher Virtueller Katalog; Online-Recherche in Bibliotheks- und Buchhandelskatalogen weltweit)

https://www.wlb-stuttgart.de (Seite der Württembergischen Landesbibliothek Stuttgart mit Links zu weiteren Online-Katalogen)

https://www.bib-bvb.de/web/guest/home (Bibliotheksverbund Bayern; Online-Katalog der Bibliotheken aus Bayern)

https://www.gbv.de/ (Gemeinsamer Bibliotheksverbund GBV der Länder Bremen, Hamburg, Mecklenburg-Vorpommern, Niedersachsen, Sachsen-Anhalt, Schleswig-Holstein und Thüringen)

https://www.hbz-nrw.de/literatursuche/ (Hochschulbibliothekszentrum NRW; Suche in Bibliotheksbeständen aus NRW und Rheinland-Pfalz))

https://www.hebis.de/ (HEBIS – Hessisches BibliotheksInformationsSystem; Recherchemöglichkeiten in den Bibliotheken Hessens und des südöstlichen Rheinland-Pfalz)

https://www.kobv.de/ (Kooperativer Bibliotheksverbund Berlin-Brandenburg; Online-Recherche in den Bibliotheken Berlins und Brandenburgs)

https://www.bsz-bw.de/index.html (Bibliotheksservice-Zentrum Baden-Württemberg mit vielen Möglichkeiten zur Online-Recherche)

Außerdem: Die Kataloge fast aller Universitätsbibliotheken (UB) sind online einsehbar. Suchen Sie den Katalog einer Ihrem Heimatort nahe liegenden UB mithilfe einer Suchmaschine (→ Seite 63 ff.).

>>

Internet-Adressen für die Suche nach Fachzeitschriften (Auswahl)

https://bibliothek.bbaw.de/zeitschriftenverzeichnisse (Berlin-Brandenburgische Akademie der Wissenschaften; Links zur Zeitschriftendatenbank ZDB und zur Elektronischen Zeitschriftenbibliothek EZB, über die Zeitschriftenartikel teils kostenlos online abgerufen werden können)

https://zdb-katalog.de/index.xhtml (Die Zeitschriftendatenbank ZDB ist die weltweit größte Datenbank für Print- und Online-Zeitschriften, Zeitungen usw.)

https://ezb.uni-regensburg.de/ (Elektronische Zeitschriftenbibliothek; Zeitschriften nach Fachgebieten geordnet)

https://www.wissenschaft.de/magazin/archiv/ sowie

https://www.wissenschaft.de/artikelarchiv/ (Archiv der Zeitschrift *Bild der Wissenschaft* seit 1996; Links zu anderen Zeitschriften des Verlages; Recherche kostenfrei, Artikel zum Teil kostenpflichtig)

https://www.spektrum.de/ (→ Archiv; Suche in *Spektrum der Wissenschaft* seit 1993 und in anderen Zeitschriften des Verlags; Recherche kostenfrei, Artikel zum Teil kostenpflichtig)

Internet-Adressen für die Suche in Populären Zeitschriften und in Zeitungen (Auswahl, viele Artikel können online gelesen werden)

https://www.focus.de/magazin/archiv (Archiv des *Focus* ab 1993; Recherche und Artikel kostenfrei)

https://www.welt.de/schlagzeilen/ (Archiv der Zeitung *Die Welt* ab 1995; Recherche und Artikel kostenfrei)

https://www.spiegel.de/thema bzw. *http://www.spiegel.de/spiegel/print/* (Archiv des *Spiegel* und anderer Hefte der Spiegel-Gruppe ab 1947; Recherche kostenfrei, Artikel teils kostenfrei, teils kostenpflichtig)

https://epaper.berliner-zeitung.de/ / (Jüngste Ausgaben der Berliner Zeitung; kostenpflichtig)

https://fazarchiv.faz.net/ (Archiv der *Frankfurter Allgemeine Zeitung* ab 1993; Suche kostenfrei, Artikel kostenpflichtig)

https://www.geo.de/archiv (Suche in älteren Ausgaben von *GEO*; kostenfrei)

https://archiv.handelsblatt.com/ (Recherche im Archiv des Handelsblattes ab 1986; Recherche kostenfrei, Artikel kostenpflichtig)

https://www.genios.de/ (Archiv einer Vielzahl deutscher und internationaler Zeitungen; Recherche kostenfrei, Artikel kostenpflichtig)

https://www.stern.de/archiv/ (Archiv des Magazins *Stern* ab 2000; Recherche und Artikel kostenfrei)

https://www.sz-archiv.de/ (Archiv der *Süddeutschen Zeitung* ab 1992 bzw. 1945; Recherche und Artikel kostenpflichtig)

>> Internetadressen

>> Internet-
adressen

https://taz.de (unten → Archiv; Archiv der Zeitung *die tageszeitung* ab 1986;
   Nutzung kostenpflichtig)
https://www.zeit.de/ (oben → Archiv; Archiv der Wochenzeitung *Die Zeit* ab
   1946; Recherche kostenfrei, Artikel kostenpflichtig)

Weitere nützliche Internetadressen
https://www.bpb.de (Bundeszentrale für politische Bildung; Fundgrube für
   Geschichte, Politik, Erdkunde, SoWi usw.; teils kostenlose Literatur)
https://de.wikipedia.org/ (Online-Enzyklopädie *Wikipedia*®; eine Fülle von
   Artikeln zu fast allen Themen; für die Erstinformation und Orientierung im
   Thema in der Regel sehr gut geeignet; darf aber nicht die einzige verwandte Quelle sein → Seite 61)

Recherche bei Institutionen und Organisationen
Schreiben Sie öffentliche und private Institutionen an, die Bücher oder Hef-
te zum Thema Ihres Referats bzw. Ihrer Facharbeit veröffentlicht haben. Dies
könnten z.B. sein:
◉ Bundeszentrale für politische Bildung (Adenauerallee 86, 53113 Bonn).
◉ Landeszentrale für politische Bildung Ihres Bundeslandes (Anschrift bei
   Ihrer Lehrerin bzw. Ihrem Lehrer erfragen).
◉ Verbände (z. B. Verband der Chemischen Industrie, Verband der Automobil-
   industrie, DGB); mithilfe der Suchmaschine *https://www.verbandsforum.de/*
   können Sie für Ihr Thema relevante Verbände finden.
◉ Organisationen; deutsche Organisationen finden Sie unter
   https://de.wikipedia.org/wiki/Kategorie:Organisation_(Deutschland);
   hier können Sie Unterkategorien abrufen wie Hilfsorganisationen oder
   Gewerkschaften oder Kulturelle Organisationen; für Organisationen außer-
   halb des Bundesgebietes bietet
   https://de.wikipedia.org/wiki/Kategorie:Organisation_nach_Staat
   eine Linkliste; die Links führen auf die Wikipedia-Seite der Organisation, auf
   der in der Regel ein Link zur Homepage der Organisation enthalten ist.

Tipp

Institutionen und Organisationen senden Ihnen meist bereitwillig Literatur-
listen, Broschüren oder sogar kostenlose Literatur zu.
Doch Achtung: Von einer bestimmten Organisation herausgegebene Literatur ist meist nicht objektiv, sondern spiegelt Verbandsinteressen wider. Man
sollte sie daher nur vorsichtig verwenden und ggf. entnommene Informationen kommentieren.

Das „Schneeballsystem"

Mithilfe des „Schneeballsystems" gelangen Sie, ausgehend von einer interessanten Quelle, zu weiterer Literatur. Gehen Sie dabei wie folgt vor:

- ⊙ Lesen Sie in der von Ihnen bereits entdeckten Literatur die für Ihr Thema relevanten Seiten. In Büchern finden Sie diese, indem Sie im Inhaltsverzeichnis oder im Register Ihre Stichworte (→ Seite 47) nachschlagen.
- ⊙ Stoßen Sie beim Lesen auf eine Quellenangabe (→ Kapitel 7), so schlagen Sie die zitierte Quelle im Literaturverzeichnis oder in den Fußnoten nach. Bei Büchern befindet sich das Literaturverzeichnis am Ende eines Kapitels oder am Ende des Buches. In Fachzeitschriften finden Sie es in der Regel am Ende eines Zeitschriftenartikels/-aufsatzes.
- ⊙ Erscheint die zitierte Quelle Ihnen interessant, so ermitteln Sie, wie und woher Sie diese beziehen können (→ Seite 55 ff.).
- ⊙ Lesen Sie dann in der auf diese Weise gefundenen neuen Quelle die für Ihr Thema relevanten Seiten. Oftmals wird es so sein, dass Sie hier wiederum interessante und für Sie brauchbare Zitate finden.
- ⊙ Stoßen Sie auf solche, so schlagen Sie die zitierte Quelle im Literaturverzeichnis nach …

Auf diese Weise gelangen Sie zu einem immer breiteren Spektrum an Quellen. Zudem können Sie so der Spur einer Information bis zu ihrem Ursprung folgen. Dabei werden Sie unter Umständen feststellen, dass Autoren voneinander „abgeschrieben" und dabei auch Fehler vom Vorgänger übernommen haben.

Recherche in Fachzeitschriften

Durchsuchen Sie die Ihnen zugänglichen Fachzeitschriften nach Artikeln zu Ihrem Thema (Schulbibliothek, öffentliche Bibliotheken).

- ⊙ Hierbei sollten Sie sich der thematisch geordneten Jahresverzeichnisse der Zeitschriften bedienen. Diese sind für ältere Zeitschriftenjahrgänge als Printversion, für jüngere auch auf CD-ROM oder online verfügbar.
- ⊙ In vielen Fachzeitschriften werden in unregelmäßigen Abständen Bibliografien (→ Seite 48) zu einzelnen Themenschwerpunkten veröffentlicht. Überprüfen Sie, ob es in einer der Ihnen zugänglichen Fachzeitschriften zufällig eine Bibliografie zu Ihrem Thema gibt.
- ⊙ Auch die Artikel in Fachzeitschriften enthalten Literaturverzeichnisse. Dort ist oft spezielle und (in jüngeren Ausgaben) aktuelle Literatur aufgeführt, die sich für Ihr Thema als besonders geeignet erweisen kann. Nach dem zuvor beschriebenen „Schnellballsystem" können Sie vom Literaturverzeichnis ausgehend zu weiteren Quellen gelangen. Sie können zudem im Internet nach Zeitschriftenartikeln suchen (Internetadressen → Seite 51).

Recherche in populären Zeitschriften

Auch populäre Zeitschriften wie Focus, Spiegel oder Stern können Artikel enthalten, die für Ihr Referat bzw. Ihre Facharbeit von Interesse sind. Diese sind eventuell in älteren Ausgaben der Zeitschriften erschienen. Ist dies der Fall, gibt es verschiedene Wege, an diese Artikel zu gelangen:

⊙ Viele Bibliotheken verfügen über ein Zeitschriftenarchiv, in dem Sie ältere Ausgaben populärer Zeitschriften einsehen können. Fragen Sie beim Bibliothekspersonal nach. In den meisten Fällen gibt es aber für diese Zeitschriften keine Jahresverzeichnisse, sodass Sie nach geeigneten Artikeln stöbern müssen.

⊙ Ist die gesuchte Zeitschrift noch relativ jungen Datums, kann auch eine Nachfrage im Bekannten- und Verwandtenkreis zum gewünschten Zeitschriftexemplar führen.

⊙ Eine weitere Alternative stellt die Online-Suche dar (→ Internetadressen Seite 51). Teilweise können Sie gefundene Artikel kostenlos lesen.

Sonstige Verfahren

Eine weitere Möglichkeit, Literatur zu finden, bietet die Recherche in Museumsbüchereien und Archiven. In der Regel erhalten Sie hier aber nur in Begleitung von Fachkräften Zutritt. Fragen Sie diese gleich zu Beginn nach der hier optimalen Suchstrategie.

Schließlich kann man in Gesprächen mit Fachleuten nützliche Literaturtipps erhalten. Fragen Sie z. B. Ihre Interviewpartner oder von Ihnen kontaktierte Spezialisten nach geeigneter Literatur. Bei etwas Glück besitzt Ihr Gesprächspartner das infrage kommende Werk selbst und stellt es Ihnen leihweise zur Verfügung.

Tipp | Sie können auch die betreuende Lehrperson nach Literaturtipps fragen. Da bei einem Referat/einer Facharbeit die Literatursuche jedoch in der Regel Teil der eigenständigen Erstellungsleistung ist, sollen Sie dies eventuell erst dann tun, wenn die Literatursuche zu bestimmten Aspekten Ihres Themas erfolglos geblieben ist.

Übrigens: Sind Sie eher der visuelle Lerntyp, so finden Sie z.B. auf YouTube® Videos über die optimale Gestaltung einer Literaturrecherche. Eine sehr empfehlenswerte Zusammenstellung von Videos zu allen Schritten bei der Erstellung wissenschaftlicher Arbeiten bietet die Seite *https://www.youtube.com/user/LotseTeam*. Sie gehört zum LOTSE-Projekt der Universität Münster (*https://www.ulb.uni-muenster.de/ulb-tutor/*), einer Plattform „rund um das Thema Literatursuche und wissenschaftliches Arbeiten".

4.4 Auswahl und Bezug geeigneter Literatur

Haben Sie mithilfe der zuvor geschilderten Verfahren interessant erscheinende Literatur ermittelt, so gilt es nun zwei Fragen zu klären:
- ⊙ Enthält die Quelle tatsächlich für mein Thema relevante Informationen?
- ⊙ Wie kann ich an die entsprechen Textquellen gelangen?

Prüfung der Relevanz der Quelle
Nicht jede Quelle, deren Titel vielversprechend klingt, ist für Ihre Arbeit auch wirklich brauchbar. Um möglichst rasch die tatsächlich relevante Literatur zu identifizieren, empfehlen sich folgende Schritte:
- ⊙ Lesen Sie bei Büchern den Klappentext und das Inhaltsverzeichnis. Fahnden Sie zudem im Register nach Stichworten, die für Ihr Thema markant sind.
- ⊙ Scheint das Buch nach Überprüfung dieser ersten Inhaltsmerkmale weiterhin für Ihr Thema verwertbar zu sein, „lesen Sie es quer". Das heißt: Lesen Sie die Einleitung, eine eventuelle Zusammenfassung interessant erscheinender Kapitel sowie einzelne Seiten des Buches, auf denen laut Register für Ihr Thema wichtige Stichworte abgehandelt werden. Erscheint das Buch weiterhin relevant, verständlich geschrieben und im Niveau angemessen, so „stellen Sie es für die weitere Auswertung sicher" (siehe unten).
- ⊙ Artikel in wissenschaftlichen Zeitschriften enthalten in der Regel zu Beginn oder am Schluss eine Zusammenfassung. Lesen Sie diese. Erscheint der Artikel für Ihr Thema brauchbar, „stellen sie Ihn sicher" (siehe unten).
- ⊙ Ein Blick in das Literaturverzeichnis ermöglicht schließlich eine erste Einschätzung der wissenschaftlichen Qualität der Quelle (Umfang usw.).

Neben einer Prüfung der Textteile sollten Sie Bücher und Zeitschriften auch daraufhin sichten, ob diese für Ihr Thema geeignete Abbildungen (Karten, Diagramme usw.) enthalten.   Tipp

---

Haben Sie eine Quelle bei der ersten inhaltlichen Prüfung als interessant und für Ihr Thema relevant identifiziert, so sollten Sie diese **Quelle „sicherstellen"**, das heißt für die weitere Auswertung nach Hause tragen. Hierfür stehen Ihnen verschiedene Wege offen:

Kaufen. Sie halten ein Buch oder die aktuelle Ausgabe einer Zeitschrift im Hinblick auf Ihr Thema für besonders ergiebig. Außerdem ist der Preis für Ihr Budget tragbar (gegebenenfalls nach einer Taschenbuchausgabe des

Buches fragen oder recherchieren, ob das Buch gebraucht zu erwerben ist
→ Seite 49). In diesem Fall sollten Sie sich das Buch bzw. die Zeitschrift kaufen. Der Vorteil: Mit einem eigenen Buch können sie über die gesamte Zeit bis
zur Fertigstellung des Referats/der Facharbeit kontinuierlich arbeiten, ohne es
etwa nach Ablauf einer Ausleihfrist wieder an die Bibliothek zurückgeben zu
müssen. Sie können hier zudem nach Herzenslust Anmerkungen eintragen und
markern.

Doch bedenken Sie: Handelt es sich um spezielle Literatur, so kann diese von
Ihrer Buchhandlung nicht über den Buchgroßhändler bezogen werden, sondern muss direkt beim Verlag bestellt werden. Die **Lieferzeit** beträgt dann unter
Umständen zwei Wochen und mehr.

Kostenlos oder verbilligt beziehen. Bei vielen Institutionen kann Literatur
kostenlos bzw. zu sehr günstigen Konditionen bezogen werden. Dies gilt zum
Beispiel für die Bundeszentrale für politische Bildung (→ Seite 52).

Abb. 4.1: Ein übliches
Ordnungskriterium
in Bibliotheken sind
die sogenannten
Signaturnummern.
Hier ist eine solche auf
dem Buchrücken zu
erkennen.

Ausleihen. Bei Bibliotheken muss generell zwischen dem *Präsenzbestand* und
dem *Leihbestand* unterschieden werden.

Bücher und Zeitschriften aus dem *Präsenzbestand* können eingesehen bzw.
nach Bestellung während der Öffnungszeiten der Bibliothek im Lesesaal gelesen werden. Zudem dürfen in der Regel von interessanten Seiten Kopien angefertigt werden. Ein Entleihen der Literatur ist aber nicht oder nur kurzzeitig (z. B.
über das Wochenende) möglich.

Bücher und Zeitschriften aus dem *Leihbestand* können hingegen für eine
gewisse Zeit ausgeliehen werden. Dabei gilt:

◉ Oftmals muss vor der ersten Ausleihe eine spezielle Ausleihberechtigung
erworben werden (z. B. Büchereikarte; → Seite 48).

◉ Zudem ist unter Umständen für die Ausleihe eine Gebühr zu entrichten.

◉ Bei Überschreitung von Ausleihfristen werden häufig hohe Strafen fällig.
Erkundigen Sie sich daher vor der ersten Ausleihe nach den Ausleihmodalitäten der Bibliothek (Leihfristen, Gebühren usw.).

◉ Ausgeliehene Bücher und Zeitschriften dürfen weder beschriftet noch
beschädigt werden, was ihre weitere Verwendung teilweise erschwert und
es durchaus sinnvoll erscheinen lässt, von wichtigen Seiten Kopien anzufertigen.

◉ Einige Bibliotheksbenutzer haben die Unsitte entwickelt, wichtige Seiten
aus Standardwerken herauszutrennen, um sich so das Kopieren dieser
Seiten zu sparen. Nachdem Sie bei Ihrer Arbeit einige Male auf die dadurch
entstandenen Seitenlücken gestoßen sind, werden Sie dem kategorischen
Imperativ „Was Du nicht willst, das man Dir tu, das füg auch keinem anderen zu!" beipflichten und ihrerseits diese Unsitte vermeiden.

Fernleihe. Ist das gewünschte Buch bzw. die Zeitschrift in Ihrer Bibliothek nicht verfügbar, so haben Sie die Möglichkeit der Bestellung per Fernleihe:

- Voraussetzung dafür ist, dass die Bibliothek an das Fernleihnetz angeschlossen ist (beim Bibliothekspersonal erfragen).
- Eine Bestellung per Fernleihe bedeutet, dass das gesuchte Werk in einer anderen Bibliothek des Fernleihverbundes steht, von dort angefordert und zu Ihrer Bibliothek transportiert werden muss. Ihre Bibliothek benachrichtigt Sie, wenn das Werk eingetroffen ist. Dieser ganze Vorgang kann einige Tage, ja Wochen dauern.
- Die Fernleihe muss über ein entsprechendes Formular vorgenommen werden, das man beim Bibliothekspersonal erhält.
- Zudem ist die Fernleihe immer mit Kosten verbunden (diese beim Bibliothekspersonal vorher erfragen).

Kopieren. Im Präsenzbestand von Bibliotheken befinden sich häufig Standardwerke, Lexika, Enzyklopädien, ältere Zeitschriftenjahrgänge usw. Da ihre Ausleihe nicht möglich ist, müssen Sie die für Ihre Arbeit interessanten Abschnitte kopieren. Auch bei ausleihbaren Werken empfiehlt es sich, wichtige Seiten zu kopieren, um diese dann besser bearbeiten zu können (mit Anmerkungen versehen, markern usw.).

Beim Kopieren sollten Sie die folgenden Regeln beachten:

- Versehen Sie jede Kopie oben mit einer bibliografischen Kurzangabe. Diese besteht aus den NACHNAMEN der Autorinnen bzw. Autoren und dem Erscheinungsjahr des Buches bzw. der Zeitschrift. Beispiel: UHLENBROCK und WALORY 2018.
- Erstellen Sie zu jeder bibliografischen Kurzangabe eine **bibliografische Notiz** z. B. auf einer Karteikarte, im Smartphone oder am Computer (→ Seite 18 f.). Karteikarte und Smartphone sind dabei im Rahmen der Bibliotheksarbeit im Handling besonders einfach und effizient. Notieren Sie alle wichtigen bibliografischen Angaben (→ Seite 19, oben), bei einem Zeitschriftenartikel auch die erste und letzte Seite des Artikels. Im Zweifel gilt: Mehr ist besser!

Eine zur bibliografischen Kurzangabe *UHLENBROCK und WALORY 2018* passende Literaturkarteikarte sollte wie folgt aussehen:

UHLENBROCK, Karlheinz und WALORY, Michael (2018): Fit fürs Abi: Oberstufenwissen Biologie. 1. Auflage. Braunschweig: Georg Westermann Verlag	Beispiel: Literatur- karteikarte

- ⊚ Notieren Sie auf Kopien von Zeitungsartikeln neben dem Namen der Zeitung auch das Erscheinungsdatum (z. B.: MÜNSTERSCHE ZEITUNG vom 15.09.2021).
- ⊚ Achten Sie darauf, bei Büchern und Zeitschriften die Seitenzahlen mitzukopieren. Sie benötigen diese später für die Erstellung korrekter Textzitate. Falls die Seitenzahlen nicht mitkopiert werden können (z. B. wegen Übergröße der Vorlage), müssen Sie diese per Hand auf der Kopie notieren.
- ⊚ Kopieren Sie mehrere Seiten aus einem Buch bzw. einer Zeitschrift, so sollten Sie die Kopien zusammenheften. So bleibt deren Ursprung aus einem Werk erkennbar. Zudem müssen Sie in diesem Fall nur die erste Seite des zusammengehefteten Blätterstapels mit einem entsprechenden bibliografischen Vermerk versehen.
- ⊚ Sind auf den kopierten Seiten Literaturverweise enthalten, müssen Sie auch die dazugehörenden vollständigen Literaturangaben im Literaturverzeichnis kopieren. Sie benötigen dies später unter Umständen für die korrekte Gestaltung Ihrer Textzitate (→ Kapitel 7).
- ⊚ Achten Sie darauf, die ausgewählten Seiten gerade, vollständig und gut lesbar zu kopieren. Abgeschnittene Seitenteile müssen erneut kopiert werden.
- ⊚ Sehr klein gesetzte Textvorlagen sollten gegebenenfalls beim Kopieren vergrößert werden.
- ⊚ Breite schwarze Seitenränder sollten durch Abdecken mit einem leeren weißen Blatt Papier vermieden werden.
- ⊚ Prüfen Sie **vor** dem Betätigen der Copy-Taste des Kopierers, ob die ins Auge gefassten Seiten tatsächlich relevant sind. Hemmungsloses Kopieren belastet nicht nur Ihr Budget, sondern führt auch zu einer Papierflut in Ihrem Arbeitszimmer, die dann zeitaufwendig gesichtet, gelesen, abgeheftet und bibliografisch erfasst werden muss. Zudem ist es aus ökologischer Sicht nicht vertretbar.
- ⊚ Heften Sie die erstellten Kopien möglichst zeitnah und geordnet in einem Aktenordner oder Schnellhefter ab. Nutzen Sie dabei z. B. zentrale Begriffe Ihrer Stichwortauflistung oder Mindmap zum Referat-/Facharbeitsthema als Ordnungskriterien.

| Tipp | Als Alternative zum Kopieren bietet sich das Abfotografieren oder Scannen per Smartphone an (→ Kapitel 2.5). Hierfür gelten prinzipiell die gleichen Regeln wie für das Kopieren. Wichtig ist, dass Sie auch hier jede abfotografierte bzw. gescannte Seite bibliografisch erfassen. |

Online-Bezug. Sie haben auch die Möglichkeit, Fernleihvorgänge selber via Internet über das System *subito* (*https://www.subito-doc.de/*) durchzuführen.

◉ *Subito* ist ein Online-Lieferdienst wissenschaftlicher Bibliotheken aus Deutschland, Österreich und der Schweiz für Aufsätze und Bücher.

◉ *Subito* bietet zwei Dienste an: zum einen kann man **Kopien** aus gedruckten Zeitschriften oder einzelne kopierte Buchseiten erhalten, zum anderen ist die **Ausleihe von Büchern** möglich.

◉ Sie können *subito* benutzen, wenn Sie wissen, was Sie bestellen möchten, das heißt wenn Sie die bibliografischen Angaben des gesuchten Buches bzw. Zeitschriftartikels bereits über eines der in Kapitel → „4.3 Literaturrecherche" auf Seite 47 beschriebenen Verfahren ermittelt haben.

◉ Sie recherchieren dann in den *subito*-Katalogen (Zeitschriftenkatalog, Buchkataloge), ob das von Ihnen gesuchte Werk in einer der *subito* angeschlossenen Bibliotheken verfügbar ist.

◉ Ist dies der Fall, so haben Sie die Möglichkeit, sich Aufsätze oder Kopien einzelner Buchseiten per E-Mail, Fax oder Post zusenden zu lassen. Für die Bücher und Zeitschriften vieler Verlage ist zudem der elektronische Versand von einzelnen Seiten oder Aufsatzkopien als DRM-geschützte pdf-Datei möglich.

> DRM: Digital Rights Management; eine Art Kopierschutz für elektronische Medien.

◉ Ganze Bücher können Sie sich zusenden lassen oder auch selbst abholen, sofern Sie nahe der Bibliothek wohnen, in der das Werk einsteht.

◉ Der Zustellservice ist sehr schnell: Bei Normalbestellung bearbeiten die Bibliotheken die Anfrage an Werktagen innerhalb von 72 Stunden, beim Eilservice sogar innerhalb von 24 Stunden.

◉ Ganz umsonst ist dieser sehr schnelle Bezugsweg jedoch nicht: Als Schülerin oder Schüler aus Deutschland, Österreich, Lichtenstein oder der Schweiz gehören Sie zur Kundengruppe 1a. Schüler mit Wohnsitz in Deutschland zahlen im Normaldienst z.B. für die Zustellung eines Zeitschriftenaufsatzes aus einer Lieferbibliothek in Deutschland per Post oder Fax 7,00 €, per E-Mail 5,50 €. Eine Buchbestellung kostet 9,00 €. Zudem muss das Rückporto bezahlt werden. (Stand: 15.09.2021)

Tipp

Eine intensive und breit gestreute Literaturrecherche führt in vielen Fällen zu einem Berg von interessanten Büchern, Zeitschriften und Kopien. Schnell kann man hier den Überblick verlieren. Daher der Tipp: Kaufen, leihen oder kopieren Sie nur solche Quellen, die Ihnen nach dem „Relevanz-Check" (→ Seite 55) tatsächlich für die Bearbeitung Ihres Themas geeignet erscheinen. Sortieren Sie zudem die gefundene Literatur direkt. Hier bieten sich die von Ihnen ermittelten themenrelevanten Stichworte als Sortierungshilfe an (→ Seite 47).

4.5 Internetrecherche

Das Internet ist heute als Informationsquelle nicht mehr wegzudenken. Es wirkt auf den ersten Blick wie das Paradies für jeden, der Informationen sucht. Das gesamte Wissen der Menschheit scheint hier, verteilt auf Millionen von Internetseiten, nur darauf zu warten, entdeckt, abgerufen und für ein Referat oder eine Facharbeit genutzt zu werden.

Die Stärken des Internet

- Das Informationsangebot ist **extrem vielfältig**. Im Internet findet man zu (fast) jedem Thema Informationen.
- Die Informationen sind häufig **sehr aktuell**. Nachrichten werden im Minutentakt aktualisiert. Während Bücher aufgrund der länger dauernden redaktionellen Bearbeitungs- und Druckprozesse häufig Informationen enthalten, die bereits mehrere Jahre alt sind, findet man im Internet auch Daten vom heutigen Tag.
- Das Informationsangebot ist **international**. Über das Internet hat man Zugang zu Quellen aus allen Teilen der Welt. Um diese nutzen zu können, sollte man allerdings zumindest die englische Sprache hinreichend beherrschen.

Führt man sich diese Vorteile des Internet vor Augen, drängt sich die Frage auf, warum es heutzutage neben dem Internet überhaupt noch gedruckte Literatur gibt.

Die Schwächen des Internet

Begibt man sich jedoch im Netz auf Informationssuche, so stößt man auf Probleme, Grenzen und Einschränkungen, die die Wunderwelt des **W**orld **W**ide **W**eb zumindest in Teilen entzaubern:

- Zum einen stellen gerade die **Vielfalt** und der **riesige Umfang des Datenbestandes** im Netz ein Problem dar. Wie soll man unter den Millionen von Internetseiten diejenigen finden, die für das spezielle Referats- oder Facharbeitsthema relevant sind?
- Ein Handicap von Internetquellen ist zudem deren **Kurzlebigkeit**. Häufig findet man eine Internetadresse, die noch vor einer Woche als besonders ergiebig empfohlen wurde, bereits heute nicht mehr im Netz. Oder die URL („Internetadresse" → Seite 20) der empfohlenen Seite hat sich seither bereits verändert. Zudem werden viele Webseiten beständig überarbeitet, korrigiert, neu gestaltet. Was Sie heute auf einer bestimm-

ten Webseite lesen, muss nicht unbedingt auch morgen noch dort zu finden sein.

◉ Überdies sind viele Internetseiten in **Ihrer Informationsqualität mangelhaft** bzw. nur schwer beurteilbar. Gedruckte Literatur wird in der Regel vor der Veröffentlichung von Lektorinnen oder Lektoren überprüft und korrigiert. Seriöse Verlage arbeiten nur mit seriösen Autoren zusammen. Im Internet entfallen diese Kontrollmechanismen in vielen Fällen. Hier kann jeder alles einstellen.

Die Darstellung von Fakten und persönlicher Meinung wird vielfach nicht klar getrennt. Radikale politische Tendenzen können den Informationsgehalt von Internetseiten verzerren. Desgleichen eine willkürliche und unqualifizierte Datenauswahl.

Sogar fehlerhafte, ja ausdachte Informationen werden eingestellt („**fake news**"), ohne dass man diese als Leserin oder Leser auf den ersten Blick als Schwindel erkennt.

Bedenken hinsichtlich der wissenschaftlichen Seriosität vieler Internetquellen haben dazu geführt, dass an manchen Fachbereichen der Universitäten und Fachhochschulen die Benutzung von Internetquellen generell unerwünscht ist.

Auch für Referate und Facharbeiten in der Schule gilt: Der kritische Umgang mit Internetquellen ist Pflicht. Stützen Sie Ihre Arbeit also nicht alleine auf einzelnen Internetquellen, wie z.B. die vielgenutzte Internet-Enzyklopädie Wikipedia® (http://de.wikipedia.org/). Ziehen Sie immer weitere Internetquellen sowie möglichst auch gedruckte wissenschaftliche Literatur hinzu.

Tipp

Generelle Tipps für die Internetrecherche

Aus den soeben aufgeführten Schwächen des Internet ergibt sich die Notwendigkeit, bei dessen Nutzung als Informationsplattform folgende Punkte zu beachten:

◉ **Planen** Sie die Internetrecherche sorgfältig. Nur so werden Sie im Informationsdschungel des World Wide Web geeignete Quellen aufspüren (→ Seite 62 f.).

◉ Speichern Sie brauchbare Internetquellen ab. So stehen Ihnen diese auch später noch in der Erstfassung zur Verfügung. Teilweise verlangen Schulen auch, die bei der Erstellung einer Facharbeit oder eines Referats benutzten Internetquellen dem Endprodukt in digitaler Form oder als Ausdruck im Anhang beizufügen.

◉ Alternativ können Sie ergiebige Internetquellen auch **ausdrucken**.

⊙ Achten Sie bei Abspeicherung wie Ausdruck von Internetquellen darauf, diese **bibliografisch** zu **erfassen**. Hierzu gehört die Dokumentation der URL („Internetadresse") sowie des Datums der Entnahme der Informationen aus dem Netz (→ Seite 20).

⊙ Verwenden Sie möglichst nur Internetquellen, deren **Seriosität** Sie **abschätzen** können.

Die Strategie der Internetrecherche

Um in der Fülle der Internetquellen die geeigneten Informationen zu finden, bedarf es einer ausgefeilten Suchstrategie. Gehen Sie also wie folgt vor:

Zeit

Planen Sie ausreichend Zeit für die Quellensuche im Internet ein. Angesichts der Datenfülle kann sich die Suche länger hinziehen, als Sie zunächst gedacht haben.

Suchbegriffe

Bevor Sie mit Ihrer Recherche beginnen, sollten Sie sich genau überlegen, was Sie suchen wollen:

⊙ Nutzen Sie dabei die von Ihnen zum Referats- bzw. Facharbeitsthema entwickelte Stichwortliste/Mindmap (→ Seite 47).

⊙ Allerdings ist es meist wenig sinnvoll nach sehr allgemeinen Stichworten zu suchen. Suchbegriffe wie z. B. *Thomas Mann, USA, Barock* oder *Laser* führen zu sehr vielen Webseiten, deren Inhalte allerdings teilweise nur wenig mit dem von Ihnen gesuchten Informationen zu tun haben. Hier die Spreu vom Weizen zu trennen, kostet viel Zeit und Nerven.

⊙ Prüfen Sie deshalb vor Beginn der Internetrecherche Ihren bisherigen Informationsstand. Beantworten Sie dazu die folgenden Fragen:

– Ausgehend von der Stoßrichtung meines Themas: Durch welche zusätzlichen Begriffe lassen sich die Stichworte meiner Liste/Mindmap präzisieren (z.B. *Barock – Architektur und Riga*; *USA – Klima und Kalifornien*). Sie können die ermittelten präzisierenden Begriffe dann zusammen mit dem auf Ihrer Liste stehenden Stichwort in die Suchmaschine eingeben.

– Welche *konkrete* Frage habe ich? Sie können diese Frage dann direkt in die Suchmaschine eingeben.

– Nach welcher konkreten Information suche ich? Hier ist es hilfreich *markante Begriffe*, welche die konkret gesuchte Information betreffen, zu überlegen. Je *spezieller* und enger Ihre Begriffe sind, desto größer die Chance, bei deren Eingabe in eine Suchmaschine die gewünschte konkrete Information auch direkt zu finden.

Suchmaschinen

Nicht nur die Wahl der Suchbegriffe, sondern auch die Wahl der Suchmaschine ist für den Erfolg Ihrer Internetrecherche von großer Bedeutung.

- ⊙ Suchmaschinen durchsuchen das Internet beständig mit spezieller Software, die *Spider* (Spinne) oder *Crawler* (Krabbler) genannt wird, nach Stichworten oder Wortgruppen aller Art ab. Die Ergebnisse einer solchen Suche werden dann in einer Datenbank abgelegt. Geben Sie einen Suchbegriff in die Suchmaske einer Suchmaschine ein, so wird die Datenbank dieser Suchmaschine durchforstet und es werden Ihnen alle Internetseiten aufgelistet, auf denen Ihr Suchbegriff vorkommt.

- ⊙ Die Datenbanken verschiedener Suchmaschinen weisen, je nach eingesetzter Spider-Software und nach der Häufigkeit, mit der diese das Netz durchforscht, unterschiedliche Eintragungen auf. Zudem variiert die Reihenfolge, in der die Suchergebnisse angezeigt werden. *Die Eingabe desselben Suchbegriffes kann daher bei verschiedenen Suchmaschinen zu unterschiedlichen Ergebnissen führen*. Es ist also wichtig, sich vor Beginn der Suche Gedanken über die Auswahl der Suchmaschinen zu machen.

- ⊙ Die derzeit gängigste Suchmaschine ist *Google*® (*https://www.google.de/*). Doch auch wenn diese Suchmaschine sehr viele Webseiten erfasst, kann es durchaus lohnend sein, verschiedene Suchmaschinen nach demselben Suchbegriff forschen zu lassen. Deckungsgleiche Suchergebnisse lassen sich leicht aussortieren – doch man wird unter Umständen auch auf gänzlich andere Internetseiten stoßen.

Bei den Suchmaschinen unterscheidet man:

- ⊙ **Allgemeine Suchmaschinen**. Sie durchsuchen das Internet nach dem Vorkommen eingegebener Suchbegriffe.

- ⊙ **Spezialsuchmaschinen**. Für eine Vielzahl von Themenfeldern gibt es spezielle Suchmaschinen, deren Datenbestand zum jeweiligen Themenfeld deutlich breiter und vollständiger ist, als bei allgemeinen Suchmaschinen. Suchen Sie spezielle Informationen, sollten Sie unter Umständen auf solche Spezialsuchmaschinen zurückgreifen.

- ⊙ **Metasuchmaschinen**. Hierbei handelt es sich um Suchmaschinen, die den Bestand verschiedener allgemeiner und/oder spezieller Suchmaschinen parallel nach den von Ihnen eingegebenen Suchbegriffen durchstöbern und das Ergebnis der Suche dann zusammenfassen. Die (bei einer großen Zahl von Treffern nicht unwichtige) Reihenfolge der Treffer entspricht hier dem Mittel der Ergebnisse aller verwandten Suchmaschinen und ist so oft wenig aussagekräftig. Metasuchmaschinen sind deshalb eher dazu geeignet, seltenen Suchbegriffen nachzuspüren. Auch für einen ersten Überblick über die Informationslage zu einem Thema sind sie zweckdienlich.

Nachfolgend finden Sie eine Übersicht über gängige Suchmaschinen. Dabei wurde aus Platzgründen auf die Auflistung von Spezialsuchmaschinen verzichtet. Sie gelangen jedoch über die angegebenen Suchmaschinen-Suchmaschinen zu entsprechenden Adressen.

Such-
maschinen
Stand: 15.09.2021

Suchmaschinen-Suchmaschinen (Auswahl)
http://www.klug-suchen.de/ (Links zu über 1100 deutschsprachigen Suchmaschinen aller Art)
http://www.leipzig-sachsen.de/suchmaschinen/suchmaschinen-international. htm (hier sind auch außergewöhnliche Suchmaschinen aufgelistet)
https://www.suchmaschinen-datenbank.de/land/ (kommentierte und mit Bewertungen versehene Übersicht über Suchmaschinen für Deutschland sowie für weitere Länder)
https://www.ub.uni-bielefeld.de/ub/learn/tutorials/ (→ Suchmaschinen-Tutorial; Einführung in die Arbeit mit Suchmaschinen; kommentierte Liste guter Suchmaschinen)

Metasuchmaschinen (Auswahl)
https://www.etools.ch/ (Meta-Suchmaschine aus der Schweiz; durchsucht sehr schnell 18 Schweizer und internationale Suchmaschinen)
http://metacrawler.de/ (Metasuchmaschine mit deutscher und internationaler Suche)
https://metager.de/ (älteste deutsche Metasuchmaschine; viele Einstellmöglichkeiten)
https://gooken.safe-ws.de/gooken/index.php (englischsprachig; Metasuchmaschine ohne Nutzerdaten-Speicherung)

Allgemeine Suchmaschinen (Auswahl)
https://de.search.yahoo.com/ (schnell; hohe Trefferquote)
https://duckduckgo.com/ (präzise, schnell; ohne Speicherung IP-Adresse)
https://fireball.de/ (schnell; hohe Trefferquote; hoher Datenschutz)
https://scholar.google.de/ (Suchmaschine für die gezielte Suche nach wissenschaftlichen Quellen)
https://www.base-search.net/ (Suchmaschine der Universitätsbibliothek Bielefeld für die Suche nach wissenschaftlichen Quellen)
https://www.bing.com (Suchmaschine von Microsoft®; gute Ergebnisse)
https://www.google.de/ (einfach zu bedienen; schnell; hohe Trefferquote)
https://www.qwant.com/ (schnell; hoher Datenschutz)
https://www.startpage.com/ (hohe Trefferquote; sehr hoher Datenschutz)
http://www.wolframalpha.com/ (Semantische Suchmaschine: sie versucht die Semantik einer gestellten Frage zu erfassen; in Englisch).

Vorgehen bei der Suche im Internet

Suchmaschinen bieten eine Vielzahl von Möglichkeiten, die Suche gezielt und effektiv zu gestalten. Generell gelten dabei für die Suche mit (fast) allen Suchmaschinen die folgenden Regeln:

Regeln für die Suche im Internet.

- Wählen Sie für die Suche *markante* Stichworte aus, die in einem klaren Zusammenhang mit Ihrem Suchgegenstand stehen.
- Halten Sie Ihre Suche dabei *zunächst so einfach wie möglich*: Geben Sie nur ein oder zwei dieser Suchbegriffe ein. So bekommen Sie einen Überblick über den Quellenbestand zum Themenfeld. Und vielleicht sind auf den ersten Ergebnisseiten bereits brauchbare Quellen enthalten.
- Engen Sie Ihre Suche nun ein: Geben Sie *im zweiten Schritt mehrere inhaltlich zusammenhängende Suchbegriffe gleichzeitig* in die Suchmaske ein. So verfeinern und präzisieren Sie die Suche.
- Wollen Sie nur eng auf Ihren Suchgegenstand zugeschnittene Quellen angezeigt bekommen, wählen Sie für die Eingabe in die Suchmaske möglich *spezifische Suchbegriffe* aus (also z. B. „Rosenschere" statt „Gerät Schneiden Rosen").
- Geben Sie den Suchbegriff, den Sie für den wichtigsten halten, als ersten Suchbegriff ein. Dies beeinflusst die Anzeigereihenfolge der Suchergebnisse.
- Erhalten Sie kein verwertbares Suchergebnis, probieren Sie andere, eventuell nur leicht abgewandelte Suchbegriffe bzw. Begriffskombinationen.
- Suchen Sie unter Umständen mit denselben Suchbegriffen in *verschiedenen Suchmaschinen* (→ Seite 64).

Tipps für die Suche mit Google®

Bei der aktuell gängigsten Suchmaschine Google® gelten für die Optimierung der Suche unter anderem folgende Regeln:

Regeln für die Suchfunktion bei Google®.

- Es werden automatisch nur solche Internetseiten gesucht, auf denen *alle* in die Suchmaske eingegebenen Begriffe vorkommen (automatische „Und"-Suche).
- Groß- und Kleinschreibung sind unerheblich, bleiben also unbeachtet.
- Ein direkt vor den Suchbegriff gesetztes „-" bedeutet, dass bei der Suche nur Quellen berücksichtigt werden, in denen der mit einem Minuszeichen versehene Begriff *nicht* vorkommt.
- Werden mehrere Suchbegriffe in Anführungszeichen gesetzt, so bedeutet dies, dass diese Begriffe zusammenhängend, als sogenannte Phrase, in der Quelle vorkommen müssen.
- Beim Anzeigen der Suchergebnisse erscheint oben eine Liste von Optionen zur Verfeinerung der Suche:

– Durch das Anklicken des Buttons „Bilder" können Sie gezielt nach Abbildungen (Bilder, Diagramme, Karten usw.) suchen.
– Der Button „Einstellungen" führt Sie zu Untermenüs, über die Sie verschiedene Einstellungsoptionen wählen können, die die Suche sowie die Darstellung der Ergebnisse betreffen. Interessant ist hier der Button „Erweiterte Suche", der zu einer Suchmaske führt, die vielfältige Möglichkeiten bietet, die Suche punktgenau zu gestalten.
– Über den Button „Tools" sind weitere Einstellungen möglich. Hier gelangen Sie via „Alle Ergebnisse" z.B. zur Option „Wortwörtlich". Klicken Sie diese an, so sucht Google® nach Suchbegriffen in genau der Schreibweise, wie diese in die Suchmaske eingegeben werden.

Tipp	Sie können sich über die konkreten Möglichkeiten Ihrer Suchmaschine informieren, indem Sie die Suchmaske der Suchmaschine aufrufen und dann auf die *Hilfe*- bzw. die *Suchtipps*-Funktion klicken. Hier wird Ihnen genau erklärt, wie Sie die Suche mit dieser speziellen Suchmaschine optimal gestalten können.

Weitere Suchtipps

Hier noch einige Tipps, wie Sie Ihre Internetrecherche optimieren können:

⊙ Nutzen Sie die *Optimierungsmöglichkeiten der verwendeten Suchmaschine*, die sich meist unter dem Button „Einstellungen", „Erweiterte Suche", „Profisuche", „Detailsuche" oder „Advanced Search" verbergen. Hier können Sie in die Suchmaske Wortkombinationen, Wortausschlüsse, die gewünschte Sprache sowie viele weiterer Suchoptionen eingeben.

⊙ Auch bei der Suche im Internet funktioniert das *„Schneeballsytem"* (→ Seite 53): Viele Internetseiten enthalten Links zu thematisch verwandten Seiten. Durch Anklicken dieser Links gelangen Sie zu weiteren eventuell interessanten Websites. Und auch diese können Links enthalten …
Doch Achtung: Lassen Sie sich nicht auf Nebenpfade locken. Links reizen dazu, sie anzuklicken, die dazugehörigen Seiten zu durchstöbern und sich dabei immer mehr vom eigentlichen Ziel der Internetrecherche zu entfernen. Hier gilt: **Behalten Sie Ihr Rechercheziel im Auge.**

⊙ Bevor Sie Internetquellen verwenden, sollten Sie deren Seriosität abschätzen. Internetseiten öffentlicher Institutionen, Universitäten oder großer Zeitungen sind bedenkenlos verwendbar. Bei Seiten von Privatpersonen sollten Sie überprüfen, ob der Verfasser namentlich genannt wird. Im Zweifelsfall sollten Sie auf die Nutzung der Quelle verzichten.

⊙ Die Suchmaschinen *https://scholar.google.de/* und *https://www.base-search.net/* bieten die Möglichkeit, im Netz gezielt nach wissenschaftlicher Literatur zu suchen.

⊙ Werden Sie nicht zum „Aktualitätsguru"! Das Internet besticht zwar durch seine Aktualität, doch wird niemand von Ihnen erwarten, dass Sie in Referat oder Facharbeit aktuelle Meldungen vom Abgabetag einbringen.
Legen Sie daher eine Deadline für Ihre Internetrecherche fest (→ Seite 14). Nehmen Sie nach diesem Termin, der etwa eine Woche vor dem Referat bzw. einige Wochen vor Abgabe der Facharbeit liegen sollte, die Recherche nur bei schmerzlichen Materiallücken wieder auf.

Wichtig: Sichern Sie Ihre Suchergebnisse, indem Sie ergiebige Internetquellen abspeichern oder ausdrucken. Dies ist nicht nur sinnvoll, weil Sie ggf. verpflichtet sind, verwendete Internetquellen Ihrer Facharbeit oder Ihrem Referat im Original beizufügen, sondern auch, weil die aufgespürte Quelle unter Umständen bereits am Folgetag nicht mehr im Netz verfügbar ist. Vergessen Sie die bibliografische Erfassung der Websites nicht (→ Seite 20).

Tipp

⊙ **Quellenspektrum:** Als Basis für ein Referat oder eine Facharbeit kommen verschiedene Quellen in Frage: Bücher, Zeitschriftenaufsätze, Atlanten, Internetquellen … Hier gilt: Die Quellenbasis der Arbeit sollte nicht zu schmal sein, also nicht nur aus ein oder zwei Quellen bestehen.
Auch sollten nicht ausschließlich Internetquellen genutzt werden. Literatur (z. B. aus der Bibliothek am Wohnort oder per Fernleihe bezogen) stellt eine wichtige und notwendige Ergänzung des Internetfundus dar.

⊙ **Literaturrecherche:** Bibliotheken, Buchhandlungen aber auch online-Kataloge bieten sich als Orte für die Literaturrecherche an. Dabei kann das „Schneeballsystem" zur Recherche genutzt werden (→ Seite 53).
Gefundene Literatur muss möglichst längerfristig für die Arbeit zur Verfügung stehen, sollte also gekauft, ausgeliehen oder kopiert werden.
Wichtig: Kopien müssen mit bibliografischen Vermerken versehen werden, um sie in Referat oder Facharbeit korrekt zitieren zu können.
Diese bibliografischen Vermerke können sehr knapp sein (Nachname des Autors und Erscheinungsjahr des Werkes), müssen aber ergänzt werden durch eine bibliografische Erfassung der Quelle auf Karteikarten, im PC oder Smartphone (→ Seite 18 f.).

⊙ **Internetrecherche:** Das World Wide Web bietet einen riesigen, doch unübersichtlichen Fundus an Informationen. Suchmaschinen helfen, in diesem Fundus die gewünschten Informationen zu finden.
Wichtig ist dabei neben der Wahl der richtigen Suchmaschine (→ Seite 63 ff.) auch die strukturierte Gestaltung der Suche. Wie bei Literatur gilt: Alle relevant erscheinenden Internetquellen müssen bibliografisch erfasst werden.

Überblick

5

Auswertung von Textquellen

Stapelt sich nach erfolgreicher Suche ein Berg von Literatur
und Internetausdrucken auf Ihrem Schreibtisch,
so können Sie sich trotzdem nur kurz zufrieden zurücklehnen.
Denn nun steht die eigentliche Auswertungsarbeit an.
Dabei besteht die Gefahr, dass Sie sich im Dschungel der vielen bedruckten
Seiten verlieren und nach dem Lesen der siebten Textquelle schon nicht
mehr wissen, was in den Quellen zwei und drei steht. Die Meinungen der
verschiedenen Autoren verschwimmen und wo Sie den Wert „4,2 Millionen
Jahre" als Angabe für das Alter der ersten Frühmenschen gelesen haben,
wissen Sie auch nicht mehr. – Um hier ein Chaos zu vermeiden, sollten Sie
bei der Quellenauswertung ebenso planvoll vorgehen wie bei der Quellensuche. Folgende Schritte bieten sich dabei an:
1. Rückbesinnung auf das Thema
2. Gewinnen eines ersten Überblicks
3. Gründliches Lesen
4. Auswertendes Lesen
5. Erstellen einer Stoffsammlung

5.1 Rückbesinnung auf das Thema

Bevor Sie sich an die Auswertung der Textquellen begeben, sollten Sie sich das
Thema Ihres Referats bzw. Ihrer Facharbeit erneut genau ansehen. Denn das
Thema muss die Leitvorgabe der Literaturauswertung sein.

- ⊙ Stellen Sie sicher, dass Sie das Thema und seine Zielrichtung richtig erfasst
  haben.
- ⊙ Schauen Sie sich die zum Thema entwickelte zentrale Forschungsfrage er-
  neut an (→ Seite 42). Stimmt diese noch immer mit der Stoßrichtung Ihres
  Themas überein?
- ⊙ Überprüfen Sie die Stichworte, die Sie zum Thema notiert haben
  (→ Seite 47) und präzisieren, ergänzen und bereinigen Sie gegebenenfalls
  Ihre Stichwortsammlung bzw. Mindmap.
- ⊙ Behalten Sie das Thema beim Lesen und Auswerten der Quellen stets im
  Auge. Sie vermeiden es auf diese Weise, sich beim Auswerten der Textquel-
  len auf Nebengleise zu begeben und sich zu „verzetteln".
- ⊙ Um das Thema als Leitfaden für die weitere Arbeit vor Augen zu haben,
  empfiehlt es sich, dieses nahe dem Arbeitsplatz aufzuhängen.

5.2 Gewinnen eines ersten Überblicks

Ordnen Sie Ihre Textquellen in eine sinnvolle und günstige Lesereihenfolge. Folgende Leitfragen könnten Ihnen dabei helfen:

- ⊙ Welches sind Übersichtsdarstellungen oder allgemein gehaltene Werke? Mit diesen sollten Sie beginnen. Erst danach sollten Sie Detaildarstellungen und Spezialuntersuchungen zur Hand nehmen. Besonders geeignet für den Leseeinstieg sind z. B. dem Thema zuzuordnende Artikel aus Lexika bzw. Enzyklopädien, also zum Beispiel aus *Wikipedia*®.
- ⊙ Auf welche Literaturverweise sind Sie bei Ihrer Informationssuche immer wieder gestoßen? In der Regel handelt es sich hierbei um Standardwerke zu Ihrem Thema. Auch sie gehören an den Anfang Ihrer Leseliste.
- ⊙ Welches sind die jüngsten verfügbaren Literaturwerke? Diese gehören in den ersten Teil Ihrer Leseliste, greifen sie doch häufig ältere Werke auf, zitieren und verarbeiten diese.
- ⊙ An das Ende der Leseliste gehören Spezialwerke, Detailstudien und thematisch eng gefasste Internetquellen.

Leitfragen für die Festlegung der Lesereihenfolge bei Textquellen

Suchen Sie nun in jeder Quelle die Texte bzw. Textabschnitte sowie Abbildungen, die für Ihr Thema relevant sind:

- ⊙ Bedienen Sie sich dabei zum einen des Inhaltsverzeichnisses der Bücher (in der Regel vorne im Buch zu finden). Hier können Sie unter Umständen bereits die Kapitel identifizieren, die Ihrem Thema zuzuordnen sind.
- ⊙ Eine weitere Hilfe stellt das Personen- und Sachregister dar (in der Regel hinten im Buch zu finden). Suchen Sie hier nach den Stichworten aus Ihrer Stichwortliste bzw. Mindmap.
- ⊙ In Zeitschriftenartikeln helfen oftmals die Überschriften der einzelnen Artikelabschnitte sowie eine eventuelle Zusammenfassung am Schluss des Artikels, sich im Artikeltext zu orientieren.

Nutzen Sie nach dem Aufruf einer Internetseite zum Aufspüren von Suchbegriffen innerhalb des Dokuments die Suchfunktion Ihres Browsers bzw. pdf-Readers.

Tipp

Lesen Sie nun im dritten Schritt die für Ihr Thema relevanten Abschnitte jeder Textquelle diagonal, das heißt überfliegen Sie diese.

- ⊙ Achten Sie dabei auf die für Sie wichtigen Schlüsselwörter.
- ⊙ Suchen Sie nach den zentralen Aussagen. Diese sind häufig optisch hervorgehoben (*kursiv gedruckt*, g e s p e r r t g e d r u c k t, **fettgedruckt**, <u>unterstrichen</u> oder durch einen Absatz hervorgehoben). Auch Begriffe wie *deshalb, daher, schlussfolgernd* usw. deuten auf wichtige Textpassagen hin.

- Lesen Sie auch Zusammenfassungen am Anfang/Ende einer Textquelle.
- Stichwortartige Aufzählungen sollten Sie sich mit besonderem Interesse ansehen, denn diese fassen häufig ein ganzes Kapitel zusammen.

Beim diagonalen Lesen sollten Sie die gerade gelesene Quelle unter folgenden Gesichtspunkten rastern:

- Sind die Inhalte der Textquelle tatsächlich für mein Thema relevant?
- Welche Inhalte erscheinen mir besonders wichtig und interessant?

Legen Sie bei interessant und wichtig erscheinenden Textpassagen ein Lesezeichen zwischen die jeweiligen Buchseiten bzw. markieren Sie diese Passagen am Rand durch einen roten Strich oder Punkt.

Nachdem Sie alle Textquellen einmal überflogen haben, sollten Sie

- die für Ihr Thema nicht relevanten Textquellen beiseitelegen.
- die Reihenfolge der relevanten Quellen für den eigentlichen Auswertungsvorgang überprüfen. So muss die Lesereihenfolge z. B. verändert werden, wenn eine bestimmte Textquelle sich als ergiebiger erwiesen hat als zunächst angenommen.
- Ihre bisherige Stichwortliste/Mindmap gegebenenfalls ergänzen oder korrigieren.
- einen ersten Gliederungsentwurf erstellen. Hierzu halten Sie markante Stichworte bzw. erste Ideen für Kapitelüberschriften fest und bringen diese in eine Ihnen logisch erscheinende Reihenfolge.
- zu jedem Stichwort und jeder vorläufigen Kapitelüberschrift ein separates Leerblatt anlegen. Auf diesem sollten Sie oben das Thema Ihrer Arbeit und darunter das Stichwort bzw. die vorläufige Kapitelüberschrift notieren. Das Blatt dient im Folgenden dazu, die Ergebnisse der Textauswertung aufzunehmen (→ Beispiel auf Seite 73).
  Anstelle eines Papierblattes können Sie auch für jeden Schlüsselbegriff eine Karteikarte oder am PC/Laptop eine Seite in Ihrem Schreibprogramm anlegen. Das Blatt Papier hat allerdings den Vorteil, ausreichend Platz für Notizen zu bieten und zudem jederzeit und an jedem Ort problemlos verfügbar zu sein.

Am Ende dieses Arbeitsabschnittes sollten vorliegen:

- eine sinnvollen Lesereihenfolge für die relevanten Textquellen
- eine vorläufige Gliederung Ihres Themas mit entsprechenden Stichworten bzw. vorläufigen Kapitelüberschriften
- zu jedem Stichwort bzw. jeder vorläufigen Kapitelüberschrift ein Blatt, eine Karteikarte oder eine Seite im Schreibprogramm für Notizen.

5.3 Gründliches Lesen

Lesen Sie nun die Textquellen in der zuvor festgelegten Reihenfolge gründlich. Je wichtiger Ihnen dabei ein Text erscheint, desto intensiver sollten Sie ihn durcharbeiten. Eventuell ist es auch notwendig, schwierige oder besonders wichtige Passagen mehrmals zu lesen.
Halten Sie ein Fremdwörterlexikon bzw. ein Fachlexikon bereit, um gegebenenfalls unbekannte Begriffe nachschlagen zu können.

Für die weitere Nutzung ist es sinnvoll,

- ⊙ wichtige Textpassagen zu unterstreichen bzw. mit einem Textmarker zu markieren. Benutzen Sie dabei eventuell für gegensätzliche Positionen oder für Passagen, die sich auf unterschiedliche Schlüsselbegriffe beziehen, verschiedene Stift- oder Markerfarben.
- ⊙ auf dem Seitenrand Anmerkungen zu notieren (Stichworte, Abkürzungen oder auch bestimmte Symbole; in der Randspalte finden Sie entsprechende Symbolvorschläge).

Ziel aller Markierungen und Randanmerkungen ist es, für die nachfolgenden Nutzungsschritte eine rasche Orientierung im Text zu ermöglichen. Daher ist es wenig sinnvoll, z. B. drei Viertel des Textes zu markieren oder den Rand mit einer Fülle von Anmerkungen zu versehen. Vielmehr gilt: **Weniger ist oft mehr!** Konkret heißt dies:

- ⊙ Markieren Sie nur die für Ihr Thema wirklich wichtigen Textstellen, Auffälligkeiten oder Widersprüche.
- ⊙ Bleiben Sie auch bei den Randanmerkungen eher sparsam; merken Sie nur das an, was für Ihr Thema relevant ist.
- ⊙ Benutzen Sie für die Randanmerkungen wenige standardisierte Symbole, die Sie zudem konsequent verwenden sollten.

Unterstreichen, markieren und mit Anmerkungen versehen dürfen Sie natürlich nur Texte in Internetausdrucken, Kopien oder eigenen Büchern. In ausgeliehenen Büchern können Sie stattdessen zur Kennzeichnung wichtiger Seiten schmale Papierstreifen verwenden, die Sie aus Altpapier selbst zurechtschneiden und an der aus dem Buch herausragenden Seite mit Notizen wie *„zentrale Definition Lernen"* oder *„optimale Abbildung Nachhaltigkeitsdreieck"* versehen können. Zudem gibt es im Handel kleine selbstklebende Zettel, Punkte, Pfeile usw. (Post-its®), die sich ohne Spuren wieder entfernt lassen. Sie können mit Anmerkungen versehen und dann an passender Stelle im Buch einklebt werden.

Symbol	Bedeutung
!	wichtiger Abschnitt
?	Unklarheit/ zu klärende Frage
→	Schlussfolgerung
↻	Zusammenhang
⋚	Widerspruch
Def.	wichtige Definition
Bsp.	anschauliches Beispiel
Zusf.	zentrale Zusammenfassung
1. 2. 3. 4. 5.	Glieder einer Argumentationskette bzw. zusammengehörende, einem Oberpunkt zuzuordnende Aspekte/ Informationen
Zit.	Textstelle, die man wörtlich zitieren möchte

5.4 Auswertendes Lesen und Erstellen einer Stoffsammlung

Nach dem ersten Durcharbeiten der Textquellen gilt es nun, den Quellen die für Ihre Arbeit relevanten Informationen zu entnehmen, diese sodann zu ordnen und für die Abfassung des Referats-/Facharbeitstextes aufzubereiten. Lesen Sie dazu die bereits durchgearbeiteten Texte ein zweites Mal und halten Sie relevante Textinformationen auf den vorbereiteten **Gliederungsblättern** fest.

Die → Seite 73 stellt Ihnen ein solches Gliederungsblatt vor, auf dem die ermittelten Informationen als Stoffsammlung aufgelistet wurden. Bei den in einer solchen Stoffsammlung festgehaltenen Informationen kann es sich handeln um:

- ⊙ wichtige Daten, Fakten, Definitionen ①;
- ⊙ stichwortartige Hinweise auf bedeutsame Materialpassagen, brauchbare Abbildungen usw., die Sie bei der späteren Formulierung Ihres Referat- bzw. Facharbeitstextes berücksichtigen wollen ②;
- ⊙ knappe, mit eigenen Worten formulierte Zusammenfassungen bzw. Inhaltsübersichten gelesener Texte ③;
- ⊙ wörtliche Auszüge aus einem Text, die Sie als direkte/wörtliche Textzitate in Ihre Arbeit einbinden möchten ④;
- ⊙ Zusammenhänge, die Sie bei der Auswertung eines Textes oder aus der Zusammenschau mehrerer Texte erkannt haben (gegebenenfalls in Form von Strukturdiagrammen/Pfeildiagrammen) ⑤;
- ⊙ Notizen bezüglich Übereinstimmungen zwischen verschiedenen Quellen ⑥;
- ⊙ die Dokumentation von Widersprüchen zwischen verschiedenen Quellen bzw. von Meinungsgegensätzen zwischen verschiedenen Autorinnen und Autoren ⑦;
- ⊙ die Niederschrift eigener Gedanken, Gewichtungen und Wertungen ⑨.

Wichtig ist dabei:
Jede aus einer Textquelle entnommene Information muss auf Ihrem Stoffsammlungsblatt mit einer **Quellenangabe** (inklusive Angabe der Seitenzahl) versehen werden. Haben Sie bereits eine Literatur- und Internetquellenkartei angelegt (→ Seite 18 f.), so reicht an dieser Stelle die Literaturangabe in Kurzform, also NACHNAME der Autorin bzw. des Autors und Erscheinungsjahr des Buches bzw. der Zeitschrift (Beispiel: MÜLLER 2011) bzw. die Kurz-URL der Internetquelle und das Datum, an dem Sie diese dem Netz entnommen haben (Beispiel: *http://www.quelle.de* 8.8.2018).

Thema der Arbeit:
Eine Impfung gegen AIDS – Utopie oder zum Greifen nahe ?

Beispiel:
Stoff-
sammlung

Stichwort: Bau des HI-Virus

Name
HIV = human immunodeficiency virus (menschliches Immunschwächevirus)
NYE/PARKIN 1995, S. IX unten und MÖLLING 1988, S. 3 oben

①

Entdeckung
HIV-1 in den Jahren 1983/84 und HIV-2 im Jahr 1985 MÖLLING 1988, S. 6 f.

Abbildungen
Zweidimensionale Darstellung HIV in MODROW et al. 2003 S. 393, HIV-ARBEITS-
KREIS SÜDWEST 2001, S. 5, https://de.wikipedia.org/wiki/Virion 23.05.2018

Elektronenmikroskopische Aufnahmen HIV in MÖLLING 1988, S. 20 ff.,
ROOSSINCK 2018, http://www.chemgapedia.de 23.5.2018

②

Dreidimensionale Darstellung HIV in https://www.welt.de 23.5.2018 (gut!),
https://www.spektrum.de 24.5.2018, https://www.avert.org 24.5.2018

Genom und Proteine
NYE/PARKIN 1995, S. 4 f.: Hier wird der Aufbau von HIV-1 und HIV-2 vorgestellt.
Die Ähnlichkeit zwischen den beiden Subspezies wird betont. Die einzelnen
Bauelemente des Virus wie auch die Struktur seines Genoms werden erläutert,
siehe dazu auch MÖLLING 1988, S. 19 ff., MODROW et al 2010, S. 440 ff.
klare Darstellung genereller Aufbau Genom Retroviren DOERFLER 2002, S. 65
aktuelle Informationen SCHULZ 2012, S. 508 ff., HOLTMANN 2014, S. 88 f.

③

Vorkommen
„HIV ist ein gekapselter Retrovirus, der RNA als Genom enthält. Es gibt zwei
Subtypen: HIV-1 und HIV-2. Der erste ist die Hauptursache von AIDS weltweit,
HIV-2 wird hauptsächlich in westafrikanischen Ländern gefunden."
http://www.zum.de 23.5.2018 – aktuelle Zahlen: https://www.aidshilfe.de
25.5.2018 (Deutschland), http://www.unaids.org 25.05.2018 (Welt)

④

Hülle

Austreten des Virus aus der Wirtszelle (Knospung, Budding)	→ „Mitnahme" von Membranteilen der Wirtszelle mit eingelagerten Glycoproteinen des Virus

⑤

Diese bilden Teil der Virushülle, die somit u. a.
aus einer Lipiddoppelschicht mit eingelagerten viralen Proteinen besteht

NYE/PARKIN 1995, S. 6 , MODROW et al. 2003, S. 422 f., HOLTMANN 2014, S. 88 f.

⑥

Begriff „Virushülle" nicht eindeutig:
- NYE/PARKIN 1995, S.6 → Matrix (Protein p17) + Lipiddoppelschicht
- LEVINE 1993, S. 21 f. → Generell bei Viren: „Die Hülle besteht aus ... umschlossen."
  (siehe gelbe Markierung im Buch)
- http://www.zum.de 23.5.2018 → 2-schichtige zylindrische Proteinhülle aus Proteinen
  p24 und p17 (= Capsid + Matrix)
- GERLICH und DOERR 2009, S. 14 → Hülle = zelluläre Lipidmembran + virale
  Glycoproteine + Matrix ← denke das ist richtig

⑦
⑧

⑨

Hier noch einige Tipps für das Erstellen Ihrer Stoffsammlung:

- ⊙ Halten Sie gegebenenfalls zentrale Inhalte gelesener Texte in Form kurzer *Inhaltsangaben* fest. Auf diese Weise durchdringen Sie einen Text besonders intensiv, erfassen dessen zentrale Informationen und üben zugleich das Formulieren. Auch können Sie so überprüfen, ob Sie den gelesenen Text verstanden haben und welche Aspekte des Textes für Ihre Arbeit von Bedeutung sind.
  Fragmente der erstellten Inhaltsangaben können später auch als Grundstock für den Text Ihrer Arbeit dienen.
- ⊙ Bei Ihren Notizen sollten Sie darauf achten, klar zwischen den aus Textquellen *übernommenen* Sachinformationen und Meinungen sowie Ihren *eigenen* Gedanken und Aussagen zu unterscheiden. Benutzen Sie gegebenenfalls zwei verschiedenfarbige Stifte.
- ⊙ Direkte (wörtliche) Zitate müssen exakt aus dem Text übernommen werden, das heißt inklusive der originalen Zeichensetzung, Rechtschreibung und Darstellung (z. B. **Fettdruck** → Seite 88 f.). Steht Ihnen die Quelle im Original bzw. als Kopie bis zum Ende Ihrer Arbeitszeit zur Verfügung, so genügt es, das beabsichtigte wörtliche Zitat in der Textquelle zu markieren und in Ihrer Stoffsammlung nur eine Zitat-Kurzfassung mit genauer Quellenangabe zu vermerken → ⑧ auf Seite 73.
- ⊙ Eröffnen sich im Verlauf der Quellenarbeit Querverbindungen zwischen Schlüsselbegriffen Ihrer Stoffsammlung, so sollten Sie diese vermerken.

Tipp | Schreiben Sie zunächst mit Bleistift. Dies unterstreicht zum einen den unverbindlichen Charakter der ersten Formulierungen. Zum anderen erlaubt ein Bleistifttext schnelles Radieren und damit Korrigieren. Schreiben Sie mit großem Zeilenabstand. Lassen Sie einen breiten Rand frei. So haben Sie reichlich Platz für Einschübe, Korrekturen und Umformulierungen..

- ⊙ Ideen und Stichworte, die Sie keinem Gliederungspunkt zuordnen können, notieren Sie auf einem separaten Blatt mit der Überschrift *Sammelsurium*. Sie können diese gegebenenfalls zu einem späteren Zeitpunkt bestimmten Gliederungspunkten zuordnen oder aber verwerfen.
- ⊙ Heften Sie Ihre Stoffsammlungsbögen zusammen mit dem Gliederungsentwurf ab. Es wäre mehr als ungünstig, wenn diese Produkte intensiver Auswertungsarbeit aus Unachtsamkeit im Altpapier landen würden oder im Kopienberg unauffindbar wären.
- ⊙ Als Alternative bietet es sich an, die Stoffsammlung im hinteren Teil Ihres Arbeitstagebuches (→ Seite 16 f.) zu vermerken. So haben Sie diese immer griffbereit und auch für die spätere Reflexion Ihres Arbeitsprozesses zur Hand.

Der Nachteil ist hierbei aber, dass sich das Arbeitstagebuch bei der schöpferischen Arbeit eventuell als zu sperrig erweisen könnte. Zum einen ist es nicht so einfach handzuhaben wie ein Blatt Papier, zum anderen engt das kleinere Format manch schöpferischen Geist ein.
Doch hier gilt: Wählen Sie die Dokumentationsform, die Ihrem Arbeitsstil am besten entspricht.

⊙ Neben Textpassagen können Literatur- und Internetquellen auch Abbildungen enthalten (Diagramme, Karten, Bilder …). Beziehen Sie auch diese in die Auswertung ein. Notieren Sie inhaltliche Aspekte und Besonderheiten der Abbildungen. Merken Sie an, wie und an welcher Stelle Ihrer Arbeit sich die jeweilige Abbildung eventuell einbauen ließe. Denken Sie daran, die Abbildung als Kopie oder Download in einer für den Druck ausreichenden Größe und Qualität „sicherzustellen", wenn Sie diese in Ihre Facharbeit bzw. PowerPoint©-Präsentation oder Foliensammlung für ein Referat übernehmen möchten.

Die fünf Schritte bei der Auswertung von Textquellen sind:　　　　　Überblick

⊙ **Das Thema erneut in den Blick nehmen:** Das Thema Ihres Referats / Ihrer Facharbeit muss die Leitschnur bei der Quellenauswertung sein. Vergewissern Sie sich daher, dass Sie den „Geist des Themas" erfasst und vor Augen haben.

⊙ **Einen Überblick gewinnen:** Legen Sie für die gefundenen Quellen eine sinnvolle Lesereihen folge fest (Kriterien → Seite 69) Lesen Sie die Quellen dann zunächst grob durch. Identifizieren Sie dabei brauchbare Textpassagen, Diagramme, Karten …
Erstellen Sie nun eine erste vorläufige Gliederung Ihrer Facharbeit / Ihres Referates.

⊙ **Gründliches Lesen:** Beim intensiven Lesen der Textquellen geht es darum, den Inhalt der Quellen mit Blick auf das Thema Ihrer Facharbeit / Ihres Referats zu erfassen und dabei Wichtiges von Unwichtigem zu trennen. Unterstreichungen, Markierungen sowie Randanmerkungen machen das Ergebnis dieses Leseprozesses optisch deutlich.

⊙ **Auswertendes Lesen und Erstellen einer Stoffsammlung:** Lesen Sie nun Ihre Textquellen ein drittes Mal. Bei diesem dritten Lesedurchgang finden aber nur noch die Quellen Berücksichtigung, die sich als für Ihr Thema ergiebig erwiesen haben. Diesen Textquellen werden die zentralen Informationen entnommen und – sortiert nach den Oberbegriffen Ihrer vorläufigen Gliederung – auf Sammelblättern vermerkt. Diese Stoffsammlung bildet dann die Grundlage für die weitere Arbeit.

6 Der Weg zum eigenen Text

Sie haben

- ⊙ Ihre Literatur-/Quellenrecherche weitgehend abgeschlossen
  (→ Kapitel 4);
- ⊙ die Textquellen ausgewertet und eine Stoffsammlung erstellt
  (→ Kapitel 5) und/oder
- ⊙ Ihre praktischen Arbeitsteile abgeschlossen, deren Ergebnisse ausgewertet und gegebenenfalls grafisch aufbereitet
  (→ Kapitel 8).

Damit ist es nun soweit: Das Formulieren Ihres Referat- bzw. Facharbeitstextes kann beginnen.

6.1 Von der Stoffsammlung zur Rohfassung des Textes

Wählen Sie für Ihr Referat anstelle des ausformulierten Vortragstextes ein **Stichwortmanuskript**, so sind einige Besonderheiten zu beachten, die an anderer Stelle vorgestellt werden (→ Seite 168 f.).

Im Folgenden soll der Weg zum ausformulierten Text Ihres Referats bzw. Ihrer Facharbeit vorgestellt werden. Dieser besteht aus einer Reihe von Arbeitsschritten, die Sie am besten nacheinander ausführen sollten:

- ⊙ Überprüfen Sie zunächst die bisher vorgesehene Reihenfolge der Kapitel/ Stichworte in Ihrer vorläufigen Gliederung. Ist diese jetzt, nachdem Sie die Quellen bzw. Ihre Arbeitsergebnisse intensiv ausgewertet haben, noch immer stimmig? Formulieren Sie eventuell um, ergänzen Sie, verändern Sie gegebenenfalls die Reihenfolge der Gliederungspunkte.
- ⊙ Arbeiten Sie nun die einzelnen Blätter Ihrer Stoffsammlung in der Reihenfolge der Kapitel Ihrer vorläufigen Gliederung ab.
- ⊙ Nehmen Sie sich das erste Stoffsammlungsblatt vor (→ Beispiel Seite 73). Dieses sollte zum ersten Kapitel des *Hauptteils* Ihres Referats/Ihrer Facharbeit gehören. Die *Einleitung* für ein Referat bzw. eine Facharbeit schreibt man in der Regel erst zum Schluss, da hier auch aufgetretene Probleme, die endgültige Gliederung usw. angesprochen werden müssen – also Elemente, die logischerweise erst nach Fertigstellung des Hauptteils beschrieben werden können.
- ⊙ Gehen Sie die Punkte auf dem ersten Blatt Ihrer Stoffsammlung durch. Überlegen Sie, in welcher Reihenfolge Sie diese in den späteren Text einbringen wollen. Nummerieren Sie die Textbausteine entsprechend.
- ⊙ Beginnen Sie nun mit der Erstellung der Rohfassung Ihrer Arbeit. Sie können diese mit einem Bleistift auf Papier festhalten oder, falls Ihnen dieses lieber ist, auch bereits in den Computer eingeben. Dabei gilt: Keine Hemmungen

bei der Formulierung des Textes. Es ist ja nur die Rohfassung. Änderungen sind später immer noch möglich.

◉ Beginnen Sie z. B. mit einer zentralen Definition, einer Ausgangshypothese, dem historischen Weg, auf dem man eine bestimmte Erkenntnis gewonnen hat, mit einer Abgrenzung des Untersuchungsgebietes oder der Beschreibung und Auswertung einer wichtigen Abbildung oder Ähnlichem.

◉ Formulieren Sie dann den weiteren Text des ersten Kapitels. Greifen Sie dabei auch auf Formulierungen zurück, die Sie zuvor in Ihrer Stoffsammlung notiert haben.

◉ Ihr Text kann prinzipiell aus fünf Elementen bestehen:
  – Direkte (wörtliche) Textzitate aus den von Ihnen ausgewerteten Quellen; diese dürfen aber nur sparsam und unter Beachtung bestimmter Regeln in Ihren Text eingebracht werden (→ Seite 88 f.); sie müssen zudem immer mit einem Quellenbeleg versehen werden (→ Seite 90 ff.).
  – Daten, Abbildungen, Tabellen usw., die Sie direkt aus einer Fremdquelle in Ihren Text übernehmen; auch hierbei handelt es sich im strengen Sinne um direkte Zitate, die in jedem Fall mit einer Quellenangabe versehen werden müssen (→ Seite 128 f.).
  – Indirekte (sinngemäße) Textzitate aus Fremdquellen; hierbei handelt es sich um die Zusammenfassung der Inhalte einer oder mehrerer Quellen mit Ihren eigenen Worten; auch diese muss mit einem Quellenbeleg versehen werden (→ Seite 96 ff.).
  – Eigene Forschungsergebnisse (→ Seite 124 ff.)
  – Eigene Beschreibungen, Auswertungen, Hypothesen, Schlussfolgerungen, Bewertungen, weiterführende Ideen usw.

◉ Schreiben Sie Überleitungen zwischen den einzelnen Textpassagen, aber auch zwischen den einzelnen Kapiteln, sodass ein zusammenhängender, sich logisch entwickelnder Text entsteht.

◉ Wenn Sie die Rohfassung Ihres Textes auf Papier abfassen, sollten Sie Platz zwischen den Zeilen sowie am Rand lassen, um so die Rohfassung später leicht ergänzen und verändern zu können.

Tipp

Beim Erstellen der Rohfassung spielen Rechtschreibung, Zeichensetzung und stilistische Feinheiten noch keine Rolle. Formulieren Sie also „frisch von der Leber weg". Schreiben Sie zügig. Wichtig ist es, Gedankengänge zunächst einmal festzuhalten, nicht, sie auf den Punkt genau zu formulieren.

Lassen Sie an Stellen, an denen Ihnen keine passende Formulierung einfällt, eine Lücke frei. Später können Sie diese Lücken füllen, ohne Angst haben zu müssen, den roten Faden Ihres Gedankengangs zu verlieren.

6.2 Von der Rohfassung zum endgültigen Text

Sie haben nun einen ersten zusammenhängenden Entwurf Ihres Gesamttextes erstellt. Sie können sich zurücklehnen. Ihre Arbeit steht. Was folgt ist
Feinarbeit.

Zunächst gilt es, die **Endfassung Ihres Textes** zu formulieren. Die zuvor erstellte
Rohfassung bildet hierfür eine bereits weit ausgereifte Grundlage. Sie muss le-
diglich sprachlich und stilistische geglättet und in eine für wissenschaftliche
Arbeiten angemessene Form gebracht werden.

Hier sollten Sie nun, sofern nicht bereits zuvor geschehen, bei Facharbeiten den
Computer benutzen, denn eine Facharbeit muss prinzipiell in getippter Form
abgegeben werden (→ Seite 138). Bei mündlichen Referaten ist die Abgabe des
Referattextes in getippter Form häufig nicht vorgeschrieben. Allerdings muss
hier in der Regel ein Handout erstellt werden (→ Seite 184).

Bei der Eingabe des Facharbeitstextes in den Computer bzw. der handschriftlichen Erstellung der Endfassung eines Referates müssen bestimmte Regeln
beachtet werden (siehe unten). Zudem bietet sich hier die Möglichkeit, Schwächen der Rohfassung auszuräumen. Dies heißt:

- ⊙ Beachten Sie bei Facharbeiten die formalen Vorgaben (→ Seite 138 ff.).
- ⊙ Achten Sie auf korrekte Rechtschreibung und Zeichensetzung.
- ⊙ Feilen Sie an Sprache und Stil (→ Seite 81 ff.).
- ⊙ Überprüfen Sie, ob die entwickelten Gedankengänge und Argumenta-
  tionsketten vollständig und nachvollziehbar sind. Schließen Sie Lücken.
- ⊙ Gestalten Sie Ihren Text straff und klar: Kürzen Sie in der Rohfassung zu
  langatmig geratene Beschreibungen und Erläuterungen. Beseitigen Sie
  Dopplungen und Wiederholungen.
- ⊙ Denken Sie daran, Abbildungen (Bilder, Grafiken, Karten usw.) und Tabellen
  mit einer Unter- bzw. Überschrift sowie einer Quellenangabe zu versehen
  (→ Seite 128 f.). Zudem müssen diese in den Text eingebettet werden, das
  heißt, es muss im Text auf sie Bezug genommen werden, sie müssen gegebenenfalls beschrieben und erläutert werden.

Bei der **Korrektur und Ergänzung** Ihrer Rohfassung sollten Sie jedoch mit
Augenmaß vorgehen: Die Leichtigkeit, mit der man am Computer Formulierungen ändern, Sätze umstellen und Textpassagen neu ordnen kann, verführt
dazu, dieses im Übermaß zu tun. Dabei ist häufig die erste Formulierung die bes-
te. Mehrfaches Umformulieren und Verschieben führt oft zu einer „Verschlimm-

besserung" des Textes. Textfluss und Einheitlichkeit des Stils gehen verloren. Die Klarheit der Gedankengänge und der Argumentationsstrukturen ebenso. Stoppen Sie also Ihren Perfektionierungsdrang und lassen Sie den Text nach einem mit zeitlichem Abstand durchgeführten zweiten Korrekturgang einfach stehen.

Begeben Sie sich nun an die Formulierung der **Endfassung Ihrer Kapitelüberschriften:**

- ⊙ Formulieren Sie unter Beachtung der Kompositionsregeln (→ Seite 133, 135) treffende Überschriften für die einzelnen Kapitel. Die zu Beginn entworfene vorläufige Gliederung kann dabei als Orientierung dienen.
- ⊙ Stellen Sie die Kapitelüberschriften zum Inhaltsverzeichnis Ihrer Arbeit zusammen (→ Seite 144 ff.). Nutzen Sie hierfür gegebenenfalls das entsprechende Tool Ihres Computerprogramms. Dies allerdings nur, wenn Sie eine gewisse Erfahrung im Umgang mit dem Schreibprogramm haben. Ansonsten ist die Erstellung des Inhaltsverzeichnisses „per Hand" meist schneller und einfacher.

Sie sind in der **Schlussphase** der Arbeit angekommen. Hier gilt es,

- ⊙ die Einleitung zu formulieren (→ Seite 149 ff.) und
- ⊙ das Literatur-/Quellenverzeichnis zusammenzustellen (→ Seite 99 ff.).

Bei Facharbeiten muss man zudem:

- ⊙ eventuell weitere Verzeichnisse erstellen (→ Seite 146 ff.)
- ⊙ gegebenenfalls einen Anhang hinzufügen (→ Seite 155)
- ⊙ die Schlusserklärung abfassen (→ Seite 156 f.)

Den Endpunkt sollte bei allen schriftlichen Arbeiten die **Schlusskorrektur** setzen:

- ⊙ Lesen Sie den Text Ihrer Arbeit sorgfältig Korrektur. Nutzen Sie zum Korrekturlesen einen Ausdruck Ihrer Arbeit. Dieser liest sich angenehmer als ein Bildschirmtext. Außerdem fallen Fehler hier eher ins Auge. Beseitigen Sie Rechtschreib- und Zeichensetzungsfehler, stilistische Ungereimtheiten, Lücken und Dopplungen.
- ⊙ Nutzen Sie an dieser Stelle auch die Rechtschreibkorrekturfunktion Ihres Schreibprogramms. Doch Vorsicht: Sich bei der Schlusskorrektur der Arbeit allein auf den Computer zu verlassen, kann trügerisch sein. Zum einen erkennen manche Rechtschreibkorrekturprogramme bestimmte Fehler nicht (z. B. grammatikalische Fehler, falsche Wörter, Satzbaufehler), zum anderen entstehen durch die Korrektur einzelner Wörter häufig missverständliche Formulierungen oder sogar neue Fehler.

Tipp	Bitten Sie zudem in jedem Fall eine Bekannte bzw. einen Bekannten, Ihre Arbeit durchzulesen. Außenstehenden fallen Fehler und Stilbrüche eher auf als der Verfasserin/dem Verfasser. Es muss sich dabei nicht um eine „Fachfrau" oder einen „Fachmann" handeln. Sie bzw. er soll ja nicht die inhaltliche, sondern lediglich die formale Richtigkeit der Arbeit überprüfen.

Noch ein paar Tipps für die Erstellung der Endfassung Ihrer Arbeit:

- ▶ Der Text muss von Ihnen selbst verfasst sein. Eine Ausnahme bilden nur klar gekennzeichnete direkte (wörtliche) Zitate. Die Übernahme von Fremdtexten z. B. aus dem Internet, ohne diese zu kennzeichnen, stellt einen „geistigen Diebstahl" (Plagiat) dar (→ Seite 86 f.) und kann, sofern die Lehrperson dies erkennt, zur Bewertung des Referats / der Facharbeit mit „ungenügend" führen.
- ▶ Übertreiben Sie das Feilen an Formulierungen nicht.
- ▶ Haben Sie aber den Mut, Ihre vorläufige Gliederung falls notwendig zu ändern. Schreiben ist ein schöpferischer Prozess, der in seinem Verlauf durchaus zu deutlichen Abweichungen vom ursprünglichen Gliederungskonzept führen kann. Passen Sie Ihre vorläufige Gliederung durch Umformulieren der Gliederungspunkte oder Verändern der Kapitelreihenfolge einfach den neuen Bedingungen an.
- ▶ Dabei gibt es meist eine Reihe von Alternativen für die Anordnung der Kapitel bzw. der Textabschnitte, die in vielen Fällen alle gleich überzeugend sind. Haben Sie also eine Ihnen logisch erscheinende Kapitelabfolge entwickelt, so behalten Sie diese bei.
  Notieren Sie in Ihrem Arbeitstagebuch die Gründe, die Sie zu dieser Gliederung bewogen haben. So können Sie deren Entstehung auch später noch nachvollziehen und – etwa Ihrer Lehrerin bzw. Ihrem Lehrer – erläutern.

Bei Facharbeiten:

- ▶ Es bieten sich gegebenenfalls Querverweise im Text der Facharbeit an, um die Vernetzung von Informationen und mögliche alternative Textanordnung zu verdeutlichen (zum Beispiel: „→ Seite 14" bzw. „siehe Kapitel 2.2")
- ▶ Abbildungen (Diagramme, Karten, Bilder) wie auch Tabellen müssen in den Text integriert werden. Dies bedeutet, dass Sie diese im Textteil beschreiben, erläutern oder bewerten müssen. Auch hier bietet es sich an, die Einbindung der Tabellen und Abbildungen in den Text durch Querverweise zu verdeutlichen (zum Beispiel: „→ Tab. 2" bzw. „siehe Abb. 4").

6.3 Sprache und Stil

Bei einer Facharbeit wie auch einem schriftlichen Referattext sind Sprache und Schreibstil Mittel der Kommunikation zwischen Ihnen und dem Leser. Oberstes Ziel der sprachlichen und stilistischen Gestaltung der Arbeit muss es daher sein, Ihre Forschungsergebnisse, Erkenntnisse und Ideen für den Leser verständlich und nachvollziehbar darzustellen.

Ihr Sprach- und Schreibstil ist zugleich aber Ausdruck Ihrer Persönlichkeit. Er prägt Ihre Texte ebenso wie es die Inhalte tun. Und das ist gut so.

Bleiben Sie auch beim Schreiben Ihrer Facharbeit oder Ihres Referats Sie selbst. Lassen Sie sich nicht dazu verleiten, einen gestelzten, Ihnen nicht entsprechenden Schreibstil zu verwenden, nur weil Sie eine wissenschaftliche Arbeit und keinen „normalen Text" schreiben. Wer sich beim Schreiben zwingt, einen fremden Schreibstil zu übernehmen, wird schnell die Lust am Formulieren verlieren und oftmals auch die Begeisterung für die Sache selbst.

Das Zugeständnis einer „persönlichen Handschrift" bedeutet jedoch nicht, dass es keine Leitlinie gäbe, an die man sich beim Schreiben wissenschaftlicher Texte halten sollte.

Grundsätzlich gelten für die sprachliche und stilistische Gestaltung der Facharbeit bzw. des schriftlichen Referattextes ähnliche Vorgaben wie auch für das Schreiben von Klausuren:
- Schreiben Sie interessant, nicht langweilig.
- Schreiben Sie informativ, nicht in leeren Phrasen.
- Schreiben Sie sachlich, nicht emotional.
- Versuchen Sie durch Sachargumente zu überzeugen, nicht durch schwärmerische Rhetorik.

Für die Erstellung Ihres Textes sollten Sie im Auge behalten (Positiv-Beispiel → Seite 93; Negativ-Beispiel → Seite 82):
- Er muss in Schriftsprache abgefasst sein.
- Verwenden Sie Fachbegriffe, insbesondere solche, die Sie aus dem entsprechenden Fachunterricht kennen. Doch Vorsicht: Ein treffsicher eingebrachter Fachbegriff sagt zwar oft mehr als eine lange Erklärung; dennoch gilt: Ein „Zuviel" verdirbt den Effekt. Lassen Sie Ihren Text nicht zu einer Anhäufung von Fachvokabeln werden. Wenden Sie die Fachsprache vielmehr wohldosiert an.

Negativ-Beispiel: Sprachliche und stilistische Schwächen

3.1 Galileo Galilei

Wie jeder weiß hat kaum eine Gestalt der Wissenschaftsgeschichte auf die Nachwelt, ipso ergo alle späteren Generationen bis zu uns heute, eine solche Faszination ausgeübt wie der italienische Mathematiker, Physiker, Philosoph und Konstrukteur Galileo Galilei, der am 15.2.1564 in Pisa geboren, 1592 zum Mathematikprofessor in Pisa, 1610 zum Mathematikprofessor in Padua ernannt wurde und am 8. Januar 1642 in Arcetri bei Florenz verstarb und den man als einen der größten Naturwissenschaftler aller Zeiten bezeichnen kann und auch durchaus so bezeichnet hat (vgl. MEYERS GROSSES TASCHEN-LEXIKON 1987c, S. 332 und STEENBLOCK 2016, S. 39 f.).

Er führte das quantitative Experiment in die Naturwissenschaft ein. Er leitete die Pendelgesetze ab. Er erfand einen phänomenalen Proportionalzir-kel. Er leitete, wie sicherlich gemeinhin bekannt, durch reine Gedankenexpe-rimente die Gesetze des freien Falls ab. Er konstruierte nach holländischem Vorbild optiktechnisch wie auch linsenqualitativ superbe Fernrohre. Übrigens entdeckte er mit einem solchen Fernrohr vier Monde des Jupiter und die Ringe des Saturn (MEYERS GROSSES TASCHENLEXIKON 1987c, S. 332; WAHLBRINCK 2018, S. 28).

So richtig bekannt aber wurde uns Galilei natürlich erst durch die Sache mit der Bewegung der Erde um die Sonne.

Schon 1613 schrieb er einen Brief an den Benediktiner (= ein Mitglied des Ordens des heiligen Benedikt) B. Castelli, in dem er schrieb, dass seine Vorstellungen über das Verhältnis der Bibel zum heliozentrischen Weltbild so aussähen, dass dies eine neue Interpretation der Heiligen Schrift erfordern würde. Hier gab es den ersten Knatsch mit der Kirche. 1632 musste sich Galilei bekanntlich vor einem Inquisitionsgericht wegen seines „Irrglaubens von der Bewegung der Erde um die Sonne" verantworten.

Am 22.6.1633 musste er diesem „Irrglauben von der Bewegung der Erde um die Sonne" öffentlich abschwören.

Doch er blieb im Grunde seines Herzens dieser coolen Idee treu und soll der Legende nach gesagt haben: „Und die Erde bewegt sich doch!" Auf jeden Fall wurde er Ende 1633 unter Hausarrest gestellt, wo er 1642 starb.

- Versehen Sie spezielle, ausgefallene Fachbegriffe mit einer kurzen Erläuterung. Schreiben Sie diese in Klammern direkt hinter den Fachbegriff, zum Beispiel: „… Von besonderem Interesse sind hierbei die in den Pflanzen enthaltenen Alkaloide (= in Pflanzen oder Pilzen vorkommende, für Mensch und Tier in der Regel giftige Stickstoffverbindungen). …"
- Auf keinen Fall sollten Sie eigene „Fachbegriffe" konstruieren wie z. B. „multifaktorielle Ursachenkompetenz" oder „makromolekulare Destruktionskoordination". ②, ⑧ Ein Text wird nicht dadurch inhaltlich überzeugend, dass er wissenschaftlich *klingt*.
- Achten Sie bei der Textabfassung auf gute Lesbarkeit und einen flüssigen Schreibstil.
- Bevorzugen Sie einen prägnanten, einfachen Stil. Vermeiden Sie lange, unübersichtliche Sätze („Bandwurmsätze" ④). Bei kurzen Sätzen behalten Sie und der Leser die Übersicht. Dies darf allerdings nicht zu einem Text führen, der aus aneinandergereihten Hauptsätzen besteht. ⑨
- Verwenden Sie das Passiv und den Konjunktiv möglichst sparsam. Sätze im Konjunktiv wirken manchmal gestelzt. ⑭
- Eine Häufung gleicher Wörter in aufeinanderfolgenden Satzteilen bzw. Sätzen sollten Sie vermeiden. ⑰, ⑱

> **Tipp**
>
> Ersetzen Sie beim zweiten oder dritten Gebrauch das Wort durch sinnverwandte Begriffe (Synonyme). Sie finden solche Begriffe in Wörterbüchern oder im sogenannten Thesaurus Ihres Textverarbeitungsprogramms (Pfad z. B. bei Microsoft Word®: → Wort schreiben → Wort mit rechter Maustaste anklicken → im sich öffnenden Menü den Unterpunkt *Synonyme* anwählen).
> Lexika für Synonyme finden Sie auch im Internet. Empfehlenswert ist hier z.B. https://synonyme.woxikon.de/ (einfach zu bedienen, viele Ersatzbegriffe pro angefragtem Wort).

- Vermeiden Sie auch
  - Umgangssprache und zu saloppe Formulierungen *(megastark, echt krass, chillen usw.)*. ⑫, ⑮, ⑲
  - Füllwörter und leere Phrasen wie *übrigens, natürlich, selbstverständlich, wie man weiß, wie allgemein bekannt, ja doch wohl* usw. ①, ⑦, ⑩, ⑫, ⑯
  - Plattitüden/nichtssagende Passagen ⑤ und Floskeln wie *nun* oder *also*
  - die Anhäufung von Superlativen wie z. B. *Das größte, architektonisch überzeugendste, in seinen Strukturen klarste aller Loire-Schlösser …*
  - zu viele „*dass*"-Sätze ⑭
  - das „ärztliche" *wir* bzw. *uns* (Pluralis Majestatis), also Formulierungen wie *Wir schlussfolgern daraus …* oder *Uns erscheint …* – es sei denn, Sie kommen als Autorenteam zu diesen Ergebnissen. ⑫

   – unnötige inhaltliche Wiederholungen. ⑱

   – unterschwellige Bewertungen (z.B. *aufgeblasene Person, inakzeptable Schadstoffkonzentration*). ⑥ Schreiben Sie möglichst wertneutral. Wenn Sie Fakten bewerten oder Stellung beziehen, dann weisen Sie diese Passagen klar als „eigene Meinung" aus. Sie können Ihren Text hier auch in der „Ich-Form" verfassen. Beispiele: *„Dieser Aussage des Autors stimme ich zu."* oder *„Meines Erachtens ist dies ein Beleg dafür, dass die Hauptfigur…"*

◉ Unterlassen Sie die überflüssige Erklärung eindeutiger Fakten oder allseits bekannter (Fach-)Begriffe. ③, ⑬

◉ Stellen Sie im Text klare Bezüge her. Verwenden Sie dazu passende Verbindungsworte oder –phrasen. Hier eine kleine Auswahl:

   – bei **Schlussfolgerungen**: *daraus folgt, deshalb, daher, darum*

   – bei **Begründungen**: *weil, aus diesem Grunde, deswegen, durch, infolge*

   – bei **Gegensätzen**: *aber, dagegen, im Vergleich (Gegensatz) dazu, demgegenüber*

   – bei **Vergleichen**: *obwohl, trotz, dennoch, ungeachtet, wenn auch, jedoch*

◉ Gliedern Sie Ihren Text durch Absätze. Immer dann, wenn ein neuer Sinnabschnitt, eine neue Argumentation oder eine Bewertung beginnt, sollte ein Absatz eingefügt werden. Ein langer ungegliederter Text ist ermüdend zu lesen. Doch überlegen Sie genau, an welcher Stelle Sie Absätze einfügen. Willkürlich platzierte Absätze stören den Lesegang. ⑪ Zudem darf nicht Absatz auf Absatz folgen. Besteht jeder Absatz nur aus einem Satz, so wirkt der Text zergliedert, unruhig und unzusammenhängend. ⑯ bis ⑲

◉ Listen Sie gleichrangige Informationen in Form von Aufzählungen auf.

◉ Formulieren Sie Überleitungen. Reihen Sie die Kapitel nicht beziehungslos aneinander, sondern verbinden Sie diese durch überleitende Sätze. Stellen Sie so Bezüge zwischen den einzelnen Kapiteln her.

◉ Stellen Sie umfangreiche Datensätze in Form von Tabellen, Diagrammen oder Karten dar (→ Seite 124 ff.). Diese sind anschaulich und für den Leser leichter zu erfassen.

◉ Zum Schluss noch eine Anmerkung zu einer manchmal zu beobachtenden „Unsitte": der Einbindung von Anglizismen. Da wird ein „advanced User des World Wide Web" beschrieben oder ein „Supervisor gibt sein Feedback". Ein solch international klingendes Sprachgemisch makes the Leser eher fassungslos, als dass es ihn wirklich besser informiert.

Verzichten Sie daher soweit möglich auf Anglizismen. Sie stellen meist einen Stilbruch dar. Verwenden Sie stattdessen aussagekräftige deutsche Begriffe. Diese Empfehlung gilt natürlich nicht, wenn es sich bei den englischen Begriffen um Fachbegriffe in dem von Ihnen zu bearbeitenden Themengebiet handelt.

6.4 Schreibblockaden

Vielleicht geht es Ihnen auch so: Die Formulierung des Textes der Facharbeit/ des Referats steht an. Und plötzlich haben Sie Angst mit dem Schreiben zu beginnen. Dies nennt man eine „Schreibblockade".

Hier einige erprobte Tipps zur Überwindung einer solchen Schreibhemmung:

- ⊙ **Einfach anfangen.** Starten Sie mit etwas einfach zu Formulierendem: einer wörtlich übernommenen Definition, einer Beschreibung, der Ausgangshypothese ... Sind die einleitenden Sätze erst niedergeschrieben, geht Ihnen der Rest des Textes meist leicht von der Hand.
- ⊙ **Es ist ja nur die Rohfassung.** Die erste Textfassung, die Sie erstellen, muss nicht perfekt sein. Schreiben Sie daher „frisch von der Leber weg", mit Bleistift oder am PC, ohne direkte Korrektur von Fehlern oder langes stilistisches Feilen. Auch Lücken im Text sind erlaubt. Entscheidend ist, dass Sie etwas zu Papier bringen. Der Feinschliff folgt erst im nächsten Schritt.
- ⊙ **Die Stoffsammlung nutzen.** Ihre Stoffsammlung (→ Kapitel 5.4) ist eine gute Basis für den zu erstellenden Text. Nutzen Sie die dort notierten Ideen, Formulierungen und Zitate als Reservoir für die Schreibarbeit.
- ⊙ **Sprechen ist leichter als Schreiben.** Bei Schreibblockaden sollten Sie das Gespräch mit einer Freundin/einem Freund suchen. Berichten Sie in eigenen Worten von Ihrem aktuellen Arbeitsstand. Erklären Sie, worin das Problem besteht, das Sie gerade quält. Der eigene Bericht, aber auch die Nachfragen des Gegenübers führen häufig dazu, dass einem die weitere Arbeitsrichtung oder die Formulierung bestimmter Textpassagen plötzlich klar vor Augen stehen. Eventuell fallen im Gespräch auch Formulierungen, die man für die Textgestaltung nutzen kann (Papier und Stift bereithalten!). Und manches Problem wird zur Bagatelle, wenn man darüber spricht.
- ⊙ **Eine Auszeit nehmen.** Hakt es im Schreibprozess, so sollten Sie eine Pause einlegen, in der Sie z.B. bei Sport entspannen. In solchen Arbeitspausen hat man häufig die besten Einfälle zur Formulierung des nächsten Textabschnitts.

Auch hilfreich bei Schreibblockaden:

Machen Sie Ihren Kopf frei indem Sie Ihre Ansprüche an den zu formulierenden Text auf ein realistisches Maß reduzieren (streben Sie nicht den Literatur-Nobelpreis an!) und sich den Stellenwert der erzielte Note vor Augen halten (von der Note hängt nicht Ihr Abitur und schon gar nicht Ihr weiteres Leben ab).

Stationen auf dem Weg zum endgültigen Text von Facharbeit/Referat sind: Überblick

- ⊙ Stoffsammlung auf Passgenauigkeit mit dem Thema prüfen.
- ⊙ Ausgehend von der überprüften Stoffsammlung eine Rohfassung des Referat-/Facharbeitstextes erstellen; hierbei vor allem auf inhaltliche Stimmigkeit, weniger auf sprachliche Darstellung achten.
- ⊙ Diese Rohfassung überarbeiten; nun auch die Darstellung in den Blick nehmen: Zusammenhänge und Bezüge deutlich herausarbeiten; Überleitungen formulieren; Fachbegriffe in angemessenem Umfang verwenden; Stilblüten vermeiden; auf sprachliche Richtigkeit achten.

7

Zitate und Quellenbelege

Ein ehemaliger deutscher Verteidigungsminister tat es, eine Europaparlamentsabgeordnete ebenso und auch ein ehemaliger ungarischer Ministerpräsident – nur Sie sollten es in Ihrer Facharbeit / Ihrem Referat nicht tun: aus den Werken Anderer abschreiben, ohne dies kenntlich zu machen. Plagiieren nennt man das Kopieren fremder Ideen, Erkenntnisse und Gedanken, ohne den Urheber zu benennen. Wie aber vermeidet man Plagiate, wo doch fremde Texte in der Regel die Grundlage für die Facharbeit / das Referat sind? Die Antwort auf diese für alle Schreibenden zentrale Frage finden Sie in diesem Kapitel.

7.1 Plagiate

Plagiat; vom lateinischen plagium = Menschenraub

Unter einem Plagiat versteht man den Diebstahl geistigen Eigentums. Ein solches Plagiat liegt nicht nur vor, wenn eine ganze Arbeit durch Einsetzen des eigenen Namens anstelle des ursprünglichen Verfassers „umgewidmet" wird. Auch die wörtliche oder weitgehend wörtliche Übernahme von Texten, Diagrammen oder Tabellen aus Büchern, Zeitschriften oder Internet ohne Angabe der Quelle ist ein Plagiat.

Studenten, die beim Plagiieren erwischt werden, müssen mit drastischen Strafen rechnen. Wird an der Schule ein Plagiat in einer Facharbeit oder einem Referat entdeckt, führt dies, je nach Umfang, zu Notenabzügen oder zur Bewertung der Gesamtleistung mit ungenügend. Das Entdecken von Plagiaten ist dabei relativ einfach: Es gibt Indizien, die auf Plagiate hindeuten und jedem Lehrer bekannt sind (Stilbrüche, ungewöhnliche Fachbegriffe). Zudem lassen sich Plagiate mit Internet-Suchmaschinen oder spezieller Plagiat-Finder-Software aufdecken (*z.B. https://www.plagscan.com/plagiat-check/, https://www.plagaware.com/de* oder *https://www.plagium.com/en/plagiarismchecker*).

Zitate: wörtliche oder sinngemäße Übernahme von Formulierungen oder Gedanken Anderer

„Aber" – so werden Sie einwenden – „ich muss doch Informationen aus Textquellen in meine Arbeit übernehmen. Wie schütze ich mich davor, ein Plagiat zu begehen?" Die Antwort auf diese Frage lautet: **Zitieren Sie!**

Zitate sind in wissenschaftlichen Arbeiten etwas ganz Normales. Entscheidend sind hier aber zwei Dinge: Zitate müssen

- ⊙ mit einem Quellenbeleg (Angabe der Ursprungsquelle) versehen werden;
- ⊙ wenn es sich um wortwörtliche Übernahmen, also sogenannte direkte Zitate, handelt, durch Anführungszeichen kenntlich gemacht werden.

7.2 Direkte Zitate

Was ist eine direktes Zitat?

Hierbei handelt es sich um die exakte, wortwörtliche Übernahme von Texten, Textabschnitten aber auch Tabellen, Diagrammen oder Karten aus einer von Ihnen bearbeiteten Quelle. Zu jedem direkten (wörtlichen) Zitat gehört ein Quellenbeleg, also die genaue Angabe der Quelle, aus der Sie das Zitat übernommen haben, sowie der Fundstelle des Zitates innerhalb dieser Quelle.

Wann ist ein direktes Zitat sinnvoll?

Direkte Zitate dürfen nur einen kleinen Teil Ihrer Facharbeit/Ihres Referats ausmachen (max. 5 %). In keinem Fall ist es erlaubt, ein ganzes Kapitel oder gar die ganze Arbeit aus direkten Zitaten aufzubauen, da dann die eigene Formulierungsleistung fehlt.

Direkte Zitate sind nur unter bestimmten Bedingungen sinnvoll:

- ⊙ Hat eine Autorin bzw. ein Autor einen für Ihre Arbeit grundlegenden Gedanken so hervorragend formuliert, dass jede Veränderung zu sachlichen Unschärfen führen würde, dann sollten Sie diese Textpassage wörtlich in Ihre Arbeit übernehmen.

- ⊙ Wollen Sie eine Textpassage aus einer Primärquelle (→ Seite 44 f.) im Folgenden interpretieren und kommentieren, so sollten Sie diese Passage als direktes Zitat Ihrer Interpretation voranstellen. Dasselbe gilt für Tabellen, Diagramme, Karten, Bilder usw., die Sie nachfolgend auswerten und erläutern. Auch sie gehören der Erläuterung in der Originalfassung vorangestellt.

- ⊙ Vertreten Sie in einer bestimmten Frage eine andere Meinung als ein von Ihnen gelesener Autor, dann sollten Sie den Autor gerechtigkeitshalber „zu Wort kommen lassen", dessen Position also wörtlich zitieren, bevor Sie Ihre gegensätzliche Meinung darlegen.

- ⊙ Definitionen, die für Ihre Arbeit besonders wichtig sind, müssen Sie exakt angeben. Dieses gilt erst recht, wenn eine Definition in der Fachliteratur umstritten ist. Mit dem wörtlichen Zitat der Definition beziehen Sie eindeutig Position, auch wenn die zwischen den Fachleuten bestehenden Meinungsunterschiede nicht ausführlich dargestellt werden (etwa aus Platzgründen).

- ⊙ In praktischen naturwissenschaftlichen Arbeiten ist es oftmals sinnvoll, die Vorschriften, nach denen Sie Ihre Versuche bzw. Untersuchungen ausgeführt haben, wörtlich zu zitieren. So kann der Leser Ihren Versuchsweg nachvollziehen und eventuell aufgetretene Probleme einschätzen.

- ⊙ Direkte Zitate können auch als Beleg eigener Behauptungen, Interpretationen und Argumentationsschritte angeführt werden.

Wie sollte ein direktes Zitat aussehen?

Es sollten nur einzelne Passagen der Ursprungsquelle zitiert werden. Lediglich in Einzelfällen können längere Abschnitte einer Quelle als direktes Zitat übernommen werden.

Tipp	Ein direktes Zitat muss exakt der Ursprungsquelle entsprechen. Übernehmen Sie als Groß- und Kleinschreibung, Zeichensetzung, Rechtschreibung, Hervorhebungen und Datenangaben, selbst Fehler originalgetreu aus der Ursprungsquelle.

Bei direkten Zitaten gilt (→ Beispiel Seite 89):

- Der wörtlich übernommene Text wird in Anführungszeichen „ ... “ gesetzt. ①
- Wird eine Textstelle zitiert, die ihrerseits ein Zitat beinhaltet, so wird dieses Zitat im Zitat in einfache Anführungszeichen ‚ ... ' gesetzt. ⑦
- Kürzungen in direkten Zitaten sind möglich, aber nur zulässig wenn dadurch der Sinn des Zitates nicht verfälscht wird. Zudem muss jede Kürzung kenntlich gemacht werden. Dies geschieht in folgender Weise: An die Stelle des weggelassenen Buchstabens, Wortes, Satzteils oder Satzes werden drei in eckigen Klammern stehende Punkte gesetzt [...]. ④
- Werden ein oder mehrere Absätze ausgelassen, so werden die in eckigen Klammern stehenden Auslassungspunkte in eine Extra-Zeile gesetzt. ⑩
- Zur Verbesserung der Verständlichkeit eines direkten Zitates können Einschübe in das Zitat eingebunden werden. Diese Ergänzungen werden in eckige Klammern gesetzt, damit man sie von den in runden Klammern stehenden Einschüben im Originaltext unterscheiden kann. ③
- Fügen Sie erläuternde Einschübe ein oder heben Sie Worte des zitierten Textes durch Fettdruck hervor, so sollten sie dies durch die in eckige Klammern gesetzte Phrase [Einschub des Verfassers] bzw. [Hervorhebung des Verfassers] kenntlich machen. ⑨
- Auch Umstellungen in der Satzkonstruktion, die zur Einpassung des Zitates in den laufenden Text notwendig sind, werden durch eckige Klammern gekennzeichnet. Dabei wird an der Stelle im Satz, an der Text entfernt wurde, eine eckige Klammer mit drei Auslassungspunkten gesetzt [...]. Der an anderer Stelle im Satz wieder auftauchende Text wird gleichfalls in eckige Klammern gesetzt. ⑥
- Dies gilt nicht für die Anpassung von Groß- und Kleinschreibung am Beginn eines direkten Zitates: Hier darf ohne Kennzeichnung durch eckige Klammern beim ersten Buchstaben des Zitates die Groß-/Kleinschreibung geändert werden.

Direkte Zitate in einer Facharbeit im Fach Geographie | Beispiel

2.1 Wüstentypen der Sahara

Die Sahara, „die mit 9 Millionen km² die mit Abstand größte Wüste der ①
Erde darstellt und den afrikanischen Kontinent vom Atlantik bis zum
Roten Meer durchzieht" (https://www.michael-martin.de 18.8.2018), ②
bedeckt eine Fläche, die rund 25 mal so groß ist wie Deutschland.

Viele Europäer verbinden mit dem Begriff Sahara die Vorstellung
sonnendurchglühter „endlos weite[r] Sand- und Dünenfelder, die von
Karawanen auf wochenlangen Reisen durchschritten werden und in
denen sich die Fahrzeuge der Rallye Paris – Dakar festfahren" (SIX 2001,
S. 14). Diese Vorstellung stimmt jedoch nur bedingt. „Bau und Struktur
des Großraumes Sahara sind [vielmehr ③] äußerst vielfältig. [...] Die
gesamt Sandfläche [der Sahara] kann man aber [...] auf [nur] ca. 20% der ④
Sahara-Fläche abschätzen" (SCHIFFERS 1980, S. 12). ⑤

Neben der Sandwüste mit ihren riesigen Dünenmeeren, den *Ergs*, gehören auch die Felsschuttwüste (*Hamada*), die Kies- oder Geröllwüste (*Serir*)
und nicht zuletzt die Gebirgswüste mit den beeindruckenden Gebirgszü-
gen des Ahaggar-, Aïr- und Tibesti-Massivs zu den landschaftsprägenden
Wüstentypen der Sahara. Teilweise, so im Ahaggar- und Tibesti-Gebirge,
„[...] begleiten [vulkanische Erscheinungen] wichtige Strukturlinien ⑥
im Untergrund. ‚Die Gleichförmigkeit des Landschaftsbildes legt sich ⑦
täuschend und verhüllend über den bunten Reichtum seines Baues' "
(ebd., S. 12; mit einem Zitat aus KRENKEL 1943). ⑧

Im folgenden sollen nun die einzelnen Wüstentypen der Sahara näher
vorgestellt werden. SIX (2001, S. 14) charakterisiert sie so:

⑨

„Die **Hamada** [Hervorhebung des Verfassers] ist die in der Sahara am weitesten
verbreitete Wüstenform (ca. zwei Drittel der Gesamtfläche) und das arabische
Wort ([hamada] = tot) bezeichnet eine Steinwüste aus kantigem Felsschutt (vgl.
Diercke Weltatlas S. 134/135).
[...] In Abhängigkeit vom [Ausgangs]Gestein unterscheidet man zwischen Kalk-
stein-, Sandstein- und Basalthamada. Das scharfkantige Material ist an Ort und ⑪
Stelle insbesondere durch Frostverwitterung (und Salzsprengung) entstanden.
⑩ [...]
Erg. Die riesigen Dünenmeere oder arabisch „Erg" [...] sind äußerst spektakulär
[...]. Der Kern der Ergs ist immer aus Riesendünen (= Draa) aufgebaut."

4

- Für die Zeichensetzung gilt:
  - Geht ein Satz nach dem Ende des direkten Zitates weiter, so steht das Komma nach dem Anführungszeichen bzw. Quellenbeleg. ②
  - Reicht das Zitat bis zum Satzende, so wird als Satzzeichen stets das Satzzeichen gesetzt, das der Satzzusammenhang fordert, in den das Zitat in der Arbeit gestellt wird. Das Satzzeichen steht nach dem Anführungszeichen bzw. nach dem Quellenbeleg. ⑤
- Kürzere Zitate werden für bessere Lesbarkeit in den laufenden Text integriert. ①

Direkte Zitate können auch *kursiv* gesetzt werden, um sie vom laufenden Text abzuheben. Klären Sie mit Ihrer Fachlehrerin/Ihrem Fachlehrer, ob sie/er dies wünscht.

- Längere Zitate werden vom übrigen Text abgesetzt. Dies geschieht dadurch, dass sie
  - in einer neuen Zeile begonnen werden;
  - vom vorausgehenden und vom nachfolgenden Text jeweils durch eine Leerzeile abgesetzt werden;
  - links um bis zu einen Zentimeter eingerückt werden;
  - mit kleinerer Schriftgröße geschrieben werden (z. B. 10 pt statt 12 pt);
  - mit einzeiligem anstelle des sonst vorgegebenen eineinhalbzeiligen Zeilenabstand geschrieben werden.

  Sie sind auf diese Art und Weise sofort als direktes Zitat erkennbar. ⑪
- Enthält ein Zitat offensichtliche Fehler (z. B. eine falsche Datenangabe, Druckfehler), so müssen auch diese übernommen werden. Sie werden jedoch durch das in eckige Klammern gesetzte Wort *sic* (lat. *sic* = so; es steht dort wirklich so) mit oder ohne Ausrufezeichen direkt hinter dem Fehler gekennzeichnet – also [sic] bzw. [sic!].

Wie soll die Ursprungsquelle eines direkten Zitates angegeben werden?

Jedes direkte Zitat muss zusätzlich zum zitierten Text die Angabe der Ursprungsquelle, also einen *Quellenbeleg*, enthalten. Für diesen gibt es drei zentrale Vorgaben:

- Ein Quellenbeleg muss so gestaltet sein, dass die Ursprungsquelle sowie die Fundstelle innerhalb dieser Quelle eindeutig zu identifizieren sind.
- Im Rahmen einer Arbeit muss der Quellenbeleg bei allen Zitaten in einheitlicher Form vorgenommen werden.
- Zusätzlich zum Quellenbeleg „direkt am Zitat" muss die jeweilige Quelle auch im Literatur- und Quellenverzeichnis aufgeführt werden (→ Seite 99 ff.).

Die Form, in der ein Quellenbeleg erfolgt, ist aber keineswegs festgelegt. Je nach Fachgebiet sind verschiedenste Formvorgaben üblich. In der Literatur werden über 400 Varianten aufgeführt. Besonders verbreitet sind aber zwei Belegverfahren: die *naturwissenschaftliche* und die *geisteswissenschaftliche*

Form des Quellenbelegs. Diese beiden sollen daher im Folgenden vorgestellt werden.

Welches der beiden Belegverfahren für Sie relevant ist, hängt von den Vorgaben der Sie betreuenden Lehrkraft ab. Fragen Sie diese daher, bevor Sie mit der Reinschrift beginnen, nach ihren Wünschen zur Gestaltung der Quellenbelege.

Beim **naturwissenschaftlichen Belegverfahren** (auch als „Harvard-Verfahren" oder „amerikanisches Verfahren" bezeichnet) wird die Quelle im Text als Kurzbeleg angegeben (z. B. MÜHLENSTEIN 2014, S. 111 oder *https://www.uni-stuttgart.de/* 15.09.2021).

Das System, nach dem diese Kurzbelege erstellt werden, verdeutlicht Ihnen die Übersicht in Tab. 7.1 auf Seite 92. Hier wie auch im Beispiel auf → Seite 93 finden Sie zudem Mustervorlagen für solche Kurzbelege.

Auf drei Aspekte sei noch hingewiesen:

- ⊙ Zitiert man die gleiche Quelle direkt danach ein weiteres Mal, so kann in diesem Fall der Beleg so aussehen: *ebd., S. 7* (ebd. = ebenda, eben die unmittelbar vorher angeführte Quelle; → Beispiel Seite 89, ⑧).
- ⊙ Bezieht sich ein Zitat auf mehr als eine Seite in der Ausgangsquelle, so sind verschiedenen Angabevarianten üblich:
  - – Die Seiten, auf welche sich das Zitat bezieht, werden konkret angegeben. Beispiel: *FENSTERHOLZ 2004, S. 5 – 12*
  - – Die erste Seite des zitierten Textbereiches wird angegeben und dann mit dem Zusatz „f." (= eine folgende Seite) bzw. „ff." (= mehrere folgende Seiten) versehen. Beispiel: *NUDEL 2017, S. 42 f.*
- ⊙ Bei sonstigen Quellen (CD-ROM, Zeitungen usw.) sind die Kurzbelege analog wie bei Literatur- und Internetquellen auszuführen.

Kurzbelege nach dem naturwissenschaftlichen Belegverfahren können ein unterschiedliches Layout haben. Gängige Layout-Varianten sind dabei z. B.:

Tipp

- ⊙ „Es lebe die Vielfalt!" (DONNERBRINK 2018, S. 85)
- ⊙ „Es lebe die Vielfalt!" (DONNERBRINK 2018: 85)
- ⊙ „Es lebe die Vielfalt!" (*Donnerbrink*, 2018, S. 85)
- ⊙ „Es lebe die Vielfalt!" (Donnerbrink 2018, S. 85)
- ⊙ „Es lebe die Vielfalt!" (Donnerbrink 2018: 85)

Im diesem Buch wird durchgängig die erste Variante vorgestellt.

Sollte Ihre Lehrerin/Ihr Lehrer eine andere Version bevorzugen, passen Sie Ihre Kurzbelege einfach den geschmacklichen Vorstellung der Lehrperson an.

Wichtig: Verwenden Sie die gewählte Variante durchgängig in der gesamten Facharbeit/im ganzen Referat!

Kennzeichen der Textquelle	Form des Kurzbeleges	Beispiele
Quelle wurde von einer Autorin/einem Autor verfasst	NACHNAMEN DES AUTORS IN GROSS-BUCHSTABEN – Erscheinungsjahr der Quelle – Komma – Seite, von der das Zitat stammt	STEENBLOCK 2017, S. 101 ①, ②
Primärquelle, die von einer Autorin/einem Autor verfasst wurde	NACHNAMEN DES AUTORS IN GROSS-BUCHSTABEN – Erscheinungsjahr der Quelle – Komma – Seite, von der das Zitat stammt – Komma – Zeilen, in denen der zitierte Text steht	GOETHE 2014, S. 71, Z. 5 – 9 bzw. GOETHE 2014, S. 71, Z. 5 ff.
Internetquelle	abgekürzte URL (= Internetadresse bis einschließlich Domainangabe, d.h. einschließlich .de, .org, .com usw.) – Entnahmedatum aus dem Internet – gegebenenfalls Seite, von der Zitat stammt	http://www.wahlbrinck.de 23.05.2018 oder www.wahlbrinck.de 23.05.2018 ②
Quelle wurde von zwei Autoren verfasst	NACHNAMEN BEIDER AUTOREN IN GROSS-BUCHSTABEN durch „und" verbunden – Erscheinungsjahr der Quelle – Komma – Seite oder Verbindung der Autorennachnamen durch „&" bzw. „/"	RAU und BART 2006, S. 77 ④ oder RAU & BART 2006, S. 77 oder RAU/BART 2006, S. 77
Quelle hat drei oder mehr Verfasser	NACHNAME DES ERSTEN AUTORS IN GROSSBUCHSTABEN – et al. (lat. *et alii* = und andere) – Komma – Seite	CASTRUP et al. 2016, S. 41 ③
Sie zitieren aus zwei oder mehr Werken eines Autors, die alle im selben Jahr verfasst wurden. oder Sie zitieren zwei Internetquellen mit identischer abgekürzter URL, die am selben Tag aus dem Netz entnommen wurden.	Die Kennzeichnung der unterschiedlichen Quellen erfolgt durch Hinzufügen eines Kleinbuchstaben hinter die Jahreszahl (in alphabetischer Folge beginnend mit a).	ROSE 1999a, S. 11 ROSE 1999b, S. 11 ROSE 1999c, S. 5 bzw. http://www.ard.de 23.05.2018a http://www.ard.de 23.05.2018b oder www.ard.de 23.05.2018a www.ard.de 23.05.2018b
Man zitiert eine Quelle, die ihrerseits wiederum ein Zitat enthält.	Angabe der zitierten Quelle wie zuvor beschrieben – Semikolon – Phrase „mit einem Zitat aus" – Angabe der Quelle, aus der das zitierte Zitat stammt	WEIDLICH 1999, S. 12; mit einem Zitat aus LOSE 1978 bzw. http://www.uni-stuttgart.de 23.05.2018; mit einem Zitat aus BLÜTHGEN 1966
In einer Quelle wird ein Autor zitiert. Man möchte den dort zitierten Text des anderen Autoren in seiner Arbeit zitieren.	Angabe der zitierten Quelle wie zuvor beschrieben – Semikolon – Phrase „zitiert nach" – Doppelpunkt – Angabe der Quelle, aus der der zitierte Text stammt	RAFFKOPF 2002; zitiert nach: STAUFF 2017, S. 21 ⑤ oder RAFFKOPF 2002; in: STAUFF 2017, S. 21
Man zitiert eine Quelle ohne Jahresangabe.	Angabe der zitierten Quelle wie zuvor beschreiben – anstelle der Jahreszahl die Angabe „o. J." (= ohne Jahresangabe) – Seite	STEIN o.J., S. 12
Man übernimmt eine Tabelle, ein Diagramm, ein Bild oder Ähnliches	Der Quellenangabe wird die Phrase „Quelle(n):" vorangestellt.	Quelle: HUHNBEIN 2005, S. 3

Tab. 7.1: Quellenbelege nach dem naturwissenschaftlichen Belegverfahren (Kurzbelege); die Ziffern beziehen sich auf das Beispiel auf Seite 93.

Naturwissenschaftliches Belegverfahren, Facharbeit im Fach Geschichte

Beispiel

2 Der Opium-Krieg

2.1 Der Weg in den Krieg

In der Zeit von 1775 bis 1839 war die Entwicklung Chinas von negativen Tendenzen gekennzeichnet: „Von der Bevölkerungsexplosion und der mit ihr zusammenhängenden Verarmung [der Masse der Bevölkerung; Einschub d. Verf.]; vom Verfall der Verwaltung, als einer gleichbleibenden Zahl von Beamten die unablässig steigende Zahl der Menschen in ihren Verwaltungsbezirken buchstäblich über den Kopf wuchs; und schließlich [...] von der sich ausbreitenden Korruption" (SEITZ 2004, S. 96). ①

Von 1700 bis 1800 stieg die Bevölkerung Chinas um 204 Millionen auf 342 Millionen Menschen an (SEITZ 2004, S. 94). Chinas Bevölkerung war damit zweieinhalbmal so zahlreich wie die aller europäischen Staaten zusammengenommen und China vereinte mehr als ein Drittel der damaligen Weltbevölkerung auf sich (SEITZ 2004, S. 94; http://de.wikipedia.org ② 23.05.2012). Im Jahre 1851 besaß China ca. 432 Millionen Einwohner und damit dreimal so viel Menschen wie 150 Jahre zuvor (STAIGER et al. 2003, S. 82). ③ Im gleichen Zeitraum aber konnte die landwirtschaftliche Anbaufläche nur um 50 Prozent ausgeweitet werden. Die Hektarerträge für Getreide ließen sich mit den damals zur Verfügung stehenden Mitteln kaum noch steigern. Die Agrarproduktion hielt folglich mit dem Bevölkerungswachstum nicht Schritt (SEITZ 2004, S. 94). Hinzu kam die schlechte Infrastruktur. „Die landwirtschaftlichen Produkte wurden huckepack über schmale Wege und in schmalen Booten auf einem Gewirr von Flüssen [...] transportiert. Zugtiere stellten eine Seltenheit dar, da sie zu kostspielig für die meisten Bauern waren" (SPENCE und CHIN 1996, S. 11). ④

Und obwohl deren Einkünfte kaum für das tägliche Brot ausreichten, presste die Regierung durch korrupte Beamte aus ihnen mit grausamen Methoden immer höhere Abgaben heraus. Teilweise verließen verzweifelte Bauern ihr Land und wurden Banditen (SEITZ 2004, S. 94 f.). Gleichzeitig aber gedieh unter den hoffnungslosen, geknechteten Bauern und Handwerkern der Opiumkonsum.

Opium wurde bereits seit Mitte des 18. Jahrhunderts von den Portugiesen und später von den Engländern nach China eingeführt (WILHELMY 1905; zitiert nach http://www.jaduland.de 23.05.2018). Neben der berauschenden ⑤

Beim **geisteswissenschaftlichen Belegverfahren** wird der Quellenbeleg in Form von Fußnoten oder Endnoten geführt (→ Beispiele Seite 95).

- Dazu wird nach dem Anführungszeichen am Zitatende eine Ziffer gesetzt. Diese muss hochgestellt oder in runde Klammern gesetzt werden. ①

- Wird eine Statistik, Grafik usw. übernommen, so wird die Zitatziffer an das Ende der Über- bzw. Unterschrift der Tabelle, Abbildung usw. gesetzt. ②

- *Alle* Zitate einer Arbeit bzw. bei längeren Arbeiten alle Zitate eines Kapitels werden dabei *fortlaufend nummeriert*.

- Die Quellenangabe kann dann in zwei Formen erfolgen:
  Entweder als *Fußnote* am Ende (Fuß) der Seite. Dabei wird ein Teilstrich gezogen, der über ein Fünftel bis ein Drittel der Textbreite verläuft (Zitierstrich) ③. Dann wird die Ziffer des Zitates als Hochzahl bzw. als in runde Klammern gesetzte Zahl aufgeführt. Schließlich wird die Quelle angegeben. ⑤

  Oder aber in Form von *Endnoten* am Ende eines Kapitels oder am Ende der Arbeit. Die Endnoten stellen dabei eine Sammlung aller Fußnoten eines Kapitels bzw. einer Arbeit dar. Diese Art des Quellenbelegs ist allerdings die für den Leser mühsamste.

- Die Angabe der Quelle erfolgt bei Fuß- wie bei Endnoten in gleicher Weise, und zwar exakt so wie im Literatur- und Quellenverzeichnis (→ Seite 99 ff.). Dies gilt für Literatur- wie für Internetquellen.

- Bei der ersten Angabe einer Quelle in einer Fuß- oder Endnote muss diese im vollen Wortlaut angegeben werden. ⑤, ⑥

- Wird die gleiche Quelle ein zweites oder weiteres Mal zitiert, kann die Angabe abgekürzt werden. Es werden dann nur noch der Nachname des Autors (je nach formaler Gestaltung des Literaturverzeichnisses in Großbuchstaben oder Kleinbuchstaben) und die Seitenzahl angegeben. ⑦
  Teilweise ist es üblich, nach dem Nachnamen des Autors den Zusatz „a. a. O." aufzuführen (= am angegebenen Ort, das heißt die Quelle wurde bereits zitiert und kann im Literaturverzeichnis gefunden werden). Die Angaben [71] *NOSBERT, S. 9* und [71] *NOSBERT, a. a. O., S. 9* sind jedoch inhaltlich identisch, der Zusatz „a. a. O." kann daher entfallen.

- Zitieren Sie vom selben Autor mehrere Werke, so muss, um Verwechslungen auszuschließen, auch beim zweiten oder weiteren Zitat eine Kurzform des Titels der Quelle mit angegeben werden.

- Bei einem zweiten bzw. weiteren Zitat aus derselben Internetquelle reicht die Angabe der URL. ⑧

- Fußnoten werden in kleinerer Schrifttype (z. B. Times New Roman 9 pt) und mit einfachem Zeilenabstand geschrieben. ⑨

▶ Viele Textverarbeitungsprogramme bieten die Möglichkeit, Fußnoten automatisch zu erstellen und zu verwalten. Diese sind im Handbuch des Programms erläutert.

▶ In Fußnoten können neben Quellenangaben auch Informationen auf-geführt werden, die nicht direkt in den Gedankengang des Haupttextes passen, jedoch wert sind, erwähnt zu werden. Auch Hinweise auf Querver-bindungen zu anderen Stellen der Arbeit sowie Begriffserläuterungen usw. lassen sich in Fußnoten unterbringen. ④

Direkte Zitate und geisteswissenschaftliches Belegverfahren,   Beispiel
Facharbeit im Fach Geographie

2.1 Die Bevölkerungsentwicklung Mumbais

Mumbai (ehemals Greater Bombay)[3], heute eine Megastadt mit über 13 Mio. Einwohnern, war „noch vor vierhundert Jahren nicht mehr als ein Fischernest".[4] Im Jahre 1534 erhielten die Portugiesen vom Sultan von ① Gujarat „sieben kleine, mit Kokospalmen bewachsene und nur von einigen Fischern bewohnte Inseln zum Geschenk".[5] Sie bezeichneten diese Inseln als Bom Bahia (= gute Bucht), woraus sich im Laufe der Zeit der Name Bombay entwickelt haben soll.[6] Die Portugiesen nutzten Bombay seiner geschützten Lage wegen als Hafen. 1661 erhielten die Briten die sieben Inseln. Sie bauten den Hafen aus. Im Jahre 1668 „verpachtete der [britische] König das Gebiet an die 1600 gegründete berühmteste Handelsgesellschaft der Welt – an die [britische] East India Company, die darauf hin ihren Hauptsitz 1687 von Surat [...] in das besser geeignete Bombay verlegte. Dies kann als eigentliches Geburtsjahr der Weltstadt gelten."[7]
Der Aufstieg des ehemaligen Bombay lässt sich unter anderem an der Entwick-lung der Einwohnerzahl ablesen.

Tabelle 1: Die Bevölkerung Mumbais (Greater Bombays) 1661 – 2011[8]   ②

Jahr	1661	1881	1901	1921	1941	1961	1981	2001	2011
Bevölkerung (Mio.)	0,01	0,77	0,81	1,24	1,69	4,15	8,23	11,98	12,48

1675 war die Einwohnerzahl mit rund 60 000 noch relativ gering. „Bei der ers-ten Volkszählung im Jahre 1864 waren es 817.000. In den 1860er- und 1890er-Jahren ging die Bevölkerungszahl bedingt durch Seuchen etwas zurück."[9]

③ 3 Mumbai (ehemals Greater Bombay) besteht aus Bombay Island, einer rund 67 km² großen Insel, sowie der sich nördlich anschließenden Insel Salsette. Seit 1995 trägt Bombay den Namen Mumbai. Zu den Hintergrün-den der Umbenennung von Bombay in Mumbai vgl. Eckert, S. 65 – 79. ④
4 Rockmann, D., Mein Bombay, Frankfurt 1998, S. 10. ⑤
5 Rockmann, S. 11. ⑦
6 Vgl. zur Entwicklung des Namens Bombay: Nissel, H., Bombay/Mumbai: Stadterweiterung und Stadtumbau einer „Globalizing City", in: Ahunja, R. und Brosius, C. (Hrsg.), Mumbai – Delhi – Kolkata, Heidelberg 2006, S. 31 ff..
7 Nissel, S. 19 f.
8 Tabelle entnommen aus http://de.wikipedia.org/wiki/Mumbai, wikipedia, Artikel Mumbai, aus dem Internet am 23.05.2012. ⑥
9 http://de.wikipedia.org/wiki/Mumbai ⑧   ⑨

7.3 Indirekte Zitate

Was ist ein indirektes Zitat?

Indirekte Zitate machen in Facharbeiten und Referaten in der Regel die Masse des Textes aus.

Jede Form einer sinngemäßen Wiedergabe fremder Texte, Daten, Quellen und Gedanken bezeichnet man als indirektes (sinngemäßes, gedankliches) Zitat (→ Beispiel Seite 97). Es handelt sich dabei z. B.

- ▶ um die Wiedergabe eines gelesenen Ausspruches mit eigenen Worten ②;
- ▶ oder um einen von Ihnen selbst (frei) formulierten Text, der jedoch in seinen Grundgedanken auf den Ausführungen beruht, die Sie zuvor in einer oder mehreren Quellen gelesen haben ④;
- ▶ oder um einen Text, den Sie selber formuliert haben, dessen Datengrundlage Sie jedoch aus einem Buch entnommen haben ③.

In all diesen Fällen haben Ihre Formulierungen geistige Mütter bzw. Väter, die der Fairness halber angegeben werden müssen. Zu jedem indirekten Zitat gehört deshalb ein Quellenbeleg, also die genaue Angabe der Quelle(n), auf die sich Ihre Ausführungen stützen. ①, ②, ③, ⑤, ⑥

Wann liegt kein indirektes Zitat vor?

- ▶ Wenn Sie eigene Untersuchungsergebnisse vorstellen, auswerten, kommentieren.
- ▶ Wenn Sie eigene Beschreibungen, Erläuterungen, Schlussfolgerungen, Bewertungen usw. formulieren.
- ▶ Wenn Sie ein direktes Zitat einbringen.

Wie sollte ein indirektes Zitat aussehen?

- ▶ Ein indirektes Zitat steht niemals in Anführungszeichen.
- ▶ Anfang und Ende eines umfangreicheren indirekten Zitates müssen für den Leser erkennbar sein. In der Regel kann dieses dadurch erreicht werden, dass ein längeres indirektes Zitat einen eigenen Absatz bildet.
- ▶ Jedes indirekte Zitat muss mit einem Quellenbeleg versehen werden. Dieser steht am Anfang oder Ende des Satzes bzw. Absatzes, der das indirekte Zitat enthält ①, ③, es kann aber auch in den Satz integriert sein ⑤.
- ▶ Der Quellenbeleg kann nach dem naturwissenschaftlichen oder geisteswissenschaftlichen Belegverfahren erfolgen (siehe oben).
  Es muss hierbei allerdings das gleiche Belegverfahren verwendet werden wie bei den direkten Zitaten. Dem Quellennachweis kann aber der Zusatz *nach, siehe* oder *vgl.* (= vergleiche) vorangestellt werden. ⑥
  Die Quellenbelege werden nach den gleichen Regeln erstellt wie bei direkten Zitaten (siehe oben).
- ▶ Werden einzelne Aussprüche, Gedanken usw. eines Autors in indirekter Rede zitiert, muss der Konjunktiv verwendet werden. ②

Indirekte Zitate in einer Arbeit im Fach Pädagogik

Beispiel

2.2 Definition von Ablösung

Eine sehr allgemeine Definition des Begriffes Ablösung findet sich bei
FRÖHLICH im *Wörterbuch Psychologie*. Dort heißt es: Der Begriff Ablösung
(bzw. Abnabelung) steht als „Bezeichnung für die im Verlauf der indivi-
duellen Entwicklung schrittweise vollzogene Lösung von Bindungen an
die elterliche Autorität, bzw. an die Denk- und Verhaltensnormen älterer
Menschen" (FRÖHLICH 2000, S. 34). FRÖHLICH vertritt die Meinung, dass ①
die Ablösung die entscheidende Voraussetzung dafür sei, um eigenständig
in der Welt der Erwachsenen bestehen und handeln zu können (ebd., S. 34). ②
GUSKI und LANGLOTZ-BRUNNER (1991, S. 38) unterscheiden zusätzlich ③
eine innere und eine äußere Ablösung. Die innere Ablösung beinhaltet die
emotionale Loslösung des Heranwachsenden aus dem Schonraum Familie.
Dieser psychodynamische Prozess ist vielschichtig und vollzieht sich famili-
enintern. Die innere Ablösung ist die Voraussetzung dafür, dass die äußere
Ablösung erfolgen kann. Diese dokumentiert sich in einem eigenen Lebens- ④
stil und gegebenenfalls auch einer Verlagerung des Wohnortes.

Noch differenzierter beschreibt HURRELMANN (1999, S. 142) die Ablösung. ⑤
Er unterscheidet vier Ebenen, auf denen die Ablösung erfolgt:

- *auf psychologischer Ebene* durch eine verstärkte Ausrichtung der Gefüh-
  le und Einstellungen an Gleichaltrigen, bei gleichzeitig schwindendem
  Einfluss der Eltern
- *auf kultureller Ebene* durch das Entdecken eines eigenen Lebensstils, der
  sich nicht an dem der Erwachsenen orientieren muss
- *auf räumlicher Ebene* durch die Verlagerung des Wohnortes
- *auf materieller Ebene* indem der junge Erwachsene finanziell unabhän-
  gig wird.

In der Regel werden die vier Ebenen vom Heranwachsenden in der zuvor
genannten Reihenfolge durchlaufen.

STIRLIN vertritt die Meinung, dass der Ablöseprozess als Spirale zu
begreifen sei, die sich allmählich in Richtung Selbstverwirklichung und
Differenzierung von Heranwachsenden und Eltern weitet und Schritt für
Schritt zu einer immer größeren Unabhängigkeit beider Parteien führt
(vgl. STIRLIN 1974, S. 144). ⑥

6

Seite erstellt nach: ANSGAR ELLING: Möglichkeiten der Begleitung des Ablöseprozesses an der Schule für Geistig-
behinderte. Münster 2001, S. 10 f., unveröffentlichte Hausarbeit.

7.4 Zitate und Quellenbelege in Referaten

Auch ein mündlicher Vortrag stützt sich auf Quellen, die man gelesen und durchgearbeitet hat. Folglich enthält auch jedes mündlich vorgetragene Referat Zitate.

Direkte Zitate. Werden im Vortrag Textquellen wörtlich zitiert, muss eine solche Stelle als direktes Zitat ausgewiesen werden. Es gelten hier die gleichen Regeln wie für ein direktes Zitat in schriftlichen Texten:

- Es dürfen keine inhaltlichen Veränderungen vorgenommen werden, ohne diese kenntlich zu machen.
- Ein eindeutiger Quellenbeleg ist Pflicht.
- Zudem ist es wichtig, den Beginn und das Ende eines direkten Zitates deutlich zu markieren. Allerdings kann dieses ja, anders als in einem schriftlichen Text, nicht durch Anführungszeichen geschehen. Vielmehr markieren hier zwei Floskeln den Anfang und das Ende des direkten Zitates, nämlich: *„Ich zitiere aus"* sowie *„Zitatende".*

Ein direktes Zitat in einem Referat sollte damit die folgende Form aufweisen:

Beispiel: Direktes Zitat im Referat	Roboter, die kranker Menschen pflegen, selbstfahrende Autos – der ganze Bereich der Künstlichen Intelligenz, kurz KI, ist das aktuell spannendste Forschungsgebiet in der Informatik. Welches Land wird hier im internationalen Wettlauf die Nase vorn haben? Ein heißer Kandidat ist China. *Ich zitiere aus einem Artikel der Frankfurter Allgemeinen Sonntagszeitung vom 12. August 2018:* „Zweifellos verfolgt Peking eine der weitreichendsten KI-Strategien weltweit: 2030 soll das Land sich zum global bedeutendsten Innovationszentrum für diese Technologien entwickelt haben." *Und weiter:* „Weltweit stammen 2017 bereits 48 Prozent der Investitionen in KI-Start-ups aus China." *Zitatende.* Liegt das Silicon Valley des 21. Jahrhunderts also im Reich der Mitte? […]

Indirekte Zitate. Ein Referat enthält in der Regel auch große Passagen, die sich sinngemäß auf eine oder mehrere Textquellen beziehen. Es wäre jedoch für den Vortragsfluss störend, wollte man jedes dieser indirekten Zitate mit einem Quellenbeleg versehen. Hier reicht es, die benutzte Literatur am Ende des Referats anzugeben, etwa indem man sie im Handout auflistet (→ Seite 184 f.). Verteilt man kein Handout, können die benutzten Quellen auch auf einer Folie vorgestellt, an die Tafel geschrieben oder im Original mitgebracht werden.

Für den **Handout**-Text gelten bei direkten Zitaten (also auch bei Grafiken, Tabellen usw.) die gleichen Zitierregeln wie bei schriftlichen Arbeiten. Auch umfangreiche indirekte Zitate sollten mit einem Quellenbeleg versehen werden. Ansonsten reicht das im Handout aufgeführte Literatur- und Quellenverzeichnis zur Dokumentation aus (→ Seite 184 f.).

7.5 Literatur- und Quellenverzeichnis

Funktion

Als Autorin bzw. Autor einer Facharbeit oder eines Referats sind Sie verpflichtet, alle benutzten Quellen offenzulegen. Die Angabe der Quellen muss dabei grundsätzlich so gestaltet sein, dass dem Leser/Zuhörer deren Auffinden problemlos möglich ist. Auf diese Weise erhält er die Möglichkeit, Ihre Literaturangaben nachzuprüfen und, falls gewünscht, die von Ihnen benutzten Quellen im Original zu lesen.

Im Text haben Sie aber in der Regel die benutzten Quellen nur in verkürzter Form angegeben (→ Seite 90 ff.). So dient denn das *Literaturverzeichnis* (sofern nur Literatur aufgeführt wird) bzw. das *Literatur- und Quellenverzeichnis* (sofern Literatur und andere Quellen wie z. B. Internetseiten aufgeführt werden) dazu, Ihrer Pflicht zur exakten Angabe der Quellen nachzukommen.

Allgemeine Kennzeichen

Literatur- und Quellenverzeichnisse weisen folgende generelle Kennzeichen auf:

- ⦿ Hier müssen *alle Quellen* aufgeführt werden, die Sie zur Erstellung Ihrer Facharbeit/Ihres Referats benutzt und dabei zitiert haben. Doch auch nur diese und keine weiteren!
- ⦿ In einer Facharbeit bildet das Literatur- und Quellenverzeichnis das letzte Kapitel (vor einem eventuellen Anhang). Auf dem Referat-Handout steht es an letzter Stelle. Es sollte daher erst nach Abschluss der Textarbeit mithilfe der bibliografischen Notizen (→ Seite 18 f.) erstellt werden.
- ⦿ Im Literatur- und Quellenverzeichnis müssen die Quellen *alphabetisch* nach Autorennamen bzw. Kurz-URL *geordnet* werden.
  Bei gleichen Nachnamen kommt der Vorname der Autoren als zweites Ordnungskriterium hinzu.
- ⦿ Mehrere Werke eines Autors wie auch mehrere Internetquellen mit gleicher Kurz-URL werden chronologisch geordnet, also nach dem Erscheinungsjahr bzw. Entnahmedatum aus dem Internet, beginnend mit dem ältesten Werk.
- ⦿ Im Literatur- und Quellenverzeichnis können drei Gruppen von Quellen aufgeführt sein: Primärliteratur, Sekundärliteratur und Sonstige Quellen (→ Seite 44 f.).
- ⦿ Nur in den sprachlichen Fächern ist es üblich, Primär- und Sekundärliteratur getrennt aufzuführen (→ Seite 103).
- ⦿ Der Bereich *Sonstige Quellen* kann bei Bedarf weiter untergliedert werden in *Internetquellen, Archivalische Quellen (Dokumente), Filme* und *sonstige Quellen* (CD-ROM usw.). Eine solche Feinaufteilung empfiehlt sich jedoch

nur, wenn von einem „Quellentyp" mindestens vier verschiedene Quellen zitiert wurden.

- ◉ Zitierte Zeitungsartikel werden, sofern nicht (bei vier und mehr zitierten Artikeln) in einem separaten Verzeichnisabschnitt unter der Überschrift *Zeitungen* aufgeführt, wie Zeitschriftenartikel bibliografiert: Je nachdem ob Sie die Print- oder die Online-Version benutzt haben werden sie unter *Literatur* oder *Internetquellen* aufgelistet.

Layout

Über die Layoutgestaltung eines Literatur- und Quellenverzeichnisses gibt es sehr unterschiedliche Vorstellungen. Prinzipiell aber gilt:

- ◉ Bei geringer Quellenzahl wird das Verzeichnis in gleicher Schriftgröße wie der Text der Arbeit geschrieben. Bei großer Quellenzahl und Platzknappheit kann mit kleinerer Schrifttype geschrieben werden.
- ◉ Die Quellenangaben werden mit einfachem Zeilenabstand geschrieben.
- ◉ Absätze werden „hängend" formatiert, das heißt, sind für eine Quellenangabe mehrere Zeilen notwendig, so werden die zweite und folgende Zeile nach rechts eingerückt.
- ◉ Am Ende jeder Quellenangabe steht ein Punkt.
- ◉ Vom Vornamen eines Autors wird nur der erste Buchstabe angegeben. Nur bei gleichen Nach- und Vornamen zweier Autoren werden weitere Buchstaben aufgeführt.
- ◉ Titel wie Dr., Prof. usw. werden bei den Autorenangaben weggelassen.
- ◉ Die Angabe *1. Auflage* wird nicht vermerkt.
- ◉ Bei Verlagen mit mehreren Verlagsorten wird nur der erste angegeben.
- ◉ Viele Schreibprogramme gestalten Internetadressen automatisch blau und unterstrichen. Kurz-URL und URL können in dieser Weise aufgeführt werden.

Layoutvarianten

Die Feingestaltung des Quellenverzeichnisses richtet sich vor allem nach zwei Kriterien:

- ◉ danach, ob Sie die Quellenbelege im Text Ihrer Arbeit nach dem naturwissenschaftlichen oder nach dem geisteswissenschaftlichen Belegverfahren gestaltet haben;
- ◉ nach den persönlichen Layoutvorlieben der Lehrerin bzw. des Lehrers (der eine mag „und" durch „&" ersetzt haben, beim anderen muss die Abkürzung „S." wegfallen oder der *Autorenname* kursiv gesetzt werden oder in KAPITÄLCHEN usw.).

Sie sollten vor Beginn der Arbeit am Quellenverzeichnis Ihre Lehrerin bzw. Ihren Lehrer nach deren Layoutvorstellungen fragen und diese bei der Gestaltung des Verzeichnisses berücksichtigen.

Wählen Sie in jedem Fall für das Literatur- und Quellenverzeichnis die gleiche Layoutvariante wie für die Belegangaben im Text (haben Sie z.B. die Autorennamen bei den Belegangaben *kursiv* oder in GROSSBUCHSTABEN/Kapitälchen gesetzt, so müssen Sie dieses auch im Quellenverzeichnis tun).

Tipp

Beispiele

Auf den folgenden Seiten werden zwei gängige Layoutvarianten eines Literatur- und Quellenverzeichnisses vorgestellt. Nutzen Sie eine der beiden Beispieltabellen und führen Sie alle in Ihrer Facharbeit bzw. Ihrem Referat zitierten Quellen in alphabetischer Reihenfolge auf.

An dieser Stelle sei noch auf einige **Sonderfälle** bei der Gestaltung des Literatur- und Quellenverzeichnisses hingewiesen (→ Beispiele Seite 103 und 104):

- ◉ Sonstige Quellen (z.B. Video, CD-ROM, Interviews) müssen in ähnlicher Weise im Quellenverzeichnis aufgeführt werden wie Textquellen. Wichtig ist: Machen Sie möglichst genaue Angaben zur jeweiligen Quelle. ⑪, ⑮, ⑯
- ◉ Bei Institutionen kann im Text deren (offizielle) Abkürzung als Kurzbeleg genutzt werden. Im Quellenverzeichnis muss hinter der Abkürzung in Klammern der vollständige Name aufgeführt werden. ⑫
- ◉ Ist bei einer Quelle der Name des Verfassers unbekannt, so schreibt man an dessen Stelle „o. V.", fehlt der Erscheinungsort „o. O." und fehlt eine Angabe zum Erscheinungsjahr schreibt man „o. J.". ⑬
- ◉ Bei englischsprachigen Quellen wird „Hrsg." als „ed." bzw. „eds." und „S." als „p." bzw. „pp." abgekürzt. ⑧

  ed. = Editor, Einzahl
  eds. = Editors, Mehrzahl
  p. = page, Einzahl
  pp. = pages, Mehrzahl
  .

- ◉ Zitieren Sie von einem Autor mehrere Werke mit gleichem Erscheinungsjahr oder mehrere Internetquellen mit gleicher Kurz-URL und gleichem Entnahmedatum, so gilt beim *naturwissenschaftlichen Belegverfahren*: Die Quellen erhalten hinter der Jahreszahl den Zusatz *a, b, c* usw. Sie werden diesem Zusatz entsprechend geordnet. ⑭

  Beim *geisteswissenschaftlichen Belegverfahren* gilt: Das Ordnungskriterium ist hier der Titel des Werkes. Den Jahreszahlen werden keine Kleinbuchstaben hinzugefügt. ⑤
- ◉ eBooks werden im Literatur- und Quellenverzeichnis in gleicher Weise aufgeführt wie gedruckte Literatur. Allerdings sollte der Zusatz „eBook" in Klammern hinter der Literaturangabe aufgeführt werden.

Layoutvariante 1: Einträge in das Literatur- und Quellenverzeichnis bei Verwendung des geisteswissenschaftlichen Belegverfahrens

Textquelle	Form der Quellenangabe	Beispiele
Ein Buch – ein Autor	Nachname, abgek. Vorname, Titel des Buches, Untertitel, Auflage, Erscheinungsort Erscheinungsjahr.	Pantle, C., Der Dreißigjährige Krieg, Als Deutschland in Flammen stand, 6. Auflage, Berlin 2017. ①
Ein Buch – zwei Autoren	Nachname, abgek. Vorname und Nachname, abgek. Vorname, Titel des Buches, Untertitel, Auflage, Erscheinungsort Erscheinungsjahr.	Häusser, A. und Maugg, G., Hungerwinter, Deutschlands humanitäre Katastrophe 1946/47, Berlin 2011. ⑥
Ein Buch – drei oder mehr Autoren	Nachname des ersten Autors, abgek. Vorname et al., Titel des Buches, Untertitel, Auflage, Erscheinungsort Erscheinungsjahr.	Heineberg, H. et.al., Stadtgeographie, 5. Auflage, Paderborn 2017. ②
Aufsatz in einem Sammelband (ein Buch, ggf. mit einem/mehreren Herausgeber/n, in dem Aufsätze verschiedener Autoren enthalten sind)	Nachname, abgek. Vorname, Titel des Aufsatzes, Untertitel des Aufsatzes, in: Nachname, abgek. Vorname (Hrsg.), Titel des Sammelbandes, Untertitel, Auflage, Erscheinungsort, Erscheinungsjahr, Seitenangabe Anfang und Ende des Aufsatzes.	Alkemeier, I., Die Bergpredigt ein Stück Weltliteratur – fazinierend und provozierend – bis heute, in: Hillesheim, K-F. und Weber, B. (Hrsg.), Perspektiven der Lehrerbildung, Zum Auftrag der Zentren für schulpraktische Lehrerausbildung, Münster 2010, S. 353 – 370. ④
Aufsatz in einer Zeitschrift	Nachname, abgek. Vorname, Titel des Aufsatzes, Untertitel des Aufsatzes, in: Name der Zeitschrift, Nummer der Zeitschrift Erscheinungsjahr, Seitenangabe Anfang und Ende des Aufsatzes.	Schmude, J. und Bischof, M., Tourismus im deutschen Alpenraum – Strukturen, Herausforderungen, Trends, in: Geographische Rundschau, 5/2018, S. 24 – 30. ⑧
Artikel in einer Zeitung (mit Angabe des Autors)	Nachname, abgek. Vorname, Titel des Artikels, Untertitel des Artikels, in: Name der Zeitung vom Erscheinungsdatum, Seite.	Bouée, C.-É., Das Wettrennen um die Künstliche Intelligenz, in: Frankfurter Allgemeine Sonntagszeitung vom 12.08.2018, S. 20 ⑦
Artikel in einer Zeitung (ohne Angabe des Autors)	Titel des Artikels, Untertitel, in: Name der Zeitung vom Erscheinungsdatum, Seite	Der Sieger: Currywurst, Deutsche essen laut Apetito-Ranking in der Kantine gerne deftig, in: Münstersche Zeitung vom 24.05.2012, S. 5. ③
Internetdokument (mit Autor und Datum der Einstellung)	Vollständige URL, Nachname des Autors, abgek. Vorname, Titel des Dokuments, [gegebenenfalls Zeitung/Zeitschrift], Datum der Meldung bzw. Datum der Einstellung ins Netz, aus dem Internet entnommen am.	*https://www.tagesspiegel.de/kultur/ausstellung-in-muenchen-paul-klee-als-konstrukteur/21156414.html*, Schulz, B., Paul Klee als Konstrukteur, Der Tagesspiegel, 10.04.2018, aus dem Internet entnommen am 24.08.2018. ⑨, ⑩
Internetdokument (ohne Autor und ohne Datum der Einstellung)	Vollständige URL, Titel des Dokuments, Untertitel, aus dem Internet entnommen am.	*https://www.stadt-muenster.de/dominikanerkirche.html*, „Zwei Graue Doppelspiegel für ein Pendel", Gerhard Richters Geschenk an die Stadt, aus dem Internet entnommen am 18.08.2018.
Sonderfälle	siehe Seite 101	⑤, ⑧, ⑪

Tab. 7.2: Beispielhafte Einträge im Literatur- und Quellenverzeichnis nach dem geisteswissenschaftlichen Belegverfahren.

Literatur- und Quellenverzeichnis einer Facharbeit im Fach Englisch — Beispiel (1)

6 Literatur- und Quellenverzeichnis

Primärliteratur

(1) Salinger, J. D., The Catcher in the Rye, London 1994.

Sekundärliteratur

(2) Crane, C. et al., J. D. Salinger "The Catcher in the Rye", Letts Explore Literature Guides, Carnforth 2004.

(3) Der Fänger im Roggen, in: Hamburger Abendblatt vom 29.12.2003.

(4) Günter, B., J. D. Salinger "The Catcher in the Rye" (1951), in: Freese, P. und Hermes, L. (Hrsg.), Der Roman im Englischunterricht der Sekundarstufe II, Theorie und Praxis, 2. Auflage, Paderborn 1981, S. 207–222.

(5) Hamilton, I., In Search of J. D. Salinger, London 1998.
Hamilton, I., The Trouble with Money and Other Essays, London 1998.
Münder, P., Jerome David Salinger „Der Fänger im Roggen" (The Catcher in the Rye), Interpretationen und unterrichtspraktische Vorschläge, 6. Auflage, Analysen und Reflexionen Bd. 2, Hollfeld 2005.

(6) Pinsker, S. und Pinsker, A., Understanding The Catcher in the Rye, A Student Casebook to Issues, Sources, and Historical Documents, Westport Connecticut 1999.
Rau, R. F., Jerome D. Salinger "The Catcher in the Rye", Annotations and Study Aids, Stuttgart 1999.

(7) Spinnen, B., Das absolute Kind, Endlich neudeutsch: J.D. Salingers „Der Fänger im Roggen", in: Süddeutsche Zeitung vom 17.03.2003.
Steinle, P. H., In Cold Fear, The Catcher in the Rye, Censorship Controversies and Postwar American Character, Columbus Ohio 2000.

(8) Zapf, H., Logical Action in Salinger's Catcher in the Rye, in: College Literature, 12/1985, pp. 266–271.

Internetquellen

(9) http://www.wahlbrinck.de/catcherintherye/ext.htm, Wahlbrinck, B., The Catcher in the Rye, external aspects of "The Catcher in the Rye", aus dem Internet entnommen am 24.05.2012
http://www.wahlbrinck.de/catcherintherye/int.htm , Wahlbrinck, B., The Catcher in the Rye, internal aspects of "The Catcher in the Rye", aus dem Internet entnommen am 24.05.2012
http://www.euronet.nl/users/los/tcitr.html, Los, M. & Dunning, C., The Catcher in the Rye Pages – Home, aus dem Internet entnommen am 21.07.2007
http://www.angelfire.com/journal2/afdiary/, Morine, S., Exploring The Catcher in the Rye, aus dem Internet entnommen am 24.05.2012

(10) http://www.unz.org/Pub/SaturdayRev-1951jul14-00012?View=PDF, Smith, H., Manhattan Ulysses, Junior, The Catcher in the Rye, By J. D. Salinger, Saturday Review of Literature, July 14, 1951, aus dem Internet entnommen am 21.05.2012

Sonstige Quellen

(11) Wahlbrinck, B. (2012), Erfahrungen mit dem Einsatz des Romans "The Catcher in the Rye" im Unterricht am Emsland-Gymnasium in Rheine. Interview geführt am 21.03.2012.

Beispiel (2)   Literatur- und Quellenverzeichnis einer Facharbeit im Fach Biologie

8 Literatur- und Quellenverzeichnis

Literatur

BALTIMORE, D. und HEILMAN, C. (1998): Wie nahe ist ein HIV-Impfstoff? In: Spektrum der Wissenschaft, 10, S. 36–42.

BRÜNING, A. (2005): Das Gute an der Seuche. Epidemien im Mittelalter förderten eine Genveränderung, die vor AIDS schützt. In: Berliner Zeitung, 31.03.2005, Wissenschaft, S. 15.

⑫ DAH und HAS (Deutsche AIDS-Hilfe e.V. und HIV-Arbeitskreis Südwest) (Hrsg.) (2003): HIV und AIDS. Ein Leitfaden für Ärzte, Apotheke, Helfer und Betroffene. 5. Auflage. Berlin: Springer.

KRÄUSSLICH, H.-G.und MÜLLER, B. (2004): Wettrüsten gegen ein mörderisches Virus. In: Spektrum der Wissenschaft, 4, S. 34-41.

HOOD, L. (1995): Biologie und Medizin im 21. Jahrhundert. In: KEVLES, D. J. & HOOD, L. (Hrsg.): Die genetische Karte des Menschen. Frankfurt a. M.: Insel, S. 156–183.

KURTH, R. und NORLEY, S. (1997): Hindernisse und Fortschritte in der Entwicklung eines Impfstoffes gegen AIDS. In: Spektrum der Wissenschaft, Dossier 3/97, S. 91–94.

MODROW, S. et al. (2010): Molekulare Virologie. 3. Auflage. Heidelberg: Spektrum Akademischer Verlag.

MÖLLING, K. (1988): Das AIDS-Virus. Weinheim: VCH.

NYE, K. E. und PARKIN, J. M. (1995): HIV und AIDS. Die molekularbiologischen Grundlagen. Heidelberg: Spektrum Akademischer Verlag.

QUAST, U. et al. (1997) : Impfreaktionen. Stuttgart: Hippokrates.

RUDOLPH, S. (2007): HIV und AIDS in Afrika. Saarbrücken: VDM Verlag Dr. Müller.

SENGBUSCH, P. von (1979): Molekular- und Zellbiologie. Berlin: Springer.

Internetquellen

⑬ http://chemie-im-alltag.de (24.05.2012). REISER, O. (o.J.): Impfstoff gegen AIDS-Virus zeigt Wirkung? http://chemie-im-alltag.de/articles/0046/index.html

http://www.rki.de (24.05.2012). ROBERT KOCH-INSTITUT (Hrsg.) (2012): HIV/AIDS in Deutschland – Eckdaten der Schätzung, Stand: Ende 2011. http://www.rki.de/DE/Content/InfAZ/H/HIVAIDS/Epidemiologie/Daten_und_Berichte/EckdatenDeutschland.pdf?__blob=publicationFile

http://www.wissenschaft.de (23.05.2012). HILBERT, C. (2007): Forscher entdecken natürlichen HIV-Blocker. Meldung vom 20.04.2007. http://www.wissenschaft.de/wissenschaft/news/277251

⑭ http://www.wissenschaft-online.de (20.07.2007a). JAHN, A. (2003): Virales Danaergeschenk. Tarnen sich HI-Viren mit menschlichen Membranhüllen? In: Spektrumdirekt, 29.08.2003. http://www.wissenschaft-online.de/abo/ticker/622591

http://www.wissenschaft-online.de (20.07.2007b). WETZLER, C. D. (2002): Trickreiche Tarnung. Wie das HI-Virus die Immunabwehr umgeht. In: Spektrumdirekt, 12.12.2002. http://www.wissenschaft-online.de/artikel/612573

http://www.zeit.de (25.05.2012). RICHTHOFEN, D. von: Die Pille davor. Aids-Medikamente schützen Gesunde bei riskantem Sex – eine umstrittene Prophylaxe. In: DIE ZEIT vom 05.01.2012. http://www.zeit.de/2012/02/Aids-Medikament

Sonstige Quellen

⑮ MICROSOFT (Hrsg.) (2006): Encarta®Enzyklopädie 2007. Artikel: Retrovirus, Human Immunodeficiency Virus (HIV). CD-ROM.

⑯ HOFFMANN, T. und CZIEPLUCH, C. (1994): AIDS. Aufbau, Vermehrung und Nachweis von HIV. VHS-Video. Heidelberg: Spektrum Akademischer Verlag.

Layoutvariante 2: Einträge in das Literatur- und Quellenverzeichnis bei Verwendung des naturwissenschaftlichen Belegverfahrens

Textquelle	Form der Quellenangabe	Beispiele
Ein Buch – ein Autor	NACHNAME, abgek. Vorname (Erscheinungsjahr): Titel des Buches. Untertitel. [Gegebenenfalls: Reihe Band.] Auflage. Erscheinungsort: Verlag.	HAFTENDORN, D. (2016): Mathematik sehen und verstehen. Schlüssel zur Welt. 2. Auflage. Berlin: Springer Spektrum.
Ein Buch – zwei Autoren	NACHNAME, abgek. Vorname und NACHNAME, abgek.Vorname (Erscheinungsjahr): Titel des Buches. Untertitel. [Gegebenenfalls: Reihe Band.] Auflage. Erscheinungsort: Verlag.	PINEL, P.J. und PAULI, P. (2017): Biopsychologie. Pearson Studium – Psychologie. 8. Auflage. Hallbergmoos: Pearson.
Ein Buch – drei oder mehr Autoren	NACHNAME, abgek. Vorname des ersten Autors et al. (Erscheinungsjahr): Titel des Buches. Untertitel. [Gegebenenfalls: Reihe Band.] Auflage. Erscheinungsort: Verlag	BROWN, T.L. et al. (2018): Chemie. Studieren kompakt. Pearson Studium – Chemie. Hallbergmoos: Pearson.
Wörterbücher und Lexika	HERAUSGEBER (Hrsg.) (Erscheinungsjahr): Titel. Band. Auflage. Artikel oder Stichwort. Erscheinungsort: Verlag.	BROCKHAUS-LEXIKONREDAKTION (Hrsg.) (2003): Brockhaus Universallexikon. Band 1. Artikel: Aids. Leipzig: F.A. Brockhaus. ⑮
Aufsatz in einem Sammelband (ein Buch, ggf. mit einem/mehreren Herausgeber/n, in dem Aufsätze verschiedener Autoren enthalten sind)	NACHNAME, abgek. Vorname (Erscheinungsjahr): Titel des Aufsatzes. Untertitel des Aufsatzes. In: NACHNAME, abgek. Vorname (Hrsg.): Titel des Sammelbandes. Untertitel des Sammelbandes. Erscheinungsort: Verlag, Seite Anfang und Ende des Aufsatzes.	NISSEL, H. (2006): Bombay/Mumbai: Stadterweiterung und Stadtumbau einer „Globalizing City". In: AHUNA, R. und BROSIUS, C. (Hrsg.): Mumbai – Delhi – Kolkata. Annäherung an die Megastädte Indiens. Heidelberg: Draupadi, S. 19–34.
Aufsatz in einer Zeitschrift	NACHNAME, abgek. Vorname (Erscheinungsjahr): Titel des Aufsatzes. Untertitel. In: Name der Zeitschrift, Nummer des Heftes, Seite Anfang und Ende des Aufsatzes.	BOYLE, R. (2018): Planetologie – Wie entstand der Mond? In: Spektrum der Wissenschaft, 2.18, S. 53–58.
Artikel in einer Zeitung (mit Angabe des Autors)	NACHNAME, abgek. Vorname (Erscheinungsjahr): Titel des Artikels. Untertitel. In: Name der Zeitung, Erscheinungsdatum, Seite(n).	HOBOM, B. (2007): Armes Grün. Wie Gentechnik zur Mangelernährung führt. In: Frankfurter Allgemeine Zeitung, 18.07.2007, N 1.
Artikel in einer Zeitung (ohne Angabe d. Autors)	NAME DER ZEITUNG (Erscheinungsdatum): Titel des Artikels. Untertitel. Seite.	MÜNSTERLÄNDISCHE VOLKSZEITUNG (24.08.2018): Dem Wind auf der Spur. Satellit „Aeolus" soll Wettervorhersage verbessern. S. 8.
Internetdokument (mit Autor und Datum der Einstellung)	Kurz-URL (Entnahmedatum). NACHNAME DES AUTORS, abgek. Vorname (Erscheinungsjahr): Titel des Dokuments. Untertitel. [Gegebenenfalls: In: Zeitung/Zeitschrift, Datum der Meldung.] Vollständige URL.	https://www.zeit.de (24.08.2018). SCHMITT, S. (2018): Die Hitze vom Nordpol. In: Zeit online, 01.08.2018. https://www.zeit.de/2018/32/meteorologie-nordpol-sommer-hitze-trockenheit
Internetdokument (ohne Autor u. ohne Datum der Einstellung)	Kurz-URL (Entnahmedatum). INSTITUTION: Titel des Dokuments. Untertitel. Vollständige URL.	https://de.wikipedia.org (24.08.2018). Wikipedia®: London. https://de.wikipedia.org/wiki/London
Sonderfälle	siehe Seite 101	⑫, ⑮, ⑯

Tab. 7.3: Beispielhafte Einträge im Literatur- und Quellenverzeichnis nach dem naturwissenschaftlichen Belegverfahren.

7.6 Checklisten: Richtiges Zitieren

Prüfkriterien für direkte Zitate   o.k

Der zitierte Text wurde in Anführungszeichen gesetzt.

Der zitierte Text wurde wortgenau übernommen.

Auslassungen und Ergänzungen wurden kenntlich gemacht.

Das Zitat wurde mit einem Quellenbeleg versehen.

Die zitierte Quelle wurde im Literatur- und Quellenverzeichnis aufgeführt.

Das Zitat steht nicht isoliert da, wird in den Zusammenhang des Facharbeits-/ Referattextes eingebettet. Das heißt, der zitierte Text wird ausgewertet, kommentiert, interpretiert oder durch vertiefende eigene Ausführungen ergänzt. Er dient also nicht nur als Ersatz für eine eigene Textformulierung.

Das direkte Zitat ist aussagekräftig und gibt nicht einfach Banalitäten oder Allgemeinplätze wieder, die man leicht auch mit eigenen Worten hätte formulieren können.

Das Zitat passt in den Kontext des übrigen Textes.

Das Zitat ist nicht zu lang, enthält nicht zu viele verschiedene Facetten. Den Lesern wird klar, welche konkrete Bedeutung das Zitat in der Arbeit hat. Lange Zitate sind nur zulässig, wenn sie ausführlich interpretiert und erläutert werden.

Das Zitat ist vollständig. Es endet nicht etwa, bevor der Kerngedanke bzw. die beweiskräftige Stelle überhaupt genannt wurde.

Der Sinnzusammenhang, in den das Zitat gestellt wird, ist ähnlich dem Sinnzusammenhang in der Ursprungsquelle. Damit wird dem „Geist" des zitierten Textes Rechnung getragen.

Tab. 7.4: Checkliste: Direkte Zitate – korrekt gestaltet

Prüfkriterien für indirekte Zitate   o.k

Das Zitat wurde mit einem Quellenbeleg versehen.

Die zitierte Quelle wurde im Literatur- und Quellenverzeichnis aufgeführt.

Der zitierte Text wurde nicht wortgetreu übernommen. Bei indirekten Zitaten muss der Ursprungstext mit eigenen Worten zusammengefasst und wiedergegeben werden. Man darf also nicht zu nahe am Wortlaut des Ausgangstextes bleiben.

Der zitierte Ursprungstext wird durch die Umformulierung nicht im Sinn verfälscht. Die Aussage oder Absicht des Autors der Ausgangsquelle wird treffend wiedergegeben. Um dies zu erreichen, muss man den Ursprungstext vor dem Zitieren genau erfassen und dessen Inhalt verstanden haben.

Das Zitat wurde in den Text der Facharbeit/des Referats eingebettet. Zwischen den indirekten Zitaten gibt es Überleitungen und Zwischentexte. Merke: Ein Text, der nur aus aneinandergereihten indirekten Zitaten besteht, wirkt spröde und enthält zumeist auch Brüche und Gedankensprünge.

Tab. 7.5: Checkliste: Indirekte Zitate – korrekt gestaltet

⊙ **Plagiate vermeiden:** Wissenschaftlich korrekt arbeiten heißt auch, die geistige Leistung Anderer respektieren. Will man also Texte, Diagramme oder Tabellen aus fremden Quellen in das eigene Werk übernehmen, so muss man stets auch den Ursprungsautor angeben. Dies gilt für alle benutzten Fremdquellen, also sowohl für Literatur als auch für Internetquellen oder Fotos.

⊙ **Formen des Zitierens:** Die kenntlich gemachte Übernahme von Inhalten fremder Quellen bezeichnet man als Zitat. Hier gibt es zwei Formen: das wörtliche, direkte Zitat und das sinngemäße, indirekte Zitat.

⊙ **Direkte Zitate:** Wörtliche Übernahmen aus fremden Werken darf es in einer Facharbeit / einem Referat nur in begrenztem Umfang geben (ca. 5 % des Gesamttextes). Sie müssen zudem bestimmten Anforderungen genügen. In Facharbeiten sind dies: a) Direkte Zitate müssen aussagekräftig sein. b) Sie dürfen nicht verändert werden (wortwörtliche Übernahme). c) Der Text ist in Anführungszeichen zu setzen. d) Am Ende muss die Angabe der Ursprungsquelle stehen (Quellenbeleg).

In einem Referat müssen direkte Zitate durch eine Eingangs- und Endfloskel eingegrenzt und mit einer Quellenangabe versehen werden.

⊙ **Indirekte Zitate:** Weite Teile einer Facharbeit/eines Referats sind ein Destillat der Fakten, Ideen und Gedanken aus verschiedenen Textquellen, mithin also eine sinngemäße Übernahme der Informationen fremder Quelle. Eine solche wird als indirektes Zitat bezeichnet. Indirekte Zitate weisen bestimmte Kennzeichen auf. In Facharbeiten sind dies: a) Sie werden vom Verfasser in eigenen Worten formuliert. b) In ihnen können die Informationen verschiedener Fremdquellen verschmelzen. c) Sie werden nicht in Anführungszeichen gesetzt. d) Zu Beginn, im Text oder am Ende eines indirekten Zitates muss die Angabe der benutzten Ursprungsquellen stehen (Quellenbeleg).

In Referaten werden indirekte Zitate nicht gekennzeichnet. Die benutzten Quellen werden am Ende des Referates bzw. im Handout aufgeführt.

⊙ **Quellenbelege:** Direkte wie indirekte Zitate müssen eine Angabe des Ursprungsautors enthalten. Gängige Formen solcher Quellenbelege sind: a) Das naturwissenschaftliche Belegverfahren (Harvard-Verfahren). Hier erfolgt die Angabe des Ursprungsautors in Form eines Kurzbeleges im laufenden Text (→ Seite 91 ff.). b) Das geisteswissenschaftliche Belegverfahren. Hier werden die Ursprungsquellen in Fuß- oder Endnoten angegeben (→ Seite 94 ff.).

⊙ **Literatur- und Quellenverzeichnis:** Dieses steht am Ende einer Facharbeit oder eines Referat-Handouts. Hier werden alle benutzten Quellen in alphabetischer Reihenfolge und mit möglichst vollständigen Angaben aufgeführt (→ Seite 99 ff.).

Überblick

8 Eigene Forschungsarbeit

Sie haben den Drang, den Dingen auf den Grund zu gehen? Sie wollen lieber selbst aktiv sein, als sich durch Stapel von Büchern zu lesen? Dann ist eine Facharbeit für Sie die Richtige, bei deren Erstellung Sie selbst forschend tätig werden können. Egal, ob Sie im Labor arbeiten, eine Kartierung oder Umfrage durchführen oder Zeitzeugen interviewen – stets gelten für Planung, Durchführung, Auswertung und Dokumentation Ihrer Forschungstätigkeit die gleichen Regeln. Diese stellt Ihnen Kapitel 8 vor.

8.1 Genereller Ablauf

Viele Referate und insbesondere auch Facharbeiten haben nicht die Auswertung von Textquellen, sondern die Gewinnung und Auswertung eigener Forschungsergebnisse zum Gegenstand. Hier geht es darum, eine aufgeworfene Forschungsfrage bzw. ein Problem mithilfe eigener Untersuchungen, Befragungen, Experimente oder sonstiger praktischer Arbeiten zu beantworten bzw. zu lösen. Dabei geht man prinzipiell in fünf Schritten vor:

- ⊙ **Schritt 1 – Problembenennung.** Ausgangspunkt kann z. B. das Lesen eines Textes, eine Fernsehsendung, eine Alltags- oder Unterrichtssituation sein. Hier taucht eine bestimmte Frage oder ein Problem auf. Diese Frage bzw. dieses Problem wird nun möglichst präzise formuliert (= Forschungsfrage, wissenschaftliche Fragestellung). Beispiele könnten sein: „Wie hat sich der Unterricht an meiner Schule im Fach Deutsch in den letzten 30 Jahren verändert?" oder „Welche heimischen Obstsorten haben den höchsten Vitamin-C-Gehalt?"
- ⊙ **Schritt 2 – Forschungsplanung.** Hat man die Forschungssfrage formuliert, so muss man nun die Schritte planen, mit denen man zu einer Antwort auf diese Frage gelangt. In manchen Fällen wird man dazu zunächst Vermutungen über mögliche Antworten anstellen (= Lösungshypothese(n) erstellen). Dann formuliert man das Forschungsziel, wählt die geeignete Forschungsmethode und legt den Forschungsablauf fest (Arbeitsplan, → Seite 112).
- ⊙ **Schritt 3 – Forschungsdurchführung.** Hier werden die zuvor geplanten Forschungsschritte unter Anwendung der gewählten Forschungsmethoden durchgeführt. Die Ergebnisse werden in geeigneter Form festgehalten (schriftlich, filmisch, als Skizze, in einem Tondokument usw.).
- ⊙ **Schritt 4 – Auswertung der Ergebnisse.** Mithilfe geeigneter Verfahren werden sodann die erhalten Forschungsergebnisse (Rohdaten) ausgewertet.

Dazu gehört gegebenenfalls auch deren Umarbeitung (z. B. filmisches Material in einen gedruckten Text) oder Aufbereitung (z. B. Zusammenfassung von Rohdaten und grafische Darstellung der zusammengefassten Werte).

- **Schritt 5 – Nutzung der Ergebnisse.** Im letzten Schritt werden nun die erhaltenen Forschungsergebnisse dazu genutzt,
  - die Ausgangsfrage zu beantworten/das Ausgangsproblem zu lösen;
  - die im Schritt 2 formulierten Hypothesen zu bestätigen (verifizieren) oder zu widerlegen (falsifizieren);
  - ggf. bekannte Regeln/Theorien zu bestätigen;
  - ggf. eine Verallgemeinerung der Ergebnisse vorzunehmen und daraus eine neue Regel, Gesetzmäßigkeit oder Ähnliches ableiten;
  - ggf. neue Problemfragen aufzuwerfen.

Die Möglichkeit zu eigener Forschung bietet sich prinzipiell in fast allen Fächern. Gegenüber reiner Literaturarbeit hat der Einbezug eigener Forschung in ein Referat/eine Facharbeit aber einige markante Vor- wie auch Nachteile.

> Bevor Sie ein Arbeitsthema wählen, dessen Bearbeitung eigene Forschungstätigkeit erfordert, sollten Sie genau überlegen, ob aus Ihrer Sicht die Vorteile oder die Nachteile einer solchen Arbeit überwiegen.

Vorteile

- Eigene Forschung beinhaltet einen hohen Motivationseffekt. Es macht in der Regel Spaß, sie zu planen, durchzuführen und die mit Spannung erwarteten Ergebnisse auszuwerten.
- Sie ermöglicht die praktische Einübung von Methoden, die in der Schule ansonsten eher selten angewendet werden.
- Sie stellt damit eine gute Vorbereitung für das Studium dar. Arbeiten mit einem Anteil eigener Forschung entsprechen den forschungsorientierten Seminar- und Abschlussarbeiten, die man an der Hochschule in vielen Fächern (allerdings eher im Masterstudium) zu erstellen hat.

Nachteile

- Eigene Forschungsarbeit muss sehr sorgfältig geplant und durchgeführt werden.
- Sie ist in vielen Fällen deutlich zeitaufwendiger als eine reine Literaturarbeit.
- Sie kann unter Umständen zu einem nicht befriedigenden Ergebnis führen oder sogar ganz fehlschlagen. Man benötigt also eventuell eine hohe Frustrationstoleranz.
- Man muss hier oftmals Arbeitstechniken anwenden, die zuvor im Schulalltag noch nicht besonders intensiv eingeübt worden sind (anders als die Auswertung schriftlicher Quellen) und darf sich dabei von der ungewohnten Arbeitssituation nicht verunsichern lassen.

8.2 Planung

Forschung muss, auch um zeitliche Fehleinschätzungen zu vermeiden, sorgfältig geplant werden. Diese Planung beinhaltet

① die Formulierung des Forschungszieles,

② die Wahl der geeigneten Methode(n),

③ die Planung des Ablaufs der Forschungsarbeiten.

Forschungsziel

Am Beginn Ihrer Forschungsarbeit steht einer der folgenden vier Ausgangspunkte:

① ein aufgeworfenes Problem

② eine gestellte Frage

③ eine aufgestellte Hypothese

④ ein konkreter Forschungsauftrag

Forschungsfrage = eine Frage, die man mithilfe eigener Forschung beantworten möchte. Eine gute Forschungsfrage ist:
– eine W-Frage,
– offen gestellt (keine Ja-Nein-Frage),
– nicht zu weit und nicht zu eng gefasst,
– in einem Satz formuliert,
– so formuliert, dass Ihre Beantwortung Forschungsarbeit erfordert
– für den Forscher/die Forscherin spannend zu bearbeiten

Legen Sie hiervon ausgehend Ihr konkretes Forschungsziel fest. Formulieren Sie dazu eine möglichst konkrete *Forschungsfrage*, die Sie durch Ihre Arbeit beantworten wollen. Folgende Leitfragen können Ihnen dabei helfen:

⊙ Was wollen Sie konkret mit Ihrer Forschungsarbeit erreichen?

⊙ Was soll konkret überprüft oder nachgewiesen werden?

⊙ Was wollen Sie beweisen oder widerlegen?

Halten Sie den Ausgangspunkt Ihrer Überlegungen sowie das daraus abgeleitete Forschungsziel schriftlich fest (z. B. im Arbeitstagebuch → Seite 16 f.).

Forschungsmethoden

Im zweiten Schritt sollten Sie dann überlegen, *wie* Sie das gesteckte Ziel erreichen können. Leitfragen können hierbei sein:

⊙ Welche Forschungsmethoden können Informationen/Daten/Fakten zum Erreichen des Forschungszieles liefern?

⊙ Welche Besonderheiten sind bei den gewählten Methoden zu beachten?

⊙ Welche konkreten Arbeitsschritte müssen unternommen werden?

⊙ Wie sieht eine sinnvolle Reihenfolge dieser Arbeitsschritte aus?

Zur Beantwortung der ersten beiden Fragen sollten Sie

⊙ überlegen, welche Arbeitsmethoden Ihnen aus dem Unterricht bekannt sind; beziehen Sie dabei alle Schulfächer in die Überlegungen ein.

⊙ sich in der Fachliteratur über mögliche Methoden, Versuchsansätze, Experimente usw. informieren.

⊙ gegebenenfalls die Sie betreuende Lehrkraft um Literaturhinweise bzw. um Hilfestellung bitten.

Methoden für die eigene Forschungsarbeit sind unter anderem:

- **Beobachtungen und Untersuchungen**, z. B.
  - Beobachtung und Dokumentation einer Mondfinsternis
  - Beobachtung des Sozialverhaltens in einer Kindergartengruppe
  - Beobachtung des Verhaltens von Fahrradfahrern an einer Radwegbaustelle
  - Analyse der Effizienz ausgewählter Suchmaschinen im Internet
  - Vogelbeobachtungen in einem Waldgebiet
  - Untersuchung chemischer Parameter in einem Baggersee
  - Untersuchung der Bodengegebenheiten in zwei verschiedenen Waldgebieten

- **Experimente**, z. B.
  - Experimente zu Beugung und Interferenz von Licht
  - Experimente zur Ermittlung der Photosyntheseleistung von Blaualgen bei Licht verschiedener Wellenlängen
  - Experimente zur Ermittlung des Nitratgehaltes von Nahrungsmitteln

- **Bau eines Modells und Modellreflexion**, z. B.
  Planung, Bau und Reflexion eines Modells
  - zur Funktionsweise eines quergestreiften Muskels
  - zur Simulation von Starkregenfolgen im Gebirge bei unterschiedlicher Hangneigung und Bodenbedeckung

- **Begehungen, Erkundungen, Kartierungen**, z. B.
  - Begehung eines Öko-Winzerbetriebes
  - Erkundung des Arbeitsablaufes in der Lokalredaktion einer Tageszeitung
  - Kartierung der Geschäfte in der Innenstadt von …
  - Kartierung des Pflanzenbestandes zweier von ihren Bodengegebenheiten her unterschiedlicher Brachflächen

- **Umfrage**, z. B.
  - Umfrage unter den Schülern einer ausländischen Partnerschule zu den Lernbedingungen vor Ort
  - Umfrage unter Busfahrgästen hinsichtlich ihrer Fahrgewohnheiten und ihrer Meinung zur Qualität des öffentlichen Nahverkehrs in ihrer Heimatstadt
  - Umfrage unter Passanten zu ihrer Interpretation und Bewertung eines ausgestellten Kunstwerks
  - Umfrage unter den Kunden eines Reisebüros über deren Vorstellungen von einem idealen Urlaubsziel

- **Befragungen und Interviews**, z. B.
  - Befragung von Lokalpolitikern zum soeben eingebrachten Flächennutzungsplan

Abb. 8.1: Experimentelles Arbeiten ist einerseits eine Methode, die sehr viel Spaß machen kann, andererseits ist es mitunter mühsam, zu verwertbaren Ergebnissen zu kommen.

- Befragung zweier Professoren der Universität … zu den Möglichkeiten und Problemen einer Zusammenarbeit von Universität und Industrie
- Befragung von Ingenieuren der Windkraftanlagen-Firma … zu den hier gefertigten Windrädern, ihrer Aufstellung und zu möglichen Nutzungsproblemen
- Befragung eines Försters zu den Waldschäden im Revier … und deren Entwicklung innerhalb der letzten 10 Jahre
- Interviews mit Zeitzeugen zur Lernsituation an der …-Schule 1933 – 1939
- Interviews mit Schülerinnen und Schüler der Partnerschule in Frankreich oder Großbritannien zu ihrem Wissen über Deutschland per E-Mail (in der jeweiligen Landessprache)

⊙ **Auswertung von Archivmaterial und Originalquellen**, z. B.

- Auswertung von Dokumenten zur Baugeschichte der Stadtkirche im Kirchenarchiv und im Archiv der Heimatstadt
- Auswertung von Tagebuchaufzeichnungen der Großmutter aus den Jahren 1945 – 1955 zur Lebenssituation in den Gründerjahren der Bundesrepublik Deutschland
- Auswertung von Fernsehreportagen zu Afrika, die vom 1. 2. bis 1. 4. ausgestrahlt wurden, hinsichtlich Thematik und Intention
- Auswertung eines aktuellen, bisher noch nicht sprachlich untersuchten Buches unter einer bestimmten sprachtheoretischen Fragestellung
- Analyse der filmischen Umsetzung des Buches *Timeline* von M. Crichton im gleichnamigen Film des Regisseurs R. Donner

Arbeitsplan

Sie können den Arbeitsplan in Ihrem Arbeitstagebuch, einem separaten Forscherheft oder mit Hilfe einer entsprechenden Planungsapp in Ihrem Smartphone festhalten (→ Seite 16 bzw. Seite 115).

Haben Sie sich für eine oder mehrere Methoden entschieden, mit deren Hilfe Sie Ihr Forschungsziel erreichen wollen, so können Sie sich an die Planung der notwendigen Arbeitsschritte machen. Das Ergebnis Ihrer Überlegungen sollte ein konkreter verschriftlichter *Arbeitsplan* sein, in dem Sie die methodischen, technischen und zeitlichen Aspekte Ihrer geplanten Forschungsarbeit festhalten. Die Liste auf Seite 114 enthält einige Fragen, deren Beantwortung bei der Erstellung Ihres Arbeitsplanes hilfreich sein könnte. Auf der gegenüberliegenden Seite ist zudem ein beispielhafter Ausschnitt aus einem solchen Arbeitsplan dokumentiert. Der Arbeitsplan bildet die Richtschnur für Ihre Forschungsarbeit. Er ist aber nicht unumstößlich, sondern muss bei auftretenden Problemen immer wieder neu der jeweiligen Gesamtsituation angepasst werden.

| Tipp | Sie sollten eine Kopie dieses Planes gut sichtbar in der Nähe Ihres Schreibtisches aufhängen – als Gedächtnisstütze für eventuelle Fixtermine. |

Arbeitsplan zur Untersuchung von Revierverhalten und Kommunikation bei Kampffischen (Betta splendens)

Beispiel: Erste Seite eines Arbeits- planes im Fach Biologie

Vorbereitung

21.5. Aufstellen zweier großer Aquarien (aus Schule) in der Biologiesammlung direkt nach dem Unterricht. Frau Dr. Müller schließt auf. Ausmessen der Aquarien für Plastiktrennwände und Pappe. Nachmittags besorgen von schwarzer Pappe und Klebeband (zum Abdunkeln Aquarien außen) und von schwarzen Plastikschubern zum Unterteilen der Aquarien (→ Bürobedarfshandlung Sauser). Bestellung von vier Kampffischmännchen und zwei Kampffischweibchen in Zoohandlung Gluck.

22.5. ab 15.00 Uhr Einrichten Aquarien. Frau Dr. Müller schließt auf und hilft falls notwendig. Anbringen von Führelementen für Aquarienunterteilung (Material Biologiesammlung; Silikonkleber mitbringen aus Vaters Werkkeller). Unterteilen Aquarien in drei gleich große Abteilungen durch Plastiktrennwände in Führele- menten. Abkleben der Aquarien außen mit schwarzer Pappe um Störungen von außen auszuschalten. Einrichten der Aquarien (Pumpen + Heizungen + Dreifach- stecker aus Schule). Keine Bepflanzung.
Bereitlegen von Kescher und Glasstäben (Biologiesammlung).

23.5. nachmittags Abholen Kampffische in Zoohandlung Gluck. Futter mitbringen. Kosten: Biologieetat/ich 50 : 50. Hausmeister Kruse schließt Biologiesammlung um 16.00 Uhr auf. Einsetzen der Kampffische in die Aquarien. Einsetzschema:

| | Männchen | Männchen | Weibchen |

roter Punkt auf Pappe →

25.5. 15.30 Uhr Installation Digital-Videokamera + Beleuchtung auf Stativ (Kamera, Lampen, Stative aus Schule). Probeaufnahmen. Frau Dr. Müller schließt auf. Fütterung Kampffische jeden Morgen vor Unterricht. Am Abend und am Wochenende füttert Hausmeister Kruse.

26.5. zu Hause Spiegel in eingekerbten Rohrstock einpassen und befestigen für Attrappenversuche (Material Werkkeller Vater)

Untersuchung

29.5. 15.00 Uhr Treffen mit Frau Dr. Müller vor Biologiesammlung. Beobachtung Ruheverhalten der Kampffische in den Abteilungen der Aquarien. Je Kampffisch 10 min. Achten auf Bewegung, Körperhaltung, Flossenschlag, Farbe, Kiemen Dokumentation: Videokamera + Diktiergerät (Smartphone) + Forscherheft.

30.5. 15.00 Uhr Treffen mit Hausmeister Kruse vor Biologiesammlung. Untersu- chung Verhalten Kampffischmännchen bei gegenseitiger Sichtung. Bereitlegen Kescher und Glasstäbe. Herausziehen Trennwände zwischen den Männchen im ersten Aquarium. Beobachten.
Fragen zur Beobachtung:
– Wie schnell reagieren Männchen aufeinander?
– Wie sehen die Reaktionen aus?

Falls Sie auf die Mithilfe von Lehrkräften, Hausmeistern, Experten, Zeitzeugen oder anderen Personen angewiesen sind, sollten Sie Ihren Arbeitsplan exakt mit diesen Personen abstimmen. Halten Sie bei der Umsetzung die abgesprochene Zeitplanung genau ein. Es gibt kaum etwas Ärgerlicheres für eine vielbeschäftigte Lehrkraft oder einen Hausmeister, als bei einem vereinbarten Treffen feststellen zu müssen, dass die Schülerin oder der Schüler den Termin offenbar vergessen hat.

Als „Service" für die Personen, deren Assistenz Sie benötigen, können Sie diesen eine schriftliche Übersicht über die Termine zusammenstellen, an denen ihre Hilfe gewünscht bzw. notwendig ist.

Nachfolgend einige Fragen, die bei der Erstellung des Arbeitsplanes hilfreich sein können.

Welche *Hilfsmittel* werden benötigt (Geräte und Materialien für Experimente, Mikroskop mit Fotoaufsatz, Videokamera, Fotokamera, Computer usw.)?

Welche dieser *Hilfsmittel* kann die Schule bereitstellen, welche müssen Sie selbst besorgen?
Wo können Sie diese gegebenenfalls besorgen?

Welche *Kosten* entstehen (z. B. für Fotoabzüge, für Fahrten, den Kauf von Versuchstieren, von Geräten und Chemikalien usw.)? Wer trägt diese Kosten – die Schule, Sponsoren, Sie selber?

Welcher *Zeitrahmen* ist für die einzelnen Arbeitschritte anzusetzen?
Planen Sie hier großzügig. Kalkulieren Sie ein, dass Experten oder Zeitzeugen, die Sie befragen wollen, unter Umständen einen vollen Terminkalender haben oder in Urlaub fahren, dass Begehungen/Kartierungen beim ersten Mal wegen schlechten Wetters abgebrochen werden müssen oder Experimente schiefgehen und wiederholt werden müssen.

Welche *Zeitvorgaben* sind zu beachten?
Wollen Sie in Archiven arbeiten, so erkundigen Sie sich frühzeitig nach deren (manchmal recht ungewöhnlichen) Öffnungszeiten. Klären Sie auch ab, in welchem Zeitfenster Beobachtungen möglich oder Umfragen sinnvoll sind. Behalten Sie schließlich auch die insgesamt für die Facharbeit/das Referat zur Verfügung stehende Zeit im Auge.

Benötigen einzelne Arbeitschritte *Vorlaufzeiten*?
Dies könnten z. B. sein: Bestellzeiten für Geräte und Chemikalien, Zeit zum Einholen einer Umfrageerlaubnis, Zeit zum Aufspüren von Zeitzeugen oder Bestellzeiten für bestimmte Film-DVDs. Berücksichtigen Sie solche Vorlaufzeiten großzügig in Ihrer Zeitplanung.

Bei *Arbeiten in der Schule*: Wie erhalten Sie am Nachmittag oder am Wochenende Zugang zu Material und Fachräumen? Muss die Sie betreuende Lehrkraft während Ihrer Experimente und Untersuchungen anwesend sein?
Falls ja, müssen Sie Ihren Arbeitsplan eng mit der Lehrerin oder dem Lehrer abstimmen.

Welche *rechtlichen Probleme* könnten auftreten und müssen vor Forschungsbeginn geklärt werden?
Müssen z. B. Genehmigungen für Begehungen, Probeentnahmen, Kartierungen, Befragungen und Umfragen eingeholt werden? Geben interviewte Zeitzeugen die Erlaubnis zur Verwendung von Foto- und Tonmaterial, das Sie bei Ihren Interviews aufgenommen haben? Gilt diese Erlaubnis für Ihre Arbeit inklusive einer eventuellen öffentlichen Präsentation? Lassen Sie sich die Erlaubnis schriftlich bestätigen.

Welche *Sicherheitsstandards* müssen Sie einhalten?
Diese Frage ist vor allem bei Experimenten in den Fächern Biologie, Chemie und Physik bedeutsam.

Wie wollen Sie die *Ergebnisse* Ihrer Forschung *erfassen* und *festhalten*?
Neben der in jedem Fall sinnvollen Führung eines Forscherheftes (→ Seite 115 f.) bieten sich hier unter anderem an: Computerausdrucke, Fotos, Videofilm, Tonaufzeichnungen, Protokollblätter, Fragebögen, Kartenskizzen.

Tab. 8.1: Hilfreiche Fragen bei der Erstellung Ihres Arbeitsplanes

8.3 Durchführung

Die konkrete Durchführung Ihrer Forschungsarbeit wird je nach Thema und gewählter Methode sehr unterschiedlich aussehen. Allen Forschungsarbeiten gemeinsam ist aber die Notwendigkeit, deren Verlauf und Ergebnis sorgfältig zu dokumentieren.

Dokumentation

Eine möglichst genaue Dokumentation ist bei eigener Forschungsarbeit deshalb so wichtig, weil die Informationsquelle hier äußerst vergänglich ist: Ein Tier wiederholt ein beobachtetes Verhalten nicht unbedingt. Eine Umfrage kann häufig kein zweites Mal durchgeführt werden. Zeitzeugen können wegziehen oder versterben. Deshalb gilt bei eigener Forschung: Was man nicht protokolliert und festhält, ist oftmals für immer verloren. Für die Dokumentation Ihrer Forschungsarbeit heißt dies:

- Die Dokumentation sollte möglichst detailliert erfolgen. Man kann nicht zu viele Informationen, wohl aber zu wenige festhalten!
- Insbesondere bei der schriftlichen Dokumentation ist darauf zu achten, Forschungsergebnisse wertungsfrei zu dokumentieren. Was zunächst zählt, sind Fakten und Daten. Erst im nächsten Schritt werden die Fakten und Daten dann ausgewertet und interpretiert.
- Festgehalten werden müssen:
  - Ausgangsfrage/-problem, Forschungsziel, Forschungsfrage und Arbeitsplan;
  - im Forschungsverlauf alle Abweichungen vom vorgesehenen Arbeitsplan und deren Gründe; diese Informationen benötigen Sie unter anderem für eine spätere Fehlerdiskussion;
  - Besonderheiten im Forschungsablauf wie z. B. besonders gelungene Arbeitsschritte, aber auch Störfaktoren und Fehlschläge;
  - die Ergebnisse der Forschungsarbeit.
- Dokumentieren Sie möglichst zeitnah, das heißt nicht erst eine Woche später aus dem Gedächtnis.
- Versehen Sie jede dokumentierte Information mit einem Datum (und, sofern von Bedeutung, der Uhrzeit). Häufig ist dies bei der späteren Auswertung eine wichtige Hilfe.

Mögliche Dokumentationsmedien:
- Das Arbeitstagebuch (→ Seite 16 f.) oder ein entsprechendes „**Forscherheft**". Hierunter versteht man einen Collegeblock oder ein gebundenes Heft, in dem alle Forschungsschritte schriftlich sowie in Form von Skizzen,

Zeichnungen usw. festgehalten werden. Neben dem Forschungsverlauf und den Forschungsergebnissen können Sie im „Forscherheft" auch bereits Auswertungs- und Interpretationsideen, persönliche Anmerkungen und Verbesserungsvorschläge notieren.

⊙ Interviews, Expertenbefragungen, Umfragen und Beobachtungen können Sie auf Tonträger, per Videokamera oder Smartphone dokumentieren. Insbesondere bei Interviews bietet dieses Verfahren den Vorteil, dass man die Antworten später in aller Ruhe abschreiben kann, ohne befürchten zu müssen, beim Mitschreiben entscheidende Aspekte zu verpassen. Wichtig ist es, dabei auf gute Tonqualität zu achten. Sie sollten das Aufnahmegerät vorher auf seine Tonqualität hin überprüfen und gegebenenfalls auch eine Tonprobe zu Beginn des Interviews oder der Beobachtung nehmen.

⊙ Für eine Dokumentation in Form von Bildern kommen Fotos und Videoaufnahmen infrage. Besonders unkompliziert ist hier der Einsatz der eigenen Smartphone-Kamera (→ Kapitel 2.5). Nutzen Sie hingegen unbekannte Geräte, so ist es wichtig, sich vorab mit deren Technik vertraut zu machen. Es ist ungünstig, erst bei der Elefantenbeobachtung im Zoo festzustellen, dass man den Schul-Camcorder nicht bedienen kann.

⊙ Neben den zuvor genannten gibt es je nach Forschungsarbeit noch weitere Dokumentationsverfahren: Kartenskizzen, Fragebögen, Ausdrucke von E-Mails, Dateien auf CD-ROM, DVD oder Memory-Stick usw.

Hinweise zu ausgewählten Forschungsmethoden

Bei Experimenten ist zu beachten

⊙ Exaktes Arbeiten ist oberstes Gebot. Dies gilt für die genaue Beschriftung benutzter Glasgeräte ebenso wie für das Abwiegen von Chemikalien.

⊙ Fertigen Sie von Ihrem Versuchsaufbau beschriftete Skizzen und gegebenenfalls Fotos an.

⊙ Die Ergebnisse Ihrer Experimente müssen reproduzierbar sein. Halten Sie sich daher genau an die Versuchsplanung/Versuchsvorschriften. Abweichungen müssen exakt beschrieben und begründet werden.

⊙ Beachten Sie die Sicherheitsstandards insbesondere beim Umgang mit Elektrizität, Radioaktivität und Chemikalien.

⊙ Entsorgen Sie Chemikalien und Abfälle fachgerecht (Lehrkraft fragen).

⊙ Nutzen Sie zur Dokumentation der Ergebnisse gegebenenfalls Protokollschemata. Dies ermöglicht eine übersichtliche Dokumentation der Versuchsergebnisse und erleichtert deren spätere Auswertung. Vermerken Sie auf jedem Protokollblatt Datum und Uhrzeit bzw. die Versuchsnummer als Ordnungsinformationen. Zudem auch die Rahmenbedingungen des jeweiligen Versuches und Besonderheiten der Versuchsanordnung.

Datum: _____ Versuchsnummer: _____

Rahmenbedingungen des Versuches: _____

_____

Besonderheiten der Versuchsanordnung/Abweichungen vom Versuchsplan:

_____

_____

Beispiel:
Protokoll-
schema,
einfach

Temperatur Wasserbad	Startzeit	Färbung nach 1'	Färbung nach 5'	Färbung nach 10'

Tierbeobachtungen und Untersuchungen

◉ Achten Sie hier auf eine möglichst artgerechte Haltung der Tiere. Halten Sie die Tierschutzbestimmungen ein.

◉ Denken Sie daran: Die Tiere sind an erster Stelle Lebewesen und erst an zweiter Stelle Versuchsobjekte!

◉ Sorgen Sie für eine regelmäßige Fütterung und die Säuberung der Halteboxen, Aquarien usw.

Wichtige Aspekte bei Umfragen

◉ Für Umfragen benötigen Sie in vielen Fällen eine Genehmigung (in der Schule vom Schulleiter, im Kaufhaus von der Geschäftsleitung, in der Stadt/ Gemeinde vom Ordnungsamt usw.). Sie sollten diese auch in schriftlicher Form bei sich tragen, um auf diesbezügliche Fragen gleich reagieren zu können.

◉ Legen Sie das Ziel Ihrer Umfrage fest und richten Sie den Fragenkatalog an diesem Ziel aus.

◉ Für diesen Fragenkatalog gilt:
  – Der Wortlaut der Fragen muss vor Beginn der Umfrage genau festgelegt werden.
  – Allen Befragten müssen die gleichen Fragen im gleichen Wortlaut gestellt werden (wichtig für mündlich durchgeführte Umfragen). Unterschiedliche Formulierungen können zu einer Verfälschung der Ergebnisse führen.
  – Formulieren Sie die Fragen klar und eindeutig. Vermeiden Sie hier missverständliche Begriffe und Formulierungen (Beispiele für nicht eindeutige Fragen sind: „Kaufen Sie gerne hier ein?" → Was ist unter „gerne" zu verstehen? oder „Stimmen Sie einer Forderung nach härteren Strafen für Doping zu? → Welche Strafen gibt es denn bisher? Doping in welchen Bereichen? ...)
  – Vermeiden Sie Suggestivfragen („Sie sind doch sicher auch der Meinung, dass ...").

- Standardisierte Fragen mit vorgegebenen Antwortalternativen (→ Fragebogen auf Seite 119) liefern leicht auszuwertende Ergebnisse, engen aber andererseits die Antwortspielräume der Befragten stark ein.
- Die Antwortalternativen können bei standardisierten Fragen mit Kästchen zum Ankreuzen oder in tabellarischer Form vorgegeben werden (→ Seite 119). Beide Formen ermöglichen eine schnelle Auszählung der Antworten.
- Achten Sie darauf, die Meinungsvielfalt der Befragten nicht durch zu wenige Antwortvorgaben einzuengen (also nicht: „zu hoch/zu niedrig", sondern „Skala zwischen zu hoch und zu niedrig von 1 bis 6").
- Geben Sie aber auch nicht zu viele Antwortmöglichkeiten vor. Dies führt zu Verwirrung bei den Befragen und zu hohem Auswertungsaufwand.
- Bei offenen Fragen („Was halten Sie von einer Verdopplung der Energiesteuer?" oder „Warum haben Sie Köln als Reiseziel gewählt?") erhalten Sie eine Vielzahl Antworten, deren Zusammenfassung und Auswertung unter Umständen recht schwierig und zeitaufwendig ist. Dafür ergeben sich hier häufig überraschende Antwortvarianten.

⊙ Die Antworten der Befragten müssen genau protokolliert werden:
  - Bei schriftlichen Befragungen ist dieses bereits durch die ausgefüllten Fragebögen gegeben.
  - Bei mündlich durchgeführten Umfragen mit vorgegebenen Antwortalternativen bietet sich eine Protokollierung in Form von Strichlisten an. Hierzu sollten Sie ein vorbereitetes Protokollblatt benutzen, auf dem die Fragen und Antwortalternativen vermerkt sind (→ Seite 119). Sie können so die Fragen ablesen und die Antworten durch Ankreuzen der entsprechenden Antwortalternativen protokollieren.
  - Stellen Sie hingegen offene Fragen, so ist die Protokollierung der Antworten auf Tonträgern sinnvoll, da Sie so jede Antwort im vollständigen Wortlaut zur Auswertung erhalten. Hier bietet es sich an, die Aufnahmefunktion des Smartphones zu nutzen.

⊙ Überlegen Sie, ob eine Erfassung persönlicher Daten der Befragten notwendig ist (Alter, Geschlecht, Familienstand, Beruf, Einkommen usw.). Oftmals führen Fragen zur persönlichen Lebenssituation und erst recht die Angabe des Namens zu einer Abwehrhaltung der Befragten und mindern deren Bereitschaft, weitere Fragen zu beantworten.
Glauben Sie, auf die Erfassung persönlicher Daten nicht verzichten zu können, so sollten Sie diese erst am Ende der Befragung erheben (→ Seite 119).

⊙ Informieren Sie die Befragten vorab über Ihren Status und das Ziel der Umfrage („Ich bin Schüler des …Gymnasiums und führe im Rahmen meiner

Mündliche Umfrage zum Einkaufsverhalten in Dudelstadt am 01.09.2018

Befragte/r Nummer: _____

1) Aus welcher Stadt bzw. Gemeinde kommen Sie? _____

2) Wie sind Sie zu Ihrem heutigen Einkauf in Dudelstadt angereist?
   ☐ zu Fuß   ☐ Fahrrad   ☐ Pkw   ☐ Bus   ☐ Bahn   ☐ Sonstiges

3) Falls Sie mit dem Auto angereist sind, auf welchem Parkplatz parken Sie?
   ☐ Buschheide   ☐ Geistergasse   ☐ Rosenschanze   ☐ Parkstreifen an Straße

4) Falls Sie mit dem Auto angereist sind, wie bewerten Sie die Höhe der Parkge-
   bühren auf den Parkplätzen in Dudelstadt?

viel zu hoch	zu hoch	angemessen	zu niedrig	viel zu niedrig

5) Falls Sie mit dem Auto angereist sind, hatten Sie vor Fahrtantritt bereits
   Kenntnis über das kostenlose Park-and-ride-Angebot in Dudelstadt (von/bis
   Parkplatz Buschheide an der Autobahnabfahrt)?   ☐ Ja   ☐ Nein

6) Haben Sie das Park-and-ride-System heute genutzt?   ☐ Ja   ☐ Nein

7) Welche Waren beabsichtigen Sie bei Ihrem heutigen Einkauf in Dudelstadt zu kaufen?

Lebensmittel	Kleidung	Sonstige Textilwaren	Schuhe	Brillen/Uhren/Schmuck	Bücher

Radio- und Fernseh-artikel	Compu-ter	Möbel	Körperpfle-geartikel/Parfüm	Sport-artikel	Reisen im Reisebüro	Sonsti-ges

8) Wie häufig kommen Sie nach Dudelstadt zum Einkaufen?

1 x pro Jahr	2–5 x pro Jahr	6–11 x pro Jahr	1 x im Monat	Häufiger als 1 x im Monat

9) Welche Waren haben Sie bei Ihren Einkäufen in Dudelstadt in den letzten
   2 Jahren gekauft?

Lebensmittel	Kleidung	Sonstige Textilwaren	Schuhe	Brillen/Uhren/Schmuck	Bücher

Radio- und Fernsehartikel	Computer	Möbel	Körperpflege-artikel/Parfüm	Sport-artikel	Reisen im Reisebüro	Sonsti-ges

10) Geschlecht: ☐ weiblich   ☐ männlich

11) Alter: _____

Beispiel:
Fragebogen
im Fach
Geographie
zum Thema
„Verkehr
und Versor-
gung"

Facharbeit eine Befragung zum Thema … durch.“). Sichern Sie Ihnen die Anonymität Ihrer Antworten zu.

⊙ Akzeptieren Sie es, wenn jemand nach Ihren einleitenden Worten erklärt, nicht befragt werden zu wollen.

⊙ Wählen Sie die Zahl der Befragten nicht zu klein. Sie benötigen, damit ihre Ergebnisse signifikant (= nicht zufällig) sind, eine statistisch ausreichende Größe der Befragtengruppe.

⊙ Bitten Sie gegebenenfalls die Sie betreuende Lehrkraft um Mithilfe bei der Erstellung des Fragenkatalogs.

⊙ Probieren Sie Ihre Fragen eventuell vor der eigentlichen Umfrage an Bekannten oder Verwandten aus. Beseitigen Sie festgestellte Unklarheiten.

Interviews und Expertenbefragungen

⊙ Nehmen Sie möglichst einige Zeit vor dem geplanten Interviewtermin Kontakt mit Ihrem Interviewpartner auf. Informieren Sie diesen über Ihren Interviewwunsch und dessen Hintergrund (Thema der Facharbeit/des Referats, Stellenwert des Interviews in der Facharbeit/im Referat).

⊙ Sprechen Sie mit Ihrem Gesprächspartner einen konkreten Termin für das Interview ab.

⊙ Bereiten Sie sich intensiv auf das Interview vor:
  – Sie sollten dazu vorab Informationen über Ihren Gesprächspartner und alle anzusprechenden Sachaspekte einholen. Sind Sie gänzlich uninformiert, so wirken Sie als Interviewer hilflos.
  – Überlegen Sie sich vorab Ihre Fragen. Planen Sie die Gesprächsführung. Es empfiehlt sich die Anlage eines Interviewfragebogens, der Ihnen als Interviewer hilft, die Fragen gut formuliert und in der richtigen Weise zu stellen, keine Frage zu vergessen und gegebenenfalls wichtige Antwortaspekte direkt festzuhalten.
  – Kontrollieren Sie Ihr Equipment. In der Regel werden Sie das Interview mit einen Tonaufzeichnungsgerät festhalten. Auch hierfür bietet sich das Smartphone an (→ Kapitel 2.5). Überprüfen Sie vorab dessen Funktionstüchtigkeit und Speicherplatz.

⊙ Notieren Sie zu Beginn des Interviews Datum, Uhrzeit und Ort.

⊙ Interviews verlangen eine intensive Zusammenarbeit zwischen Fragendem und Befragtem. Sie können prinzipiell in eher starrem Rahmen oder relativ offen geführt werden.

⊙ In einem offen geführten Interview formulieren Sie Ihre Fragen eher unspezifisch oder geben lediglich Gesprächsimpulse. Sie nehmen sich damit als Interviewer zurück und räumen dem Interviewten große Spielräume für die Beantwortung der Fragen ein.

- Offen geführte Interviews bieten vielfältige Chancen, interessante und überraschende Informationen zu erhalten. Zudem sind diese auch für Sie als Interviewer spannend. Sie müssen hier jedoch in jedem Fall die Möglichkeit einer Tondokumentation nutzen, da eine direkte Mitschrift nicht möglich ist.

- Zudem erfordert diese Interviewvariante vom Interviewer ein hohes Maß an Flexibilität und Reaktionsvermögen. Nur so kann man direkt auf überraschende neue Informationen reagieren und diese durch gezieltes Nachfragen konkretisieren.

- Sie sollten sich auch darauf einstellen, dass manche Interviewpartner dazu neigen, abzuschweifen. Überlegen Sie bereits vor Beginn des Interviews Strategien, mit deren Hilfe Sie den Interviewpartner wieder an die gestellte Frage heranführen. Diese könnten sein: Wiederholung der gestellten Frage; Umformulieren der gestellten Frage unter Aufgreifen eines vom Gesprächspartner geäußerten Gedankens; Zurückführen auf den Kern der Frage, indem man bestimmte mit der Frage zusammenhängende Daten, Fakten usw. nennt, die man zuvor gelesen hat, und um eine konkrete Stellungnahme zu diesen Daten, Fakten usw. bittet.

- Einfacher zu führen, zu protokollieren und auszuwerten sind hingegen Interviews, bei denen die Fragen enger formuliert sind. Dies ist z. B. bei den sogenannten W-Fragen der Fall (Welche ...? Wann ...? Wo ...? usw.). Allerdings haben diese Fragen den Nachteil, dass die Informationsbreite in dem Maße abnimmt, wie die Fragestellung eingeengt wird. Wollen Sie allerdings präzise, auch quantitativ auswertbare Informationen erhalten, sollten Sie eine enge Fragestellung wählen. Doch sollten Sie die Einengung auch nicht übertreiben, da das Interview ansonsten den Charakter eines Polizeiverhöres annehmen könnte.

- Interviews sind nicht immer einfach zu führen. Ihre Interviewpartner können vom Thema abschweifen (siehe oben). Sie können aber auch durch die gestellten Fragen emotional aufgewühlt werden. Dies kann z. B. bei Interviews mit Zeitzeugen der Fall sein. Stellen Sie sich auf solche Situationen ein und überlegen Sie sich, wie Sie dann gegebenenfalls reagieren können.

- Achten Sie auf den Schutz der Persönlichkeitsrechte der Interviewten. Das Mitlaufenlassen eines digitalen Aufnahme- oder Diktiergerätes während des Interviews müssen Sie sich von Ihrem Interviewpartner genehmigen lassen. Auch müssen Zitate aus Interviews in Ihrer Arbeit mit einer Nennung des Namens der interviewten Person versehen werden.

- Die Tondokumente Ihrer Interviews müssen Sie im Original aufbewahren, um sie gegebenenfalls als Beleg für Ihre Darstellung zur Hand zu haben.

- Machen Sie eventuell auch Fotos von Ihrem Interviewpartner.

- ⊙ Bei der Auswertung von Interviews müssen Sie den gesprochenen Text in die Schriftform überführen. Dabei gilt:
  - – Sie können Auszüge aus Interviews wörtlich oder sinngemäß in den Text Ihrer Facharbeit/Ihres Referats einbringen.
  - – Zitate aus Interviews sollten durch eine entsprechende Anmerkung als solche kenntlich gemacht werden.
  - – Wörtliche Zitate aus Interviews werden in gleicher Weise aufgeführt wie direkte Zitate aus Textquellen (→ Seite 87 ff.). Allerdings muss zusätzlich der Name des jeweils Sprechenden angegeben werden, um so klar zwischen Fragendem und Interviewtem zu unterscheiden. Hierzu ein Beispiel: Mona Braun: „Wo genau waren Sie am 9. November 1989, als die Berliner Mauer fiel?" Kurt Sobotschik: „Als Mitglied der Grenztruppen der DDR …"
  - – Aus der Gesprächsführung resultierende Besonderheiten (z. B. Pausen, Wiederholungen, Gesten usw.) sollten Sie gegebenenfalls kursiv und in Klammern in ein wörtliches Zitat einfügen.
  - – In Interviews werden aber auch größere Passagen enthalten sein, die Sie nicht wörtlich zitieren. Wollen Sie diese in geraffter, zusammengefasster Form in Ihre Arbeit einbringen, so gelten hierfür die Regeln für indirekte Zitate (→ Seite 96 ff.).
  - – Als Quelle wird der Name des Interviewten sowie das Datum des Interviews angegeben. Beim naturwissenschaftlichen Belegverfahren reicht der Kurzbeleg aus (Beispiel: *Interview mit WAHLBRINCK 2018*).
  - – Das Interview muss auch im Quellenverzeichnis aufgeführt werden (unter „Sonstige Quellen"; → Beispiel Seite 103, ⑪).
- ⊙ In Facharbeiten können Sie den vollständigen Text des Interviews im Anhang abdrucken oder auch der Arbeit eine Kopie Ihres Tonmitschnittes beifügen.

Für Begehungen und Erkundungen gilt

- ⊙ Auch hier müssen ähnlich wie beim Interview vorab genaue Absprachen mit dem zu erkundenden Betrieb getroffen werden (→ Seite 120).
- ⊙ Zur Dokumentation wird hier neben Papier (z. B. auf einem Klemmbrett) oder Ihrem Forscherheft auch eine Kamera oder ein Camcorder benötigt. Auch hier bietet sich die Nutzung des Smartphones an.
- ⊙ Wichtig ist: Die Genehmigung zur Nutzung der aufgenommenen Bilddokumente muss beim Betriebsführer oder einer anderen entscheidungsberechtigten Person eingeholt werden.
- ⊙ In die Begehung/Erkundung können Kurzinterviews mit wichtigen Personen eingebettet sein. Diese werden aber meist nicht per Tonrekorder, sondern schriftlich festgehalten.

Bei Kartierungen ist zu beachten

◉ Benötigt wird eine entsprechende Kartengrundlage (Katasterplan, DGK 5, Karte des zu kartierenden Waldareals usw.).

◉ Um Kartierungsergebnisse im Gelände festhalten zu können, wird eine feste Schreibunterlage benötigt (z. B. ein Klemmbrett).

◉ Sie sollten die zu kartierende Region vor Kartierungsbeginn begehen, um sich mit den räumlichen Gegebenheiten vertraut zu machen.

◉ Entwickeln Sie ein Kartierungsprotokollblatt. Hier sollten unter anderem die genaue Lagebezeichnung des jeweils kartierten Objektes und dessen kartierte Kennzeichen/Eigenschaften vermerkt werden. Nach Abschluss der Kartierung können dann die Informationen aus den Kartierungsprotokollblättern in die Kartengrundlage übertragen werden.

◉ Kartierungen können mit einer Begehung und Befragung kombiniert werden (z. B. Befragung von Geschäftsinhabern zur Miethöhe; Erfassung der Verkaufsausrichtung der Geschäfte bei einer Begehung – beides wird dann kombiniert in dieselbe Karte eingetragen).

Abb. 8.2: Bei Kartierungen ist es wichtig, so zu arbeiten, dass man die eigenen Notizen und Zeichnungen unter Umständen auch noch Wochen später „verstehen" kann.

◉ Notieren Sie neben den ermittelten Kartierungsergebnissen auch Besonderheiten, Auffälligkeiten und Probleme, die Ihnen im Verlauf der Kartierung begegnen.

◉ Widrige Witterungseinflüsse können Kartierungen verzögern. Planen Sie also ausreichend Zeitreserven ein.

◉ Schreiben Sie mit einem wischfesten Stift, denn der nächste Regenguss kommt meist unverhofft.

◉ Auch für Kartierungen benötigen Sie unter Umständen eine Genehmigung (auf einem Firmengelände, in Aufforstungsregionen usw.).

Für die Archivarbeit gilt

◉ Beachten Sie, dass Archive teilweise recht „unübliche" Öffnungszeiten haben.

◉ In einigen Archiven muss man sich vorab anmelden und gegebenenfalls auch eine Bescheinigung der Schule als „Arbeitsberechtigung" mitbringen.

◉ Archive sind häufig anders strukturiert als Büchereien. Lassen Sie sich daher von einem Archivmitarbeiter in den Aufbau und die Suchstruktur des Archivs einweisen.

8.4 Aufbereitung und Darstellung der Ergebnisse

Haben Sie die Forschungsarbeit abgeschlossen, liegen Ihnen eine Fülle soge-
nannter Rohdaten vor. Sie müssen diese Rohdaten nun

- ordnen und zusammenfassen;
- auswerten, interpretieren und bewerten;
- darstellen und präsentieren.

Die Auswertung, Interpretation und Bewertung Ihrer Arbeitsergebnisse wird je
nach konkreter Forschungsarbeit sehr unterschiedlich aussehen. Generell aber
gilt:

- Nehmen Sie in Ihrer Ergebnisanalyse auf die Forschungsfrage, das Ausgangsproblem oder die Ausgangshypothese Bezug. Welche Antwort liefern
  die Forschungsergebnisse für Ihre Forschungsfrage? Ermöglichen sie es,
  das Ausgangsproblem zu lösen? Wurde Ihre Ausgangshypothese bestätigt
  oder wurde sie widerlegt? …
- Überprüfen Sie anhand Ihrer Ergebnisse, inwieweit Sie das Ziel Ihrer Forschungsarbeit erreicht haben.
- Ordnen Sie die Ergebnisse Ihrer Forschung in den Gesamtrahmen der
  wissenschaftlichen Forschung ein, das heißt vergleichen Sie Ihre Ergebnisse
  mit den in der Literatur dokumentierten allgemeinen Angaben, Vergleichs-
  daten usw.

Die anschauliche Darstellung der Forschungsergebnisse setzt deren intensive
Auswertung, Strukturierung und Zusammenfassung voraus. Zur Darstellung
stehen folgende Formen zur Verfügung:

- Text
- Tabelle oder Grafik
- kartografische Darstellung
- Skizze, Foto oder eine andere Form von Abbildung

Tipp

Tabellen, Grafiken und sonstige Abbildungen ergänzen Ihre Ergebnisauswertung, können sie aber nicht ersetzen. Das heißt: Es genügt nicht, sie abzudru-
cken; die Inhalte müssen in jedem Fall im dazugehörigen Text beschrieben,
interpretiert und bewertet werden.

Tabellen (→ Beispiele Seite 126)
Tabellen bieten den Vorteil, die darin enthaltenen Daten exakt ablesen zu können. Außerdem können auch uneinheitliche Datensätze in einer Tabelle zusammengefasst werden.

Auf der anderen Seite ist die Anschaulichkeit einer Tabelle eher gering. Tabellen mit relativ großen Datenmengen wirken schnell unübersichtlich.

Bei der Erstellung von Tabellen muss man Folgendes beachten:

- Die Rohdaten müssen in der Regel zusammengefasst werden, um die Datenmengen auf ein tabellengerechtes Maß zu reduzieren.
- Es können absolute Werte (z. B. Anzahl, °C) wie auch Prozentwerte oder Indexwerte dargestellt werden.
- Der besseren Lesbarkeit wegen sollte, falls von der Sache her vertretbar, auf Zahlen mit drei oder vier Kommastellen verzichtet werden.
- Alle Tabellen einer Arbeit werden entsprechend ihrer Reihenfolge nummeriert. Die Tabellennummer wird dabei stets mit dem Zusatz „Tab." versehen (also Tab. 1, Tab. 2, Tab. 3 ...).
- Nach der Tabellennummer wird die Tabellenüberschrift aufgeführt. Diese sollte in knapper, doch prägnanter Form den Tabelleninhalt, gegebenenfalls den Bezugsraum und den Bezugszeitpunkt bezeichnen.
- Jede Tabelle muss eine knappe, aber aussagkräftige Beschriftung ihrer Spalten und Zeilen enthalten.
- Die Einheit(en) der dargestellten Daten müssen klar angegeben werden (z. B. kg, °C, Personen). Dies kann in der Überschrift oder in der jeweiligen Spalte bzw. Zeile geschehen.
- Tabellen sollten leserfreundlich gestaltet werden:
  - Zahlen und Beschriftungen nicht zu klein setzen. Günstig ist die gleiche Schriftgröße wie im Text der Arbeit bzw. eine geringfügig kleinere.
  - Beschriftungen nur horizontal
  - Spaltenüberschriften gegebenenfalls in Fettdruck
- Unter jeder Tabelle muss die Datenquelle vermerkt werden. Haben Sie in der Tabelle Fremddaten verarbeitet, so wird die jeweilige Fremdquelle mit dem Zusatz „Quelle(n):" angegeben (Beispiel: „Quelle: STATISTISCHES BUNDESAMT 2016, S. 11"). Haben Sie in der Tabelle nur selbst erhobene Daten aufgeführt, so lautet die Quellenangabe: „Quelle: eigene Messungen" oder „Quelle: eigene Erhebungen".
- Die Quellenangabe wird in der Regel in kleinerer Schrifttype geschrieben.
- Die Tabelle wird vom Text durch eine Leerzeile zwischen Text und Tabellenüberschrift bzw. zwischen Quellenangabe und Text abgesetzt.
- Im Text wird auf eine Tabelle durch Nennung der jeweiligen Tabellennummer verwiesen. Beispiel: „[...] deutlich zugenommen (Tab. 3). Daher [...]" Möglich aber nicht notwendig ist der Zusatz „siehe" bzw. „→" (also: siehe Tab. 3, → Tab. 3).
- Viele Textverarbeitungsprogramme enthalten Tools zum Erstellen von Tabellen.

Beispiele:
Tabellarische Darstellungen

Tab. 1: Die Wassertemperaturen im Haddorfer See (Gemeinde Wettringen) gemessen am 26. 03. und 08. 08. 2017 in der Seemitte (in °C)

	Wassertiefe (in m)									
	0,5	1	2	3	4	5	6	7	8	9
26. 03. 2017	2,6	2,6	2,6	2,6	2,6	2,6	2,7	2,7	2,7	2,7
08. 08. 2017	19,2	18,9	18,5	18,1	17,8	17,5	17,3	13,5	13,3	13,0

Quelle: eigene Messungen

Tab. 2: Eine Übersicht über die wichtigsten Diagrammarten und deren Nutzungsbereich

bevorzugt zu wählende Diagrammart → darzustellende Information ↓	Kurven-diagramm	Säulen oder Balken-diagramm	gesta-peltes Säulen-diagramm	Kreis-sektoren-diagramm	Flächen-dia-gramm
umfangreiche durchgängige Datenreihen mit absoluten Werten/Indexwerten	✓				
weniger umfangreiche oder unterbrochene Datenreihen mit absoluten Werten		✓			
miteinander zu vergleichende Einzeldaten		✓			
miteinander zu vergleichende Datenreihen	✓	✓			
Entwicklungsreihen	✓				
kombinierte Datenreihen aus zusammenhängenden absoluten Werten					✓
durchgängige Datenreihen von Prozentwerten					✓
prozentuale Anteile eines Ganzen			✓	✓	
prozentuale Zusammenset-zung verschiedener Mengen in Gegenüberstellung			✓	✓	✓

Quelle: eigener Entwurf

Abbildungen

Grafiken, Karten, Skizzen und Bilder werden unter dem Oberbegriff *Abbildungen* zusammengefasst.

Abbildungen dienen der Veranschaulichung (Visualisierung) von Informationen. Zudem haben sie weitere Funktionen: Sie lockern den Text auf, setzen ästhetische Marken. Doch Vorsicht: Abbildungen nur zur Auflockerung einzubringen ist unzulässig. Stets muss die Übermittlung von Informationen erste Priorität haben. Einzige Ausnahme: „Eyecatcher" auf dem Deckblatt einer Facharbeit oder der ersten Folie in einem Referat.

Für alle Abbildungen gilt:

- ⊙ Abbildungen werden entsprechend ihrer Reihenfolge in der Arbeit nummeriert. Die Nummer wird dabei immer mit dem Zusatz „Abb." versehen (also: Abb. 1, Abb. 2, Abb. 3 ...). Bei der Nummerierung wird nicht zwischen Grafiken, Karten, Skizzen oder Bildern unterschieden.
- ⊙ Nach der Abbildungsnummer wird die Abbildungsunterschrift aufgeführt. Diese sollte in knapper, doch prägnanter Form den Inhalt der Abbildung, gegebenenfalls den Bezugsraum und den Bezugszeitpunkt bezeichnen.
- ⊙ Abbildungen sollte man leserfreundlich gestalten:
  - – Die Abbildung darf nicht zu klein sein.
  - – Auch Beschriftungen müssen in lesbarer Größe gesetzt werden.
  - – Die Qualität (vor allem bei Bildern und Karten) muss ausreichend sein. Auf eine verwaschene, schemenhafte Abbildung sollte man verzichten. Auf ein Miniaturbild, das nur mit der Lupe zu erfassen ist, ebenso.
  - – Bei Grafiken und Karten darf die verwandte Farbpalette nicht zu groß sein. Bunt wirkt oft unseriös! Man sollte darauf achten, dass alle verwendeten Farben klar voneinander zu unterscheiden sind.
  - – Klar aufgebaute Abbildungen eignen sich gut zur Visualisierung von Informationen, unstrukturierte Abbildungen sind dagegen für den Leser ein Ärgernis.
- ⊙ Unter jeder Abbildung muss die Datenquelle vermerkt werden. Haben Sie in der Abbildung Fremddaten verarbeitet, so wird die jeweilige Fremdquelle mit dem Zusatz „Quelle:" angegeben (Beispiel: „Quelle: MUCKELMANN 2006, S. 79").
  Haben Sie die in der Grafik genutzten Daten selbst erhoben, so lautet die Quellenangabe: „Quelle: eigene Messungen" oder „Quelle: eigene Erhebung". Bei Fotos lautet sie „Quelle: eigene Aufnahme", bei Skizzen „Quelle: eigener Entwurf". Eventuell wird hier das Datum der Aufnahme hinzugefügt.
- ⊙ Die Quellenangabe wird in deutlich kleinerer Schrifttype geschrieben.
- ⊙ Sie wird unter der Abbildungsunterschrift aufgeführt oder in die Abbildung integriert.
- ⊙ Die Abbildung wird vom Text durch eine Leerzeile zwischen Text und Abbildung bzw. zwischen Abbildungsunterschrift (Quellenangabe) und Text abgesetzt.
- ⊙ Im Text wird auf eine Abbildung durch Nennung der Abbildungsnummer verwiesen. Beispiel: „[...] einen Anstieg um rund 30 % (Abb. 7). Daher [...]" Möglich, aber nicht notwendig ist der Zusatz „siehe" bzw. „→" (also: siehe Abb. 7, → Abb. 7).

Beispiel:
Abbildung

Abb. 1: Poseidontempel in Paestum (Italien)
Quelle: eigene Aufnahme vom 25. April 2011

Ein wichtiger Abbildungstyp ist das **Diagramm**. Diagramme lassen sich per Hand zeichnen, oder aber am Computer erstellen. Textverarbeitungs- und Tabellenkalkulationsprogramme bieten meist einfach zu bedienende Tools zur Erstellung von Diagrammen.

Ob Sie Ihre Diagramme ganz traditionell per Hand oder am Computer erstellen, für beide Wege bietet sich folgendes generelle Vorgehen an:

- Ausgangsüberlegung: Was will man dem Leser mithilfe des Diagramms mitteilen? (= Kommunikationsabsicht)
- Festlegen des Diagrammthemas (Diagramminhalt + Raumbezug + Zeitbezug)
- Auswahl der darzustellenden Elemente
- Wahl der geeigneten Diagrammart (→ Tab. 2 auf Seite 126).
- Sichten und Ordnen der zu verarbeitenden Daten (erfassen: Höchst-/Tiefstwerte, zeitliche Datenabfolge, auszuklammernde Werte usw.)
- Festlegen der Skalierung und der Skalenbeschriftung (Einheiten nicht vergessen)
- Festlegen der Gestaltung von Signaturen, Farben, Linien usw.
- gegebenenfalls Erstellen einer Legende (Achtung: Einheiten angeben!)
- korrekte Beschriftung des Diagramms (Abbildungsnummer, Unterschrift, Quelle)

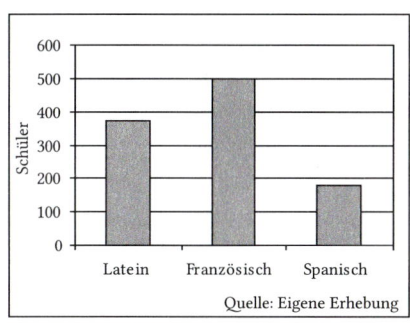

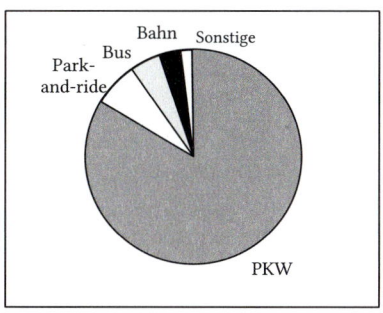

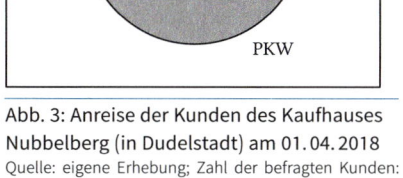

Abb. 2: Die Verteilung der „Zweitsprache" am Rufus-Gymnasium in Berlin Schuljahr 2017/18

Abb. 3: Anreise der Kunden des Kaufhauses Nubbelberg (in Dudelstadt) am 01.04.2018
Quelle: eigene Erhebung; Zahl der befragten Kunden: 122

Beispiel: Grafische Darstellung von Forschungs- ergebnissen

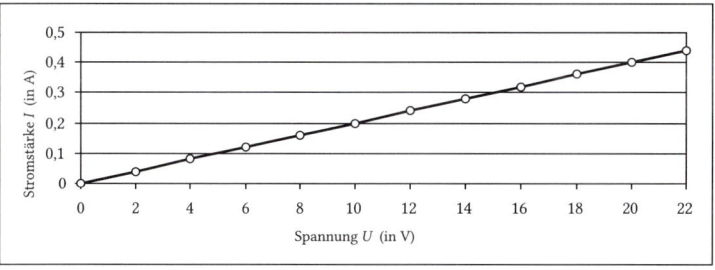

Abb. 4: Ergebnisse der Stromstärkemessung bei verschiedenen angelegten Spannungen (Konstantan-Draht der Länge 0,75 m mit 0,1 mm Durchmesser)
Quellen: eigene Messungen; ergänzt aus DORN 2002, S. 124

Merkmale eigener Forschungsarbeit sind:

Überblick

- ◉ **Schrittfolge:** Problem-/Frageformulierung – ggf. Hypothesenbildung – Arbeitsplan erstellen – Forschungsarbeit durchführen – Ergebnisse auswerten – Ausgangsproblem lösen/Ausgangsfrage beantworten – Ergebnisauswertung dokumentieren – ggf. Fehlerdiskussion

- ◉ **Forschungsmethoden** sind z. B. Laborexperimente, Beobachtungen in der Natur, Begehungen und Kartierungen, Modellbau/-reflexion, Umfragen, Interviews, Recherche in Archiven.

- ◉ Der notwendige **Arbeitsplan** muss a) nach der Problem-/Frageformulierung erstellt werden; b) alle wesentlichen Aspekte der durchzuführenden Arbeiten (Methoden, zeitlicher Ablauf …) aufführen.

- ◉ Die **Forschungsergebnisse** sollten a) zeitnah und detailliert festgehalten werden (schriftlich, im Bild, per Tonaufzeichnung …); b) nach der Auswertung optisch aufbereitet und in die Arbeit eingebunden werden (in Form von Tabellen, Bildern, Diagrammen …).

9

Die Facharbeit

In den vorausgehenden Kapiteln wurden Sie mit den Aspekten und Metho-
den vertraut gemacht, die bei der Erstellung eines Referats wie auch einer
Facharbeit gleichermaßen Anwendung finden. Nun ist es an der Zeit, die
Besonderheiten der beiden Formen wissenschaftlichen Arbeitens in den
Blick zu nehmen.
Dies soll hier nun zunächst für die Facharbeit geschehen.
Im Folgenden werden also die Merkmale von Facharbeiten näher beleuch-
tet und deren formale wie auch inhaltliche Gestaltung an Beispielen
erläutert.
Schließlich wird zum Schluss auch auf die Bewertung von Facharbeiten
eingegangen – denn das Wissen um die hierbei angelegten Maßstäben
schützt Sie vor bösen Überraschungen bei der Notenbekanntgabe.

9.1 Bestandteile

Eine Facharbeit besteht aus drei Teilen:

- ▶ Den **Präliminarien** (lat. = Vorbereitung, Einleitung). Hierzu gehören
  - Deckblatt
  - Titelblatt
  - Inhaltsverzeichnis
  - gegebenenfalls: Abbildungsverzeichnis
  - gegebenenfalls: Tabellenverzeichnis
  - gegebenenfalls: Abkürzungsverzeichnis
- ▶ Dem eigentlichen **Textteil** mit
  - Einleitung
  - Hauptteil
  - Schlussteil
- ▶ Dem **Anhangsteil** mit
  - gegebenenfalls: Endnoten
  - gegebenenfalls: Glossar
  - Literatur- und Quellenverzeichnis
  - Schlusserklärung
  - gegebenenfalls: Anhang

Bevor nun im Folgenden die Bausteine einer Facharbeit einzeln vorgestellt werden, einige Worte zum Grundgerüst einer solchen Arbeit, der Gliederung.

9.2 Gliederung

Ziel der Gliederung einer Facharbeit ist es,

- ⊙ in die Fülle der dokumentierten Informationen einen roten Faden einzuziehen;
- ⊙ eine logische Abfolge der dargestellten Inhalte herzustellen;
- ⊙ dem Leser die Erfassung der Arbeitsstruktur und eine rasche Orientierung in der Facharbeit zu ermöglichen.

Ohne Gliederung wäre die Facharbeit in vielen Fällen nicht mehr als eine konfuse Anhäufung von Einzelinformationen, durch die sich der Leser mühsam hindurcharbeiten müsste.

Bereits nach einer ersten inhaltlichen Kontaktaufnahme mit Ihrem Thema können Sie einen Gliederungsentwurf skizzieren (→ Seite 71). Dieser wird dann fortlaufend dem jeweiligen Arbeitsstand angepasst, ergänzt und falls notwendig umstrukturiert.

Jede Facharbeit ist anders. Daher lässt sich das Vorgehen beim Erstellen einer Gliederung nur schwer standardisieren. Zentral ist, dass

- ⊙ Sie den roten Faden Ihrer Facharbeit in der Gliederung deutlich herausstellen,
- ⊙ die Gliederung logisch ist und keine Brüche, Sprünge oder Umkehrungen enthält.

Bei der Konzeption Ihrer Gliederung kann eines der folgenden **Gliederungsprinzipien** als Leitfaden dienen:

- ⊙ Das *chronologische Prinzip*. Leitprinzip der Gliederung ist hier die zeitliche Abfolge der Ereignisse.
- ⊙ Das *analytische Prinzip*. Hier wird zunächst ein Tatbestand/Ereignis/Faktum beschrieben bzw. vorgestellt. Dann werden dessen innere Struktur und Ursachenzusammenhänge herausgearbeitet und dessen Bedeutung bzw. Folgen erläutert und bewertet (→ Beispiel Seite 134).
- ⊙ Das *deduktive Prinzip*. Zunächst wird ein allgemeiner Rahmen/ein Prinzip/ eine Gesetzmäßigkeit dargestellt. Dann werden konkrete Fallbeispiele/ Ereignisse/Beobachtungen aufgezeigt und begründet in den allgemeinen Rahmen eingeordnet.
  Geht man umgekehrt vor, so wird dies als *induktives Prinzip* bezeichnet.
- ⊙ Das *vergleichende Prinzip*. Hier werden Ereignisse/Fakten/Texte anhand bestimmter Leitaspekte miteinander verglichen. Der Vergleich dient dazu, Gemeinsamkeiten und Unterschiede herauszustellen und das Ereignis, die Fakten oder den Text in eine Kategorie bzw. Klasse einzuordnen.

⊙ Facharbeiten, die im Wesentlichen auf eigenen Forschungen basieren, weisen folgende typische Gliederungsstruktur auf (→ Beispiel Seite 145):
  – Einordnung der Forschungsarbeit in den wissenschaftlichen oder gesellschaftlichen Kontext
  – Vorstellen des Forschungsziels und der Forschungsfrage
  – Erläuterung des Forschungsansatzes
  – Darstellung der Forschungsmethoden und Forschungsdurchführung
  – Dokumentation, Auswertung und Interpretation der Forschungsergebnisse
  – Beantwortung der Forschungsfrage
  – Erläuterung der aus den Ergebnissen abzuleitenden Folgerungen bzw. kritische Einordnung der Ergebnisse in den derzeitigen fachlichen Wissensstand oder Ausblick auf weitergehende Fragestellungen, die sich aus den Forschungsergebnissen ergeben haben.

Unter Umständen wird Ihre Gliederung nicht zur Gänze einem der obigen Prinzipien entsprechen, sondern Elemente verschiedener Gliederungsprinzipien enthalten (→ Beispiel Seite 134).

Was in Ihrer Gliederung steht, wird logischerweise vom konkreten Thema Ihrer Arbeit bestimmt. *Wie* Sie die Gliederung formal gestalten, dafür gibt es hingegen einige bindende Vorschriften.

Tipp   Für die formale Gestaltung und das Layout einer Gliederung gibt es verschiedene gängige Alternativen. Bevor Sie die Gliederung Ihrer Facharbeit endgültig festlegen, sollten Sie daher die Sie betreuende Lehrerkraft nach der von ihr favorisierten Variante befragen.

Wichtige formale Aspekte der Gliederung sind:

Gliederungsebenen
Eine Gliederung ist wie eine große Schachtel aufgebaut, in der mehrere kleine Schachteln stecken, in denen wiederum jeweils weitere noch kleinere Schachteln enthalten sind.
Formal findet dies in den verschiedenen Ebenen der Gliederung seinen Ausdruck:
⊙ Oberste Ebene ist die Ebene der Kapitel.
⊙ Jedes Kapitel kann in Unterkapitel (Abschnitte) untergliedert werden. Diese bilden die zweite Gliederungsebene.
⊙ Die Unterkapitel können ihrerseits in Unter-Unterkapitel unterteilt werden, die dann die dritte Gliederungsebene darstellen.

Tipp

Sie sollten in Ihrer Gliederung nicht über diese dritte Gliederungsebene hinausgehen. Meist reicht es sogar aus, die Gliederung bis zur zweiten Ebene zu
verfeinern. Eine kleinschrittige Gliederung erreicht das Gegenteil von dem,
was erreicht werden soll: Sie wirkt verwirrend statt übersichtlich, deckt die
Strukturen der Arbeit zu, statt sie herauszustellen.

Zudem gilt:
- Zu jedem Gliederungspunkt sollte mindestens eine halbe Seite Text vorlie-
  gen.
- Wer A sagt, muss auch B sagen! Ein Kapitel darf nur in *mindestens zwei*
  Unterkapitel untergliedert werden. Eine Untergliederung mit nur einem
  Unterkapitel ist unzulässig. Ebenso müssen bei Untergliederung eines
  Unterkapitels *mindestens zwei* Unter-Unterkapitel vorhanden sein.

Überschriften

Jedes Kapitel, Unterkapitel und Unter-Unterkapitel Ihrer Facharbeit erhält eine
eigene Überschrift. Für diese Überschriften gilt:
- Eine Überschrift muss den Inhalt des zugehörigen Gliederungspunktes
  eindeutig zusammenfassen.
- Sie muss knapp und prägnant sein.
- Nach Überschriften steht kein Punkt.
- Alle Überschriften einer Facharbeit sollten im gleichen Stil abgefasst wer-
  den.
- Besonders geeignet ist hier der **Nominalstil** (= ein Stil, der Substantive
  bevorzugt). Beispiele: *Ergebnisse der Temperaturmessungen* oder *Probleme
  Namibias in den 1990er-Jahren* (siehe auch unteres Beispiel auf Seite 134
  sowie Seite 145).
- Bedingt geeignet ist der Verbalstil. Beispiele: *Ergebnisse, die ich bei meinen
  Temperaturmessungen erhalten habe* oder *Vielfältige Probleme bestimmen
  Namibia in den 90er-Jahren des 20. Jahrhunderts*
- Weniger geeignet, weil zu wenig prägnant und als Stil nicht für die ganze
  Facharbeit durchzuhalten, ist der Interrogativstil (= Fragestil). Beispiele:
  Welche Ergebnisse habe ich bei meinen Temperaturmessungen erhalten?
  oder *Welche Probleme hatte Namibia in den 90er-Jahren des 20. Jahrhun-
  derts?*
- Überschriften von Unterkapiteln dürfen keine Wiederholung der Kapitelüberschrift sein (also **nicht**: Kapitelüberschrift: *Goethe und Schiller* – Unterkapitel 1: *Goethe* – Unterkapitel *2: Schiller*).
- Allgemeine, nichtssagende Formulierungen sind zu vermeiden (also
  nicht: *Tabellarische Übersicht zu Beginn* oder *Allgemeine Lage* oder *Schlussteil*).

Beispiele   Gliederung unter Anwendung des analytischen Gliederungsprinzips

Autorin: Lena Anna Castrup

Facharbeitsthema:
Analyse der Stücke „Habanera" und „Seguidilla" aus der Oper „Carmen" von
Georges Bizet im gleichnamigen Film „Carmen" von Carlos Saura in Bezug auf
die tänzerische Umsetzung und die Funktion der jeweiligen Szenen.

Gliederung:
1 **Mein Weg zum Facharbeitsthema**
2 **„Carmen" – Die Oper**
  2.1 Inhalt der Oper
  2.2 Musikalische Analysen
      2.2.1 Musikalische Analyse der „Habanera"
      2.2.2 Musikalische Analyse der „Seguidilla"
3 **„Carmen" – Der Film**
  3.1 Inhalt des Films
  3.2 Analysen der Tänze
      3.2.1 Analyse der „Habanera"
      3.2.2 Analyse der „Seguidilla"
  3.3 Analysen der Szenenfunktionen
      3.3.1 Die Szenenfunktion der „Habanera"
      3.3.2 Die Szenenfunktion der „Seguidilla"
4 **Persönliche Stellungnahme**

Gliederung, die Elemente des analytischen und des
deduktiven Gliederungsprinzips enthält

Autorin: Christina Uhlenbrock

Facharbeitsthema: Tanz als Therapie?

Gliederung:
1 **Zielsetzung der Arbeit und Begründung der Wahl des Themas**
    1.1 Ziel der Facharbeit
    1.2 Persönliche Motive der Themenwahl
    1.3 Materiallage
2 **Historischer Abriss der Tanztherapie**
3 **Konzept der Tanztherapie**
4 **Akteure der Tanztherapie**
    4.1 Patienten und Institutionen
    4.2 Therapeuten
5 **Genereller Verlauf und Dauer der Tanztherapie**
6 **Aufbau einer Therapiesitzung**
7 **Exemplarische Darstellung der Methodik der Tanztherapie**
    7.1 Die Patientengruppe der autistischen Kinder
    7.2 Der methodische Ansatz dargestellt am Beispiel des „Spiegelns"
8 **Erfolge und Ergebnisse der Tanztherapie**
9 **Sinn oder Unsinn der Tanztherapie**

Nummerierung

Um die Übersichtlichkeit der Gliederung zu erhöhen und Querverweise auf einzelne Gliederungspunkte im Text zu erleichtern, werden alle Gliederungspunkte nummeriert. Dies kann entweder numerisch oder alpha-numerischen geschehen.

Für eine *numerische Gliederung* (dezimale Gliederung/dekadische Gliederung) gilt:
- Die Kapitel werden fortlaufend durchnummeriert, beginnend mit 1 (Beispiel: 1, 2, 3 usw.)
- Die Unterkapitel eines jeden Kapitels werden gleichfalls fortlaufend durchnummeriert; jede Unterkapitelnummer besteht dabei aus der Kapitelnummer, danach einem Punkt und der Nummer des Unterkapitels (Beispiel: 1.1, 1.2, 1.3 bzw. 2.1, 2.2, 2.3, 2.4 usw.).
- Die Nummerierung der Unter-Unterkapitel erfolgt nach dem gleichen Schema (Beispiel: 1.2.1, 1.2.2, 1.2.3 usw.).
- Hinter der letzten Ziffer steht in der Regel kein Punkt. Doch auch hier gibt es geschmackliche Varianten: Einige Lehrerinnen/Lehrer bevorzugen die „Endpunkt-Variante". Hierbei wird dann auch hinter der jeweils letzten Ziffer ein Punkt gesetzt (Beispiel: 1. , 2. , 2.1. , 2.2. ...)

Typische Beispiele numerischer Gliederungen finden Sie auf → Seite 134 und Seite 145.

Bei der *alpha-numerischen Gliederung* (gemischte Gliederung) werden Buchstaben und Zahlen als Gliederungshilfen eingesetzt. Hierbei gelangen Groß- und Kleinbuchstaben sowie römische und arabische Ziffern zur Anwendung. Eine mögliche Variante der alpha-numerischen Gliederung ist die folgende:
- Die Teile der Facharbeit erhalten lateinische Großbuchstaben. Hinter diese wird ein Punkt gesetzt. Beispiel: A. B. C. usw.
- Die Kapitel erhalten fortlaufende römische Zahlen. Hinter diese Zahlen wird ein Punkt gesetzt. Beispiel: I. II. III. usw.
- Die Unterkapitel erhalten arabische Zahlen. Hinter diese Zahlen wird ein Punkt gesetzt. Beispiel: 1. 2. 3. usw.
- Die Unter-Unterkapitel erhalten lateinische Kleinbuchstaben. Hinter diese wird ein Punkt oder eine Klammer gesetzt (Beispiel: a. b. c. oder a) b) c) usw.).

Ein typisches Beispiel einer alpha-numerischen Gliederung ist auf → Seite 147 dargestellt.

Fragen Sie die betreuende Lehrkraft, welche Form der Gliederung sie/er bevorzugt und gestalten Sie die Gliederung Ihrer Facharbeit entsprechend.

Gliederung und Inhaltsverzeichnis

⊙ Die endgültige Gliederung Ihrer Facharbeit ist im Inhaltsverzeichnis dokumentiert.

⊙ Hier sind alle Gliederungsüberschriften und deren Nummerierung aufgeführt.

⊙ Zudem wird im Inhaltsverzeichnis hinter der jeweiligen Gliederungsüber-
schrift die Seite angegeben, auf der das Kapitel bzw. Unter- oder Unter-
Unter-Kapitel beginnt.

Genaueres zum Inhaltsverzeichnis finden Sie auf Seite 144 f.

Gliederung und Text der Facharbeit

Die Zahlen ①, ② usw. verweisen auf nebenstehende Beispielseite.

⊙ Alle Überschriften der Gliederung müssen auch im Text der Facharbeit
auftauchen.

⊙ Wichtig: Nummerierung und Überschrift eines Kapitels im Inhaltsverzeichnis müssen absolut identisch mit der Nummerierung und Überschrift
desselben Kapitels im laufenden Facharbeitstext sein.

⊙ Die Überschrift wird stets dem zugehörigen Textabschnitt vorangestellt. ①

⊙ Die Überschrift wird immer linksbündig gesetzt.

⊙ Idealerweise sollte zwischen Überschrift und vorausgehendem Text ein
größerer Abstand sein als zwischen Überschrift und nachfolgendem Text. ④

⊙ Überschriften müssen optisch hervorgehoben werden: Es ist üblich, alle
Überschriften fett zu drucken. Auch werden Sie meist größer gesetzt als
der laufende Text: Bei einer Text-Schriftgröße von 12 pt, werden Kapitelüberschriften in etwa 16 pt, Unterkapitelüberschriften in etwa 14 pt und die
Überschriften der Unter-Unterkapitel in etwa 13 oder 12 pt gesetzt. ①, ③

⊙ Eine Unterstreichung von Überschriften ist möglich, aber eher unüblich.

⊙ Kapitelüberschrift und Unterkapitelüberschrift können ohne Zwischentext
direkt aufeinanderfolgen ②. Es kann zwischen beiden aber auch ein kurzer
überleitender Zwischentext ohne Überschrift stehen.

⊙ Jedes Kapitel sollte auf einer neuen Seite begonnen werden.

⊙ Eine Überschrift darf niemals als Letztes unten auf einer Seite stehen. Es
müssen ihr mindestens zwei bis drei Zeilen Text auf der gleichen Seite
folgen.

⊙ Werden Textteile eines Abschnitts aus Platzgründen auf die nachfolgende
Seite gesetzt, so müssen *mindestens zwei* Zeilen Text auf jeder Seite stehen.
Einzelne Zeilen, die durch einen Seitenwechsel getrennt sind, werden fach-
sprachlich auch als „Witwen" oder „Waisenkinder" bezeichnet – was die an
dieser Stelle unglückliche bzw. typografisch falsche Textgestaltung treffend
kennzeichnet.

Numerische Gliederung im Textteil einer Facharbeit Beispiel

2   Der Untersuchungsraum

2.1 Das Münsterland ③

Die untersuchten Baggerseen liegen nördlich von Haddorf bzw. westlich von Neuenkirchen im nördlichen Westmünsterland, dem sogenannten Bentheim-Ochtuper Land. Das Westmünsterland ist Teil der Westfälischen Bucht, dem mit rund 9000 km² zweitgrößten natürlichen Großraum Westfalens. Die Westfälische Bucht schließlich stellt eine Ausbuchtung der Norddeutschen Tiefebene dar (siehe Karte im Anhang).

Geologisch gesehen ist die Westfälische Bucht ein flaches Becken, das fast ausschließlich von Ablagerungen der Oberkreide ausgefüllt wird. Sie wird deshalb auch als Münsterländer Kreide-Becken bezeichnet (GEOLO-GISCHES LANDESAMT NRW 1995, S. 12). An vielen Stellen überdecken jedoch eiszeitliche Ablagerungen den Kreidekern. Es handelt sich dabei um Eisablagerungen (End- und Grundmoränen), Schmelzwasserablagerungen (Sande, Kiese unter anderem) und Windablagerungen (Dünen, Löß), die während der Saale-Eiszeit vor ca. 250 000–200 000 Jahren entstanden, heute jedoch bereits wieder in Teilen durch Flusswasser verlagert worden sind (vergleiche SKUPIN und STAUDE 1995, S. 74 ff.).

2.2 Der Münsterländer Kiessandzug   ④

Eine dieser saaleeiszeitlichen Ablagerungen ist der Münsterländer Kiessandzug. Er zieht sich aus dem Raum westlich von Rheine (Haddorf) als mehrfach unterbrochene Hügelkette über Neuenkirchen und Albersloh bis in den Raum Ennigerloh. Seine Länge beträgt rund 70 km. Seine Breite schwankt zwischen 300 m und etwa 1000 m. Die Höhe des Kiessandzuges über Gelände beträgt oft nur wenige Meter, liegt aber zum Teil auch bei Werten von 10–17 m. (DOLEZALEK 1978, S. 18 ff.)

Aufgebaut ist der Kiessandzug aus geschichteten groben Sanden und Kiesen. Dieser Aufbau lässt auf eine Entstehung durch die Arbeit eiszeitlicher Schmelzwässer schließen (MÜLLER-WILLE 1966; SCHNEIDER 1964). Die Sande und Kiese des Münsterländer Kiessandzug werden bereits seit Jahrhunderten zur „Deckung des örtlichen Bedarfs an Bausanden und Baukies […] genutzt. Neben zahlreicheren kleinen Abbaustellen haben sich Schwerpunkte des Sand- und Kiesabbaus entwickelt […]." (SKUPIN 1995b, S. 138). Einer dieser Schwerpunkte befindet sich im Großraum Rheine-Neuenkirchen. Als Folge der Entnahme von Sand und Kies sind hier eine Reihe von Baggerseen entstanden.

9.3 Formale Gestaltung und Layout

Beim Rohentwurf Ihrer Facharbeit war es noch unerheblich, in welcher Form Sie diesen „zu Papier gebracht haben" (→ Seite 79). Für die abgabefertige Endfassung gilt dies jedoch nicht mehr. Hier gibt es eine Reihe formaler Standards, die Sie beachten müssen.

Teilweise werden Ihnen diese Standards durch die Schule vorgegeben. Ist dies nicht der Fall, so können Sie sich an den nachfolgend aufgeführten Vorgaben orientieren, die an vielen Schulen und auch später an der Universität/Fachhochschule üblich sind. Es sind im Einzelnen:

- Die Facharbeit muss maschinengeschrieben eingereicht werden. Die Abgabe einer handschriftlichen Facharbeit ist nur bei ausdrücklicher Genehmigung durch die Schule erlaubt.
- Der Druck muss sauber und lesbar sein. Dies gilt auch für kopierte bzw. eingescannte Texte, Tabellen, Diagramme, Karten und Bilder.
- Geschrieben wird auf DIN-A4-Papier (70 g/m² oder schwerer).
- Jedes Blatt darf nur einseitig bedruckt sein.
- Die Facharbeit muss geheftet oder gebunden abgegeben werden. Die Abgabe einer Loseblattsammlung ist unzulässig.
- Als Einband sind Schnell- und Klemmhefter möglich. Ansprechender und praktischer sind allerdings einfache Bindungen oder Spiralheftungen, wie sie in Copyshops preisgünstig angeboten werden.
- Die Seiten der Facharbeit in Klarsichthüllen zu verpacken ist unzulässig, da so das direkte Eintragen von Korrekturanmerkungen unmöglich ist.
- Der Text der Facharbeit muss durch Überschriften sowie durch Absätze gegliedert werden (→ Seite 136).
- Jedes Blatt muss so gestaltet werden, dass ausreichend Heft- und Korrekturrand frei bleibt.
- Standardvorgaben für die Seitenränder sind: links 4 cm; rechts 2 cm; oben 2 cm (falls die Seitenzahl oben auf der Seite angegeben wird 3 cm); unten 3 cm (falls die Seitenzahl oben auf der Seite angegeben wird 2 cm).
  Die Seitenränder können Sie bequem in Ihrem Schreibprogramm einstellen (bei Microsoft Word® 2016 z. B. über den Pfad → *Layout* → *Seite einrichten* → *Seitenränder*).
- Achtung: Die zuvor genannten Seitenränder müssen (abgesehen von der Seitennummer) textfrei bleiben. Das gilt auch für Tabellen, Diagramme, Karten und Bilder. Auch diese dürfen nicht „in den Seitenrand hineinragen".
- Alle Seiten der Facharbeit mit Ausnahme des Deckblattes und des Titelblattes müssen fortlaufend nummeriert werden.
  - Das Deckblatt wird nicht in die Seitenzählung einbezogen.

- Die Seitenzählung beginnt mit dem Titelblatt. Dieses wird als Seite 1 gezählt, erhält jedoch keine Seitenzahl aufgedruckt.
- In der Regel folgt dann das Inhaltsverzeichnis als Seite 2. Diese Seite erhält eine Seitenzahlangabe.
- Nun setzt sich die Seitenzählung bis zur letzten Seite fort.
- Seitenzahlen werden in arabischen Ziffern gedruckt.
- Sie werden in gleicher Größe wie der laufende Text gesetzt.
- Die Seitenzahl kann oben oder unten auf der Seite stehen.
- Die Seitenzahl kann rechtsbündig oder mittig unter bzw. über den Text gesetzt werden.

⊚ Als Schriftart sollten Sie *Times New Roman* oder *Calibri* wählen.

⊚ Als Schriftgröße (Schriftgrad) ist 12 pt zu verwenden.

⊚ Die Schrift längerer direkte Zitate darf etwas kleiner sein (→ Seite 89, ⑪).

⊚ Für Fußnoten und Endnoten sollten Sie *Times New Roman* bzw. *Calibri* 9 pt verwenden (→ Seite 95, ⑨).

⊚ Überschriften werden entsprechend größer gesetzt (→ Seite 137).

Verfassen Sie den gesamten Textteil der Facharbeit in derselben Schriftart (also z. B. in *Times New Roman*). Ein Schriftartwechsel führt zu optischer Unruhe. Zudem entspricht ein zu „buntes" Layout nicht dem sachlichen Stil einer wissenschaftlichen Arbeit. Ausnahme: Erscheint Ihnen dies zu „trist", so können Sie für die Überschriften eine zweite Schriftart nutzen.

Tipp

⊚ Die Arbeit muss mit eineinhalbfachem Zeilenabstand (= 1,5-zeilig) geschrieben werden. (Pfad bei Microsoft Word® 2016 z. B.: → *Start → Absatz → Zeilenabstand → 1,5 Zeilen*) – Ausnahmen: Umfangreiche direkte Zitate dürfen einzeilig verfasst werden (→ Seite 89, ⑪), ebenso Fußnoten/ Endnoten (→ Seite 95, ⑨) und das Literatur- und Quellenverzeichnis (→ Seite 103 f.).

⊚ Der Text sollte im Blocksatz geschrieben werden. Dies wirkt professionell und sorgt für ein ruhiges Gesamtbild. (Pfad bei Microsoft Word® 2016 z. B.: → *Start → Absatz → Ausrichtung → Blocksatz*)

⊚ Hervorhebungen im Text sollten durch **Fett-** oder *Kursivdruck* geschehen. Sie sollten jedoch sparsam verwandt werden, da sich beim gehäuften Gebrauch ihre heraushebende Wirkung verliert. Eine Hervorhebung im Text durch Unterstreichung ist eher unüblich. Eine Hervorhebung von Text durch unterschiedliche Farbgestaltung ist nicht erlaubt.

⊚ Längere Textpassagen sollten durch Absätze gegliedert werden. Dabei sollte bei einem Absatz möglichst keine zusätzliche Leerzeile eingefügt werden.

- ⊙ Leerzeilen sollten als zusätzliches Gliederungselement sparsam und nur an markanten Stellen eingesetzt werden (etwa um zwei Unterkapitel voneinander abzusetzen; → Beispiel Seite 137).
- ⊙ Über- bzw. Unterschriften von Tabellen, Diagrammen, Karten, Bildern usw. werden *nicht* durch eine Leerzeile vom Objekt, das sie beschriften, getrennt. Gleiches gilt für die Quellenangabe.
- ⊙ Eine Häufung von Fehlern im Bereich der Rechtschreibung und Zeichensetzung kann zur Herabsetzung der Note der Facharbeit führen. Es ist daher sehr empfehlenswert, die Fehlerzahl in diesem Bereich so gering wie möglich zu halten. Hier gilt:
  - Nutzen Sie die Rechtschreibkorrekturfunktion Ihres Textverarbeitungsprogramms. Achten Sie aber darauf, dass dieses nach den neuesten Rechtscheibregeln arbeitet.
  - Ziehen Sie in Zweifelsfällen ein aktuelles Rechtschreibwörterbuch zurate.
  - Lassen Sie die Facharbeit in jedem Fall auch von Freunden, Bekannten oder Verwandten auf grammatikalische Stimmigkeit, Rechtschreibung, korrekte Zeichensetzung, Schreibstil usw. hin überprüfen. Denn Sie als Autor bzw. Autorin des Textes besitzen eine gewisse „Fehlerblindheit": Sprachliche Unschärfen, Grammatik- und Kommafehler fallen Ihnen auch bei mehrmaligem Lesen nicht mehr auf, wohingegen diese einem anderen Leser direkt „ins Auge springen".

Tipp

Bevor Sie Ihre Facharbeit zum Binden bzw. Heften geben, sollten Sie diese einer gewissenhaften Endkontrolle unterziehen. Achten Sie darauf, dass alle Seiten der Facharbeit vorhanden sind. Überprüfen Sie die Seitennummerierung sowie die Lesbarkeit und Druckqualität gerade auch bei eingescannten Objekten.

Vielleicht erscheinen Ihnen die vielen formalen Vorgaben zu pedantisch. Sie sichern jedoch einen formale Standard und damit eine formale Vergleichbarkeit aller Facharbeiten. Zudem dienen sie der Chancengleichheit: In der Regel ist nämlich für die Facharbeit eine Ober- und Untergrenze der Seitenzahl festgelegt. Gäbe es keine Vorgaben zur äußeren Form der Arbeit, so würde die Seitenzahlvorgabe je nach Bedarf dadurch ausgehebelt, dass man z. B. mit kleinerer Schrifttype schreibt oder aber die Zeilenabstände vergrößert oder verkleinert. Damit würde der eine eventuell auf gleicher Seitenzahl den doppelten Text unterbringen und sich dadurch einen unfairen Benotungsvorteil verschaffen. Schließlich sollten Sie bedenken: Der optische Eindruck der Facharbeit ist ein nicht zu unterschätzender psychologischer Faktor bei der Gesamtbeurteilung. Doch nun zu den einzelnen Komponenten der Facharbeit.

9.4 Deckblatt und Titelblatt

Jede Facharbeit *muss* ein Titelblatt und *kann* zudem ein Deckblatt enthalten. Das **Deckblatt** (Umschlagblatt) ist die Visitenkarte der Facharbeit. Es entspricht dem Cover eines Buches. Der Leser nimmt an dieser Stelle den ersten Kontakt mit der Arbeit auf. Deshalb sollte man durchaus Überlegungen darauf verwenden, dieses Blatt attraktiv zu gestalten.

Prinzipiell sind für ein Deckblatt zwei Varianten denkbar:

- ⊙ Sie verwenden den Umschlag der Facharbeit als Deckblatt. Bei einer Bindung und Heftung der Facharbeit ist dies in der Regel ein weißer oder farbiger Karton.
- ⊙ Oder Sie benutzen das erste auf den Umschlag folgende Blatt als Deckblatt. Der vordere Umschlag sollte in diesem Fall aus einer durchsichtigen Folie bestehen.

In beiden Fällen besteht die Möglichkeit, das Deckblatt zu bedrucken. Der Text kann hierbei in anderer Schrift gedruckt werden als die übrige Facharbeit. Aufgedruckt werden sollte:

- ⊙ das Thema der Facharbeit (eventuell in abgekürzter Form)
- ⊙ das Fach und gegebenenfalls der Kurs
- ⊙ der Name der Verfasserin/des Verfassers
- ⊙ eventuell Ort und Jahr der Erstellung.

Neben dem Text sollte das Deckblatt einen Eyecatcher enthalten. Dies könnte z. B. eine Grafik oder Karte sein oder ein für die Arbeit typisches Symbol, ein im Zusammenhang mit der Arbeit stehendes Bild oder eine Collage. Ihrer Gestaltungsphantasie sind hier keine Grenzen gesetzt. Doch bedenken Sie: Für die Facharbeitsnote ist das Deckblatt von geringer Bedeutung. Verwenden Sie also nicht zuviel Zeit auf dessen Erstellung.

Was noch wichtig ist:

- ⊙ Abbildungen müssen auch hier mit einem Quellenbeleg versehen werden.
- ⊙ Das Deckblatt wird in der Seitenzählung der Facharbeit nicht mitgezählt.

Die auf das Deckblatt folgende Seite der Facharbeit wird als **Titelblatt** bezeichnet. Das Titelblatt dient dazu, die Arbeit prüfungstechnisch korrekt einzuordnen. Aus diesem Grunde muss es eine Reihe formaler Angaben enthalten. An vielen Schulen ist die Gestaltung des Titelblatts vorgegeben. Sie erhalten in diesem Fall von Ihrer Lehrerin oder Ihrem Lehrer ein entsprechendes Formblatt oder ein Mustertitelblatt. Legt die Schule den formalen Aufbau des Titelblattes nicht fest, können Sie sich am Beispiel auf der folgenden Seite orientieren.

Ein Titelblatt muss die folgenden Angaben aufweisen:
- Name der Schule
- Schuljahr, Kurs und Fach, in dem die Facharbeit verfasst wurde
- Name der betreuenden Fachlehrerin bzw. des Fachlehrers
- Thema der Facharbeit
- Name und Vorname der Verfasserin bzw. des Verfassers
- gegebenenfalls Ausgabetermin des Themas
- gegebenenfalls letztmöglicher Abgabetermin
- Leerzeile für die vom Lehrer/Sekretariat vorzunehmende handschriftliche Eintragung des tatsächlichen Abgabetermins
- Leerzeile für die Quittierung der fristgerechten Abgabe der Facharbeit mit einer vorgegebenen Unterschriftsmöglichkeit für die Schülerin bzw. den Schüler sowie für die Fachlehrerin oder den Fachlehrer.
- Notenzeile
- Zeile für die Unterschrift der Lehrkraft, die die Facharbeit korrigiert und bewertet hat.

Was noch wichtig ist:
- Der Text auf dem Titelblatt wird in gleicher Schriftart und Schriftgröße gesetzt wie der laufende Text der Facharbeit.
- Eine Ausnahme bilden die Angaben zum Thema und zur Verfasserin bzw. zum Verfasser. Diese dürfen größer, fett oder in anderer Schriftart gesetzt werden.
- Das Titelblatt wird bei der Seitenzählung der Facharbeit als Seite 1 gezählt. Es erhält jedoch keine Seitenzahl aufgedruckt.

Titelblatt

Beispiel

Schule: Otto-Kunz-Gymnasium
Humanitätsstraße 77
21211 Neustadt

Schuljahr: 2017/2018
Kurs: Leistungskurs
Fach: Geographie
Fachlehrer: Rudolf Schlumpf

Namibia – ein Urlaubsparadies?

von

Hermine Gringer

Ausgabetermin des Themas: *12.3.2018* Abgabetermin der Arbeit: *30.5.2018*

Die Facharbeit wurde eingereicht am _____

_____   _____

(Unterschrift der Schülerin/des Schülers)   (Unterschrift des Lehrers)

Erteilte Note: _____   Punkte: _____

_____

(Unterschrift des Lehrers)

9.5 Inhaltsverzeichnis, sonstige Verzeichnisse und Vorwort

Jede Facharbeit muss ein **Inhaltsverzeichnis** enthalten. Es spiegelt den Aufbau und die Struktur der Facharbeit wider und dient dazu, die Gliederung der Facharbeit auf einen Blick zu präsentieren und dem Leser eine rasche Orientierung zu ermöglichen. Zu diesem Zweck enthält es:

- alle Nummerierungselemente der Gliederung (→ Seite 135),
- alle Überschriften der Gliederung,
- die Seitenzahlen, auf denen die einzelnen Überschriften stehen.

Wichtig ist:

- Nummerierung und Überschriften müssen im Inhaltsverzeichnis und im laufenden Text der Facharbeit völlig identisch sein.
- Es wird nur die Seitenzahl angegeben, mit der das jeweilige Kapitel, Unterkapitel usw. *beginnt*, und **nicht** Anfang *und* Ende des Kapitels
- Das Inhaltsverzeichnis steht auf einer eigenen Seite. Diese trägt die Seitenzahl 2.
- Auf das Inhaltsverzeichnis folgt in den meisten Fällen (Ausnahmen siehe → „Weitere Verzeichnisse" auf Seite 146) direkt der laufende Text der Facharbeit. Er beginnt immer auf einer neuen Seite.
- Es müssen auch sämtliche Verzeichnisse (Abbildungs- und Tabellenverzeichnis usw.) und die einzelnen Bestandteile des Anhangs im Inhaltsverzeichnis aufgeführt werden.
- Das Inhaltsverzeichnis selbst hat keine Kapitelnummer.

Die Überschriften einer Facharbeit können nach dem *numerischen* oder dem *alpha-numerischen Gliederungsverfahren* nummeriert werden (→ Seite 135). Im Inhaltsverzeichnis bieten sich nun zwei Möglichkeiten, die Überschriften in optisch ansprechender Weise zu ordnen:

Das Linienprinzip

- Hier werden alle Gliederungspunkte linksbündig untereinandergesetzt.
- Dabei gibt es drei (gedachte) senkrechte Fluchtlinien: entlang der ersten werden alle Nummern, entlang der zweiten alle Überschriften und entlang der dritten alle Seitenzahlen gesetzt.
- Alle Gliederungspunkte können in gleichem Schriftschnitt (Standard, *kursiv* oder **fett**) und mit gleichem Zeilenabstand geschrieben werden.
- Es besteht jedoch auch die Möglichkeit, die Kapitelüberschriften durch Fettdruck hervorzuheben (→ Beispiel auf Seite 145).

Numerisches Inhaltsverzeichnis nach dem Stufenprinzip   Beispiel

Inhaltsverzeichnis

Aus einer fächerübergreifenden (Biologie, Chemie, Geographie), von zwei Autoren erstellten Facharbeit

Beide Gestaltungsvarianten sind sowohl für numerische als auch für alpha-numerische Gliederungen anwendbar. Welche Variante Sie wählen, hängt von Ihrem persönlichen Geschmack bzw. den Vorgaben der Lehrkraft ab.
In vielen Fällen ist das Linienprinzip günstiger, da seine Erstellung einfacher ist und zudem mehr Platz für gegebenenfalls längere Überschriften bleibt.

⊙ Zudem kann jede Kapitelüberschrift durch einen zweizeiligen Abstand von der vorherigen Überschrift abgesetzt werden. Die Unterkapitelüberschriften werden dann 1,5-zeilig gesetzt, die Unter-Unterkapitel-Überschriften einzeilig (→ Beispiel Seite 145).

Das Stufenprinzip

Hierbei werden die Ziffern bzw. Buchstaben einer Gliederungsebene so gesetzt, dass sie unter dem Textanfang der jeweils nächsthöheren Gliederungsebene stehen. Auf diese Weise entsteht ein Stufensystem, das eine rasche Erfassung der einzelnen Gliederungsebenen erlaubt. Beispiele für nach dem Stufenprinzip gestaltete Inhaltsverzeichnisse finden Sie auf → Seite 145 und Seite 147.

Weitere Verzeichnisse

In umfangreichen Facharbeiten können zwischen dem Inhaltsverzeichnis und dem laufenden Text der Arbeit weitere Verzeichnisse eingeschoben sein:

⊙ Abbildungsverzeichnis
⊙ Tabellenverzeichnis
⊙ Abkürzungsverzeichnis

All diese Verzeichnisse sollten jedoch nur angelegt werden, wenn Tabellen, Abbildungen oder Abkürzungen in der Arbeit in größerer Zahl enthalten sind. Als Richtgröße kann hier gelten: Ein Tabellenverzeichnis wird erst ab sechs bis acht Tabellen, ein Abbildungsverzeichnis ab sechs bis acht Abbildungen angelegt usw.

Im **Tabellenverzeichnis** werden angegeben: die Tabellennummer, die Tabellenüberschrift und die Seitenzahl der Seite, auf der die Tabelle steht.
Beispiel:

Tab. 1   Größe der Wüsten der Erde   3
Tab. 2   Niederschlag in Assuan 1950 – 90   5

Im **Abbildungsverzeichnis** werden alle Diagramme, Karten, Skizzen, Bilder usw. aufgelistet. In der Arbeit werden diese unterschiedslos als *Abbildungen* bezeichnet und fortlaufend nummeriert (→ Seite 126 f.). Die Angaben im Abbildungsverzeichnis erfolgen in gleicher Weise wie im Tabellenverzeichnis.
Beispiel:

Abb. 1 Goethe-Haus in Frankfurt a. M.   6
Abb. 2 Dichterzimmer im Goethe-Haus   7
Abb. 3 Titelblatt der Erstausgabe des Faust   9

Alpha-numerisches Inhaltsverzeichnis nach dem Stufenprinzip   Beispiel

Inhaltsverzeichnis

Facharbeit im Fach Deutsch mit dem Thema *Gotthold Ephraim Lessing: Minna von Barnhelm – Emanzipationskomödie oder Tellheim-Drama?*

Im **Abkürzungsverzeichnis** werden nur die wenig bekannten, eher unüblichen oder von Ihnen selbst entwickelten Abkürzungen aufgeführt. Haben Sie davon in Ihrer Arbeit eine größere Anzahl verwendet, können Sie diese im Abkürzungsverzeichnis in zwei nebeneinanderstehenden Spalten erläutern. Beispiel:

idg. = indogermanisch	*Seew. = Seewesen*
Kč = tschech. Krone	*TV = Turnverein*

Im **Glossar** werden alle in der Arbeit benutzten ausgefallen Fachbegriffe und Fremdwörter erklärt. Ein Glossar ist aber nur dann sinnvoll, wenn Sie in Ihrer Arbeit eine große Zahl unüblicher Begriffe benutzt haben. Für den Fall, dass in Ihrer Facharbeit ein Glossar notwendig wird, sollten Sie dieses nahe dem Ende der Arbeit zwischen Textteil und Literaturverzeichnis platzieren und in der Einleitung Ihrer Arbeit auf das Glossar hinweisen.

Tipp

Kommen in Ihrer Arbeit nur wenige ausgefallene Fachbegriffe und Fremdwörter vor, so sollen Sie auf ein Glossar verzichten und die Begriffe beim ersten Gebrauch mit einer in runde Klammern gesetzten kurzen Erklärung versehen.

In einer Facharbeit entfällt in der Regel das sogenannte **Vorwort**. Dieses gehört eigentlich nur in eine Bachelor-, Master-, Examens- bzw. Diplomarbeit oder ein veröffentlichtes Werk. In längeren Facharbeiten, etwa bei der sogenannten *Besonderen Lernleistung,* mag jedoch ein Vorwort sinnvoll erscheinen. Daher sei es an dieser Stelle kurz skizziert.

Das Vorwort stellt eine persönlich gehaltene Einführung des Autors in die Entstehungsgeschichte seines Werkes dar. Es kann enthalten:

- Angaben zu den persönliche Gründen für die Themenwahl
- eine Darstellung der Anregungen, die den Autor zur Themenformulierung bewogen haben
- eine Erläuterung der Stellung und Bedeutung des Werkes in der wissenschaftlichen Welt
- die persönlichen Erwartungen, die der Autor mit der Veröffentlichung seines Werkes verknüpft
- eine Danksagung an Personen und Institutionen, die zum Erscheinen des Werkes beigetragen haben.

Einzelne Elemente des Vorwortes können Sie in die **Einleitung** Ihrer Facharbeit übernehmen. Verzichten sollten Sie aber in jedem Fall auf eine Danksagung an die Schule oder die Sie betreuende Lehrkraft. Ein Loblied auf denjenigen zu singen, der Ihre Arbeit beurteilen muss, klingt nach Anbiederung und könnte als Versuch (miss)verstanden werden, die Beurteilungsobjektivität der Lehrperson in subjektives Wohlwollen zu verwandeln.

9.6 Einleitung

Jede Facharbeit beginnt mit einer Einleitung. Einleitung meint hierbei **nicht** einige unverbindliche, allgemein gehalten Sätze, die den Leser auf die Facharbeit einstimmen. Unter Einleitung ist vielmehr eine konkrete inhaltliche Einführung in die Arbeit zu verstehen.

Die Einleitung wird in der Regel erst dann geschrieben, wenn die Facharbeit ansonsten bereits fertiggestellt ist.

Die Einleitung hat vier zentrale Funktionen (→ Beispiel Seite 151):

1. Interesse des Lesers wecken ②, ⑦

Dieses kann z. B. dadurch erreicht werden, dass man die Einleitung mit einem provokanten Zitat oder Ausspruch beginnt. Doch auch die Darstellung eines Alltagsproblems oder einer Alltagserfahrung, die man zum Ausgangspunkt seiner Themenfindung gemacht hat, bietet sich an. Weitere Möglichkeiten sind: ein markanter Ausspruch des behandelten Autors, ein Auszug aus einem aktuellen Zeitungsbericht, eine zum Thema passende Anekdote ...

2. Einführung in die Entstehungsgeschichte des Themas und der Arbeit ① – ③

Hierzu gehören:

- ⊙ persönlich gehaltene Ausführungen zur Entstehung des Themas und der Arbeit
- ⊙ Erläuterung und Abgrenzung des Themas (hier kann auch dargelegt werden, warum bestimmte Aspekte des Themas nicht behandelt werden). Dieses Element gehört nur dann in die Einleitung, wenn die Arbeit kein Vorwort enthält (→ Seite 148).

Vorstellen des Problemrahmens und Einordnung des Themas ④, ⑥

Hier könnten eingebracht werden:

- ⊙ Formulierung der Ausgangsfragestellung/Forschungsfrage
- ⊙ Erläuterung der Zielsetzung der Arbeit
- ⊙ Formulierung von Arbeitshypothesen
- ⊙ Dokumentation des historischen Rahmens und der aktuellen Bedeutung des Themas
- ⊙ Einordnung des Themas in den derzeitigen Forschungsstand
- ⊙ bei praktischen Arbeiten die Erläuterung der Ausgangssituation und der Forschungsfrage, die man mithilfe der eigenen Forschung beantworten möchte
- ⊙ Anmerkungen zur Materiallage, Materialauswahl und zu Problemen bei der Materialbeschaffung

Erläuterung des Aufbaus der Arbeit und Einführung in deren Inhalte ⑤
- ⊙ Angaben zum methodischen Vorgehen
- ⊙ Erläuterung der Gliederung
- ⊙ als Überleitung zum Hauptteil z. B. eine kurze Vorschau auf die Inhalte der Arbeit/die bedeutsamsten Aspekte des Hauptteils

Wichtig ist:
- ⊙ Je nach Thematik der Facharbeit wird die Einleitung nur eine bestimmte Auswahl der zuvor aufgezählten Elemente enthalten.
- ⊙ Es müssen aber alle vier Funktionen abgedeckt sein.
- ⊙ Eine zu starke Fokussierung auf einen der vier Bereiche (z. B. die ausführliche Darlegung der Umstände der Themenfindung) ist zu vermeiden.
- ⊙ Die Einleitung sollte in Facharbeiten einen Umfang von einer bis eineinhalb Seiten möglichst nicht überschreiten.
- ⊙ Die gewählte Überschrift kann informativ sein und den inhaltlichen Schwerpunkt der Einleitung kennzeichnen. Beispiele: *Zielsetzung und Untersuchungsrahmen der Arbeit* oder *Der historische Hintergrund des Themas* oder *Zielsetzung der Arbeit und Begründung der Themenwahl.*
- ⊙ Es reicht an dieser Stelle aber auch das Wort *Einleitung* als Kapitelüberschrift aus.
- ⊙ Entsprechend den vier Funktionen der Einleitung kann der Einleitungstext in vier Absätze untergliedert werden. In umfangreicheren Facharbeiten ist auch die Untergliederung der Einleitung in drei bzw. vier Unterkapitel möglich (→ Beispiel Seite 134 unten).
- ⊙ Zum Schluss der Einleitung sollte zum anschließenden Hauptteil übergeleitet werden. ⑦

Tipp	Wie in wissenschaftlichen Arbeiten an der Universität oder Fachhochschule sollten Sie auch in Ihrer Facharbeit auf eine geschlechtergerechte (gendergerechte) Sprache achten. Fügen Sie also in der Einleitung sinngemäß eine der beiden folgenden Formulierungen ein: *„Im Text meiner Facharbeit habe ich aus Gründen der Lesbarkeit auf geschlechtsneutrale Formulierungen verzichtet. Ich habe durchgängig die weibliche (oder: die männliche) Form verwandt, gemeint sind aber immer alle Geschlechter."* oder *„Im Text meiner Facharbeit habe ich auf geschlechtsneutrale Formulierungen geachtet."* Wählen Sie die zweite Variante, müssen im Text der Facharbeit z.B. „Mitschülerinnen und Mitschüler" oder „die weiblichen und männlichen Befragten" genannt werden. Alternativ können Sie auch neutrale Formulierungen benutzen wie z.B. „die Klasse" oder „die befragten Personen". Ausführliche Tipps zur geschlechtergerechten Sprache finden Sie im Internet z.B. unter *https://de.wikipedia.org/wiki/Geschlechtergerechte_Sprache*

Einleitung aus einer Facharbeit

1 Einführung in die Inhalte und den Aufbau der Facharbeit

(1) Den historischen Mittelalterkrimi „Tod und Teufel" las ich zunächst privat, als ich noch gar nicht daran dachte, darüber meine Facharbeit zu schreiben. Das Werk von Frank Schätzing begeisterte mich sofort, da in ihm sonst eher trockene historische Ereignisse in eine spannende Geschichte integriert werden. Damit lässt sich wahrscheinlich auch der große Erfolg des Krimis erklären. Nachdem ich das Buch gelesen hatte, wollte ich mich über den Autor und über das Buch informieren, um Hintergrundinformationen zu erhalten. Auf der Internetseite von Frank Schätzing stieß ich dabei auf ein interessantes Statement des Autors zu „Tod und Teufel":

(2) [...] Das Leben dieser Menschen wollte ich zeigen, in einer Stadt wie Köln. Dass ich dabei ein bisschen in die Geschichte eingegriffen habe, mögen mir die Historiker nachsehen. Sie müssten keine Zeile in ihren Büchern umschreiben, hätte es sich so zugetragen, wie ich es schildere. Und wer weiß – vielleicht habe ich ja sogar die Wahrheit geschrieben! Rein zufällig, versteht sich![1]

(3) Durch diese Anspielung auf die historische Wirklichkeit des Krimis wurde meine Neugier geweckt und ich wollte herausfinden, was der Autor an historischen Tatsachen in seinem Krimi aufgegriffen, und welche er dazuerfunden hat. Somit stand das Thema für meine Facharbeit fest: Die historische
(4) Wirklichkeit ausgewählter Aspekte der Haupthandlung des Buches. Ich konzentriere mich in meiner Facharbeit nur auf die für das Buch und die Handlung bedeutsamsten Aspekte, da es zu umfassend wäre, alle im Buch genannten historischen Fakten zu überprüfen.

Den Hauptteil habe ich so gegliedert, dass ich die historischen Aspekte in der Abfolge, wie sie sich im Buch abspielen, mit der historischen Wirklichkeit
(5) vergleiche. Zuerst habe ich den Tod des Dombaumeisters bearbeitet, da auf diesem Ereignis die folgenden Geschehnisse basieren. Dann folgt der Aspekt der Patrizierentmachtung, da dieser den Grund für das Mordkomplott der Overstolzen gegen Konrad von Hochstaden und indirekt auch den Grund für den Tod des Dombaumeisters darstellt. Im letzten Punkt wird die Existenz der im Buch agierenden Personen überprüft. Zentrale Personen werden in einer Kurzbiographie vorgestellt.

Da die Geschichte im mittelalterlichen Köln spielt, fuhr ich in die Domstadt, um dort im Stadtarchiv und der Stadtbibliothek zu recherchieren. Außerdem besuchte ich das Haus der Overstolzen in der Rheingasse, um es mir von außen anzusehen.
(6) Auf meine E-Mail vom 9.1.2005 (siehe Kapitel 7.1), in der ich dem Autor Fragen, die ich in meiner Recherchearbeit nicht beantworten konnte, stellte, bekam ich leider bis heute keine Antwort. Das Problem bei meinen Nachforschungen war, dass ich mir die Bücher nicht, wie ich es in einer nähergelegenen Stadt hätte machen können, ausleihen konnte. Auch die Zeit, alle Dokumente direkt im Archiv oder der Bibliothek in Köln sorgfältig durchzulesen, blieb mir nicht. So musste ich alle Quellen, die wichtige Informationen beinhalten, kopieren.

Als ich einem Mitarbeiter des Stadtarchivs von meiner Arbeit erzählte, sagte er mir, dass Frank Schätzing fast alle Ereignisse seines Krimis erfunden habe. Inwieweit dieser Mitarbeiter mit seiner Aussage Recht hat und inwie-
(7) weit Frank Schätzing mit seinem Krimi „in die Geschichte eingegriffen hat", das werde ich nun im folgenden Hauptteil meiner Facharbeit überprüfen.

---

[1] http://www.frank-schaetzing.com (6.2.2005). SCHÄTZING, Frank: Homepage.

Facharbeit im Fach Deutsch mit dem Titel *„Der historische Wahrheitsgehalt ausgewählter Aspekte der Haupthandlung des Buches ‚Tod und Teufel' von Frank Schätzing* verfasst von Antje Uhlenbrock.

9.7 Haupteil

Die genaue inhaltliche Ausfüllung und Gliederung des Hauptteils hängt in starkem Maße vom Thema der Facharbeit ab. Es lassen sich somit lediglich allgemeine Hinweise für die Gestaltung geben.

Der Hauptteil ist das Herzstück Ihrer Facharbeit. Hier werden alle Sachinformationen dargelegt, die Sie zur Beantwortung der Forschungsfrage, zur Lösung des Ausgangsproblems oder generell zur Bearbeitung der Aufgabenstellung Ihrer Facharbeit ermittelt und zusammengetragen haben. Die Ausführungen im Hauptteil müssen damit konkret auf die in der Einleitung skizzierte Zielsetzung/Themenstellung der Arbeit bezogen sein.

Für den Hauptteil gilt:

- Die Niederschrift erfolgt in Form eines zusammenhängenden Textes.
- Tabellen und Abbildungen dürfen nicht ohne Textanbindung bleiben. Sie müssen beschrieben, erläutert oder im Text aufgegriffen werden.
- Tabellen erhalten eine Überschrift, Abbildungen eine Unterschrift (→ Seite 125 ff.). Sie müssen mit einem Quellenbeleg versehen werden. Tabellen und Abbildungen werden fortlaufend nummeriert (Abb. 1, Abb. 2, ...).
- Der Hauptteil ist in mehrere Kapitel und gegebenenfalls Unterkapitel untergliedert, die jeweils eigenständige Überschriften erhalten.
- Dabei ist „Hauptteil" keine zulässige Überschrift.
- Der Text wird durch Überschriften und Absätze in Abschnitte untergliedert (→ Seite 136 f.). Diese dürfen nicht beziehungslos nebeneinanderstehen, sondern müssen inhaltlich aufeinander bezogen sein.
- Die Untergliederung des Textes durch Überschriften und Absätze darf nicht zu kleinschrittig vorgenommen werden.
- Bezüge zwischen den Textabschnitten können durch Querverweise angedeutet werden, etwa in der Form „... (siehe Seite 2)".
- Die Darstellung sollte geordnet erfolgen.
- Argumentationslinien sollten deutlich herausgearbeitet werden.
- Die wertfreie Darstellung der ermittelten Daten und Fakten und deren kritische Reflexion und Bewertung müssen klar voneinander getrennt werden.
- Die Inhalte im Hauptteil müssen
  - sachlich richtig sein;
  - mit den Angaben in den benutzten Quellen übereinstimmen;
  - widerspruchsfrei und verständlich dargestellt werden;
  - überprüfbar sein; dies wird dadurch gewährleistet, dass alle aus fremden Quellen übernommenen Informationen mit einem Quellennachweis versehen werden (→ Kapitel 7);
  - klar auf das Thema der Arbeit bezogen sein, Abschweifungen von der Themenlinie sind zu vermeiden;
  - Fakten darstellen und keine Vermutungen/persönliche Meinungen.

9.8 Schlussteil

Obwohl dieser Teil den Abschluss des Textteils der Facharbeit bildet, steht das Wort *Schluss* hier weniger für *Ende*, als vielmehr für *Schlussfolgerung*. Inhaltlich sollte der Schlussteil damit zum einen eine Abrundung der Argumentation des Hauptteils bieten und zum anderen die aus den Ergebnissen des Hauptteils zu ziehenden Schlussfolgerungen aufzeigen. Er enthält keine neuen Sachinformationen (diese gehören in den Hauptteil) und in der Regel auch keine Quellenbelege.

Elemente des Schlussteils sind (→ Beispiel Seite 154):

Zusammenfassung ①
Der Schlussteil sollte eine kurze, prägnante Zusammenfassung der Kerninhalte des Hauptteils oder der ermittelten Forschungsergebnisse enthalten (Resümee).

Bezug zum Ausgangspunkt der Arbeit ②
Im Schlussteil sollte der Bogen zum Ausgangspunkt der Arbeit geschlagen werden:
- Es sollte dargelegt werden, inwieweit das gesteckte Arbeitsziel erreicht wurde.
- Die Forschungsfrage sollte soweit möglich beantwortet werden.
- Man sollte erläutern, inwieweit die Ausgangshypothese(n) durch die Arbeit bestätigt oder widerlegt wurde(n).

Wertung/persönliche Stellungnahme ②
- Die im Hauptteil dokumentierten Fakten können bewertet und kritisch kommentiert werden. Dabei sollte die Bewertung für den Leser nachvollziehbar sein, d. h. argumentativ gestaltet und auf die zuvor dokumentierten Fakten bezogen werden. ③
- Im Schlussteil können die Ergebnisse der Arbeit in den Gesamtrahmen der derzeitigen Forschungslage eingeordnet werden.

Ausblick/Forderungen/offene Fragen
- Schlussfolgerungen/Forderungen, die sich aus den Ergebnissen des Hauptteils für die weitere Arbeit, für neue Handlungskonzepte usw. ergeben, werden dokumentiert. ④
- Noch offen gebliebene oder aber neu aufgetauchte Fragen werden aufgeführt.
- Schlussappelle sind möglich. ⑤

Beispiel   Schlussteil aus einer Facharbeit

9 Sinn oder Unsinn der Tanztherapie

(1) Zusammenfassend ist zu sagen, dass sich die Tanztherapie als eine er-
folgreiche Form der Therapie bei erstaunlich vielen Krankheiten erweist.
Dies lässt sich vor allem mit Hilfe der Theorie der „Körper-Geist-Seelen-
Einheit" erklären.

(2) Auf der Basis meiner Recherchen zum Thema Tanztherapie in der Fachliteratur und nach Auswertung der von mir geführten Interviews mit
Spezialisten komme ich zu dem Schluss, dass der Tanz als Therapieform
ein gut durchdachtes und sinnvolles Heilungskonzept ist. Denn auch ich
bin der Meinung, dass man den Köper eines Menschen und seine Seele
nicht separat betrachten kann, sondern als „Köper-Geist-Seelen-Einheit"
sehen muss.

(3) So gibt es bei allen körperlichen Krankheiten immer auch einen seelischen
Aspekt. Eine physische Krankheit wie z. B. Krebs kann sich durch eine an-
gespannte bzw. entspannte private Situation subjektiv wie auch objektiv
verschlechtern bzw. verbessern. Auch gibt es körperliche Beschwerden,
die (vorwiegend) seelische Ursachen haben, z. B. wenn ein Kind vor einer
Mathematikklausur Bauchschmerzen bekommt.

Seele und Körper arbeiten somit zusammen und man kann nicht den
einen Teil ohne Beachtung des andern heilen. Und genau dort setzt die
Tanztherapie an. Sie verbindet beide Aspekte auf natürliche Weise, indem
sie die körperliche Bewegung als Ausdruckselement der seelischen Befin-
dung nutzt.

Bedauerlich finde ich jedoch, dass die Tanztherapie bisher eine so ge-
ringe Aufmerksamkeit und somit Verbreitung erlangt hat, was zum Teil
auch durch das nicht Übernehmen von Kosten durch die Krankenkasse
bedingt ist, zum Teil aber sicherlich auch durch die zwar erkennbaren,
jedoch schwer messbaren bzw. in Prozentzahlen anzugebenden Erfolge.

(4) Hier wäre eine verstärkte Öffentlichkeitsarbeit der Therapeutenverbände
hilfreich, um die durch Tanztherapie erzielten Behandlungserfolge pu-
blik zu machen. Auch sollten die Krankenkassen meiner Meinung nach
erneut prüfen, ob die Tanztherapie nicht bei bestimmten Krankheiten als
Therapieform zugelassen werden kann.

Ich denke, wenn man neuen Dingen offen gegenüber steht oder sich
einfach einmal auf Unbekanntes einzulassen versucht, ist diese Form
von kreativer Therapie sehr erfolgreich. Die mir bekannten Fallbeispiele
und ihre Erfolge zeigen, dass man durch die Tanztherapie alleine oder im
Zusammenwirken mit anderen Therapien sehr gute Ergebnisse erzielen
kann. Da es sich um eine Therapie handelt, die auch die psychische Ebene
einbezieht, ist es allerdings oft so, dass sich hierbei keine sofortige und
zeitnahe, jedoch dafür eine wahre Heilung einstellt. [...]

(5) Somit macht es meiner Meinung nach durchaus Sinn, den Versuch einer
kreativen Therapie in der Form des Tanzes zu wagen.

– 14 –

Facharbeit im Fach Pädagogik mit dem Titel *Tanz als Therapie* verfasst von Christina Uhlenbrock

9.9 Anhang

Mit dem Schlussteil ist der Textteil der Facharbeit abgeschlossen. Es folgt in jedem Fall das Literatur- und Quellenverzeichnis (→ Seite 99 ff.). Hieran schließt sich eventuell ein Anhang an.

Formale Gestaltung des Anhangs

- ⊙ Auch der Anhang wird in einzelne Unterkapitel eingeteilt. Dabei bildet jedes Anhangdokument ein eigenes Unterkapitel.
- ⊙ Anhang-Unterkapitel werden nummeriert und im Inhaltsverzeichnis aufgeführt (→ Seite 145). So kann im Text leicht auf Dokumente aus dem Anhang verwiesen werden.
- ⊙ Ebenso wie das Literatur- und Quellenverzeichnis wird der Anhang in die fortlaufende Seitenzählung einbezogen.
- ⊙ Ist eine Höchstzahl an Seiten für die Facharbeit vorgegeben, wird der Anhang hierauf aber **nicht** angerechnet.

Was gehört in den Anhang?

Generell sind dies Dokumente und Informationen, die mit dem Textteil der Arbeit in engem Zusammenhang stehen und diesen ergänzen, dort den Argumentationsgang aber optisch oder inhaltlich stören würden. Zudem Originalquellen, die für den Leser nur schwer oder gar nicht zu beschaffen sind. Dies wären z. B.:

- ⊙ wichtige Originaldokumente
- ⊙ Kopien historischer Quellen
- ⊙ Gesetzestexte
- ⊙ Versuchsanleitungen/-vorschriften
- ⊙ Interview-/Fragebögen
- ⊙ Interviewmitschriften
- ⊙ Beobachtungsprotokolle
- ⊙ Bestimmungstabellen
- ⊙ Schaltskizzen
- ⊙ Programmierungsprotokolle
- ⊙ umfangreiches statistische Material (z. B. aus Experimenten gewonnene Rohdaten)
- ⊙ große Karten (z. B. Faltkarten)
- ⊙ Zeitungsartikel
- ⊙ E-Mails, die im Zusammenhang mit der Arbeit versandt oder empfangen wurden
- ⊙ Fotos, die im Zusammenhang mit der Arbeit entstanden sind.

All diese Elemente *können* der Facharbeit im Anhang beigefügt werden, sie *müssen* es jedoch nicht. Überladen Sie den Anhang Ihrer Facharbeit nicht. Viele Facharbeiten kommen gänzlich ohne einen solchen aus.
Infolge zunehmender Plagiate (→ Seite 86 f.) fordern aber immer mehr Schulen, *alle benutzten Internetquellen im Original in den Anhang einzufügen*. Wie bei allen Anhangelementen kann dies in gedruckter Form oder auf einem Datenträger (CD-ROM, USB-Stick) geschehen.

Die Tatsache, dass der Anhang nicht auf die Seitenzahl angerechnet wird, verleitet dazu, bei Überschreitung der Seitenhöchstzahl soviel als möglich in den Anhang zu verlagern. Das ist allerdings nicht erlaubt und zudem nicht sinnvoll: Alle themenrelevanten Sachinformationen, Daten und Fakten gehören in den Hauptteil und haben im Anhang nichts zu suchen. Folglich fließen im Anhang aufgeführte Sachinformationen auch nicht in die Note der Facharbeit ein.

9.10 Erklärung zur selbstständigen Abfassung

In einigen Bundesländern ist es vorgeschrieben, dieses Blatt zwischen dem Literatur- und Quellenverzeichnis und einem eventuellen Anhang einzuschieben.

Das letzte Blatt der Facharbeit muss die sogenannte *Schlusserklärung* sein:

- ⊙ Auf dem Blatt befindet sich außer der Schlusserklärung kein weiterer Text.
- ⊙ Das Blatt muss eigenhändig mit einer Datums- und Ortsangabe versehen und unterschrieben werden.
- ⊙ Es hat rechtsverbindlichen Charakter.
- ⊙ Der Wortlaut der Erklärung ist in den meisten Bundesländern ähnlich.
- ⊙ Bildet die Schlusserklärung die letzte Seite der Arbeit, bleibt sie ohne Seitenzahl und wird nicht im Inhaltsverzeichnis aufgeführt.
- ⊙ Wird sie vor dem Anhang eingeschoben, erhält sie eine Kapitelnummer und eine Seitenzahl und taucht im Inhaltsverzeichnis auf.

Bei einer **Gruppenarbeit** muss jedes Gruppenmitglied eine eigene Schlusserklärung abgeben. In ihr müssen die Teile der Arbeit konkret benannt werden, die vom unterzeichnenden Gruppenmitglied verfertigt wurden.

Beispiel   Schlusserklärung

Erklärung

Hiermit erkläre ich, dass ich die vorliegende Arbeit selbstständig und ohne fremde Hilfe verfasst und keine anderen als die im Literatur- und Quellenverzeichnis angegebenen Hilfsmittel verwendet habe.

Insbesondere versichere ich, dass ich alle wörtlichen und sinngemäßen Übernahmen aus anderen Werken als solche kenntlich gemacht habe.

_____   _____
Ort, Datum   Unterschrift

9.11 Einverständniserklärung

Oft wird zusätzlich zur Schlusserklärung noch eine weitere Erklärung gefordert, nämlich die Einverständniserklärung für die schulinterne Veröffentlichung der Facharbeit z. B. im Rahmen von Ausstellungen oder im Unterricht nachfolgender Jahrgänge. Diese Erklärung hat etwa folgenden Wortlaut:

Beispiel   Einverständniserklärung

Einverständniserklärung

Hiermit erkläre ich, dass ich damit einverstanden bin, die von mir verfasste Facharbeit der schulinternen Öffentlichkeit zugänglich zu machen.

_____   _____
Ort, Datum   Unterschrift

9.12 Kolloquium und Ergebnispräsentation

Nach Korrektur Ihrer Facharbeit durch die Lehrerin/den Lehrer müssen Sie in vielen Bundesländern einem Gremium von Lehrkräften in einem „wissenschaftlichen Gespräch" (= Kolloquium) Rede und Antwort zur Arbeit stehen. Wie dieses Gremium zusammengesetzt ist, wie lange das Kolloquium dauert und welchen Anteil das Kolloquium an der Gesamtnote der Facharbeit einnimmt, all dies ist je nach Bundesland sehr unterschiedlich. Sie werden jedoch von Ihrer Schule rechtzeitig über die Rahmenbedingungen des Kolloquiums informiert.

Das Kolloquium wird auch als „Verteidigung der Facharbeit" bezeichnet. Diese Benennung macht bereits deutlich, worum es im Kolloquium geht: Hier soll nachgeprüft werden, ob Sie die eingereichte Facharbeit selbst recherchiert und erstellt haben, ob Sie die dort niedergeschriebenen Schlussfolgerungen und Wertungen selbst gezogen und durchdacht haben. Gegenstand des Kolloquiums ist also die Facharbeit und ihr Entstehungsprozess.

Zur Vorbereitung auf das Kolloquium sollten Sie daher Ihre Facharbeit nochmals intensiv lesen und reflektieren. Nachfolgende Fragen können dabei eine Hilfe sein:

- Wie kann ich meinen Lösungsweg sowie die Ergebnisse meiner Facharbeit prägnant zusammenfassen?
- Welches waren die zentralen Schritte bei der Erstellung meiner Arbeit (z. B. bei der Quellenrecherche, im Vorgehen)?
- Wie kann ich meine Schwerpunktsetzung in der Arbeit begründen?
- Wie kann ich meine Entscheidungen an markanten Punkten der Facharbeit erläutern (z. B. bezüglich der Reihenfolge der Kapitel, der eingebundenen Abbildungen)?
- Wie kann ich die zentralen Schlussfolgerungen und Wertungsaussagen begründen und im Streitgespräch verteidigen?
- Welche Probleme sind bei der Erstellung aufgetreten und wie habe ich diese gelöst?
- Welches ist mein persönliches Resümee des Entstehungsprozesses der Arbeit? Würde ich nochmals so vorgehen? Gab es verbesserungswürdige Punkte in der Betreuung und Begleitung durch die Schule?

In einigen Bundesländern kann das Kolloquium durch eine Präsentation der Facharbeit vor dem Kurs bzw. vor der (Schul)Öffentlichkeit ersetzt oder ergänzt werden. Für diese Präsentation gelten dann ähnliche Vorgaben wie für ein Referat (→ Kapitel 10).

9.13 Kriterien für die Bewertung

Bevor Sie Ihre Facharbeit abgeben, sollten Sie diese kritisch durchsehen. Versuchen Sie dabei die Position derjenigen/desjenigen einzunehmen, der Ihre Arbeit korrigieren und bewerten wird. Suchen Sie also nach möglichen Schwachstellen – denn noch ist Zeit, diese zu beseitigen.

Welche Aspekte sind für die Bewertung einer Facharbeit relevant?
Prinzipiell sind dies *formale, methodische* und *inhaltliche Aspekte*. Deren Gewichtung ist nicht generell festgelegt. Sie kann je nach Fach, Thema und Art der Arbeit, wie auch Schule unterschiedlich aussehen. Allerdings werden die formalen Bewertungsaspekte in der Regel geringer gewichtet als die methodischen und diese wiederum geringer als die inhaltlichen (z. B. Wertungsverhältnis 25 : 35 : 40). Zwei Beispiele sollen die Bewertungskriterien für Facharbeiten veranschaulichen:

- ▶ Im Beispiel unten finden Sie einen Auszug aus der Begründung einer Facharbeitsnote.
- ▶ Auf den Folgeseiten finden Sie eine Checkliste, die unter Berücksichtigung aller wichtigen Bewertungskriterien erstellt wurde.

Beispiel   Auszug aus dem Notengutachten

[...]
Gesamturteil

Die Facharbeit weist eine Reihe von Stärken auf. So wurde sie formal in weiten Teilen überzeugend ausgeführt. Die Layout- und Gestaltungsvorgaben wurden berücksichtigt und sicher umgesetzt. Materialrecherche und Materialauswertung erfolgten in sehr zufriedenstellender Weise. Sie haben sich differenziert und sachlich nachvollziehbar mit der Rassenlehre des Nationalsozialismus auseinandergesetzt. Ihre abschließende Stellungnahme erfolgte engagiert und wissenschaftlich korrekt. Die Quellenbelege sowie die Strukturierung des Textes können als gelungen bezeichnet werden.
Neben diesen Stärken weist die Facharbeit aber auch Schwächen auf: So wurde das Facharbeitsthema nicht klar erfasst. Dessen Bearbeitung bleibt unscharf. Der Darstellungsschwerpunkt wurde nicht themenbezogen gewählt. Auch wurden fragwürdige Quelleninhalte sprachlich nicht deutlich genug als solche gekennzeichnet und nicht direkt im Anschluss kommentiert und diskutiert. Schließlich muss die hohe Zahl an sprachlichen Schwächen und Fehlern negativ angemerkt werden.

Note: befriedigend (minus)

16. Juni 2018, _____
(Datum / Fachlehrer)

9.14 Checkliste: Bewertungskriterien

Prüfkriterium	o.k
Formale Aspekte	
Enthält die Arbeit alle notwendigen Bestandteile? (→ Seite 130)	
Ist die Arbeit geheftet bzw. gebunden?	
Stimmt die äußere Form (einseitige Beschriftung, Einband und Seiten sauber und knitterfrei)? (→ Seite 138)	
Ist die Druckqualität ausreichend?	
Wurden die Vorgaben für Seitenaufbau und Layout eingehalten? (→ Seite 138)	
Stimmt der Aufbau von Deckblatt und Titelblatt? (→ Seite 141)	
Ist das verwandte Gliederungssystem stimmig und konsequent umgesetzt worden? (→ Seite 131)	
Sind die Kapitelüberschriften prägnant und in der Gestaltung einheitlich (z. B. alle im Nominalstil)? (→ Seite 133)	
Sind alle Kapitel und Unterkapitel korrekt nummeriert worden? (→ Seite 135)	
Enthält das Inhaltsverzeichnis zu jedem (Unter)Kapitel die Nummerierung, Überschrift und die Angabe der Seite, auf der das (Unter)Kapitel beginnt? (→ Seite 144)	
Stimmen die Überschriften im Inhaltsverzeichnis und im Text der Facharbeit überein? (→ Seite 135)	
Wurden direkte Zitate richtig gekennzeichnet und wiedergegeben? (→ Seite 87 ff.)	
Wurden direkte und indirekte Zitate mit korrekten Quellenbelegen versehen? (→ Seite 98 ff.)	
Wurden Tabellen fortlaufend nummeriert und mit Überschrift sowie Quellenangabe versehen? (→ Seite 125 f.)	
Wurden Abbildungen fortlaufend nummeriert und mit Unterschrift sowie Quellenangabe versehen? (→ Seite 127 f.)	
Sind Tabellen und Abbildungen formal korrekt aufgebaut (Angabe der Einheiten, ggf. Legende usw.)? (→ Seite 125 ff.)	
Sind Tabellen und Abbildungen in der Größe ausreichend und gut lesbar?	
Sind die Quellenangaben im Quellenverzeichnis vollständig und formal korrekt? (→ Seite 99 ff.)	
Enthält das Quellenverzeichnis alle zitierten Quellen?	
Wurde im Textteil der Facharbeit die Schriftsprache benutzt? (→ Seite 81 ff.)	
Stimmen Rechtschreibung, Zeichensetzung und Grammatik? (Grenze: etwa fünf Fehler/Seite)	
Ist die Schlusserklärung beigefügt? (→ Seite 156)	
Methodische Aspekte	
Ist die Gliederung nachvollziehbar, logisch und dem Thema der Facharbeit angemessen?	
Ist die Darstellung schlüssig, ohne gedankliche Sprünge, Lücken und Wiederholungen?	
Wurde die Einleitung in Bezug auf Umfang und Strukturierung stimmig gestaltet? (→ Seite 149 f.)	
Ist der Schlussteil, in dem die Ergebnisse der Arbeit zusammengefasst, kommentiert, bewertet werden, im Umfang angemessen? (→ Seite 153 f.)	
Sind Bezüge zwischen Einleitung, Hauptteil und Schlussteil hergestellt worden?	
Sind Schlussfolgerungen, Wertungen und Thesen nachvollziehbar begründet worden?	
Ist die Fachsprache in ausreichendem Umfang und in stimmiger Weise angewandt worden?	
Wurden ungewöhnliche Fachbegriffe und Abkürzungen erläutert (in Klammern hinter dem Begriff oder in separaten Verzeichnissen)? (→ Seite 148)	
Wurden die erforderlichen fachlichen Methoden sachgemäß angewandt (z. B. Quellenauswertung, Textanalyse, Aufbau eines Experimentes, Auswertung von Karten, Diagrammen, Tabellen)?	
In Forschungsarbeiten: Ist der methodische Ansatz nachvollziehbar dargestellt und sind die Ergebnisse exakt dokumentiert und ausgewertet worden? (→ Kapitel 8)	
Ist die Literatur- und Quellenrecherche in Umfang und Tiefe stimmig, also nicht zu schmal?	

Prüfkriterium	o.k

Methodische Aspekte (Fortsetzung)

Wurde auf Aktualität und wissenschaftliche Relevanz der Quellen geachtet? (→ Seite 55)

Sind Quellen sachgerecht ausgewertet und in Form direkter wie indirekter Zitate sinnvoll in den Text eingebracht worden? (→ Kapitel 7)

Nehmen direkte Zitate maximal 5 % des Textteils der Arbeit ein? (→ Seite 87)

Wurden Textinhalte ausreichend durch Quellenbelege abgesichert? (→ Seite 90 ff. und 96)

Wurde auf strittige oder widersprüchliche Quelleninhalte hingewiesen?

Ist klar zwischen der Darstellung von Fakten, der Wiedergabe der Meinung anderer und der eigenen Wertung/Position unterschieden worden?

In Forschungsarbeiten: Wurden die Ergebnisse durch Abbildungen veranschaulicht? (→ Seite 126 ff.)

Ist die Darstellung verständlich, sprachlich präzise und im Ausdruck differenziert?

Inhaltliche Aspekte

Wurde die Themenstellung der Facharbeit korrekt erfasst?

Konnte das Thema – soweit notwendig – sinnvoll eingegrenzt werden?

Ist aus dem Thema eine eindeutige Forschungsfrage/Problemstellung abgeleitet worden?

Gelang die Auseinandersetzung mit dem Thema differenziert und strukturiert?

Weisen alle Teile der Facharbeit einen klaren Themenbezug auf?

Wurden alle Gliederungspunkte inhaltlich angemessen gefüllt?

Gelang die Darstellung der Sachinhalte vollständig, richtig, widerspruchsfrei und überprüfbar? (ausreichende Quellenbelege → Seite 90 ff. und 96)

Ist die inhaltliche Auswahl der direkten wie auch indirekten Zitate überzeugend? (→ Seite 87, 96 und 106)

Ist die Argumentationsbreite stimmig?

Erfolgte die Auswertung und Interpretation der Quellen sowie gegebenenfalls der Ergebnisse eigener Forschung differenziert und schlüssig? (→ Kapitel 5 und Seite 124 ff.)

Sind die formulierten Schlussfolgerungen inhaltlich stimmig?

Wurden Tabellen und Abbildungen in den Text eingebunden und ist deren Beschreibung, Auswertung und Interpretation sachlich richtig?

Weist die Arbeit neben der Darstellung von Sachinformationen auch selbstständige und kritische Wertungen auf?

Sind diese mit fundierten Argumenten begründet worden?

Wurden stimmige, abstrahierende Zusammenfassungen formuliert?

In Forschungsarbeiten (→ Kapitel 8): Wurden die praktischen Arbeitsteile eigenständig geplant und durchgeführt? Ist in der Arbeitsplanung Engagement, Kreativität und die Beherrschung fachspezifischer Arbeitsmethoden erkennbar? Hat man aufgetretene Probleme richtig erfasst und kreativ zu lösen versucht?

In fremdsprachlichen Fächern: Wurden die fremdsprachlichen Abschnitte der Arbeit korrekt und stimmig gestaltet?

Überblick

⊚ **Aufbau einer Facharbeit:** Deckblatt – Titelblatt – Inhaltsverzeichnis – Textteil mit Einleitung, Hauptteil und Schlussteil – Literatur- und Quellenverzeichnis – Schlusserklärung – ggf. Anhang

⊚ **Bewertungsaspekte:** a) formale (äußere Form, korrekte Quellenangaben, Rechtschreibung …); b) methodische (Verbindung der Textabschnitte, Fachsprache, Fachmethoden …); c) inhaltliche (Argumentationsbreite, sachliche Richtigkeit, eigenständige Schlussfolgerung …)

Das Referat

10

Während man seine Facharbeit in aller Ruhe am eigenen Schreibtisch erstellen kann, ist ein Referat von ganz anderem Kaliber: Eine Live-Veranstaltung, bei der alles punktgenau stimmen muss. Doch auch ein Referat kann man minutiös planen und damit dem Liveauftritt ein wenig von seinem Schrecken nehmen. Wie, das stellt Ihnen das Schlusskapitel dieses Buches vor. Dennoch: Etwas Lampenfieber bleibt immer – und das ist auch gut so.

10.1 Das Besondere

Das Referat weist in puncto Vorbereitung eine Reihe von Gemeinsamkeiten mit der Facharbeit auf: So sind Arbeitsorganisation und Themenwahl ebenso wie Informationsbeschaffung und Quellenauswertung im Wesentlichen gleich (→ Kapitel 2 bis 5). Doch es gibt auch markante Unterschiede zur Facharbeit:

- ⦿ Das Referat ist eine „Live-Veranstaltung". Zwar kann man es zu Hause vorbereiten, sein genauer Verlauf ergibt sich aber erst in dem Moment, in dem es gehalten wird.
- ⦿ Es kann zudem durch die Zuhörer mitgestaltet werden, etwa durch Nachfragen oder den bewussten Einbezug der Zuhörer durch den Referenten.
- ⦿ Ein Referat wird mündlich vorgetragen und kann allenfalls durch ein schriftliches Handout (Thesenpapier) ergänzt werden.
- ⦿ Das Referat ist stark zuhörerorientiert. Es ist von erheblicher Bedeutung für die Gestaltung des Referats, ob es vor den Mitschülern des Leistungskurses Mathematik, der gesamten Jahrgangsstufe oder einem Prüfungsgremium im Rahmen der mündlichen Abiturprüfung gehalten wird.
- ⦿ Beim Referat spielt auch der Raum, in dem es gehalten wird, eine wichtige Rolle. Seine Akustik, die Möglichkeiten zum Einsatz von Medien, die Sitzordnung der Zuhörer – all das bestimmt die Präsentation der Referatinhalte wesentlich mit.
- ⦿ Ein Referat lebt nicht vom Text allein, sondern in gleichem Maße auch von der Visualisierung (Veranschaulichung) und Präsentation der Inhalte.
- ⦿ Das Referat kann in den Unterricht eingebettet oder auch Teil einer Prüfung sein.
- ⦿ Die Vorbereitungszeit ist meist deutlich kürzer als bei einer Facharbeit.

All diesen Besonderheiten muss man bei der Planung, Vorbereitung und Durchführung eines Referats Rechnung tragen.

10.2 Die Vorbereitung

Zeit

Bei einem Referat steht meist deutlich weniger Zeit für die Erstellung zur Verfügung als bei einer Facharbeit. Deshalb

- ◉ sollten Sie möglichst direkt nach der Themenstellung mit der Vorbereitung beginnen,
- ◉ ihre Vorbereitung genau und effektiv planen (→ Seite 10 bis 15.),
- ◉ den Zeitplan möglichst auch einhalten.

Nur so vermeiden Sie zeitliche Engpässe, inhaltliche Lücken und überhastete Entscheidungen bei der Visualisierung und Präsentation.

Thema

Bei Referaten wird das Thema in vielen Fällen von der Schule vorgegeben. Falls dies nicht der Fall ist, gelten hier die gleichen Grundregeln für die Themenfindung wie bei einer Facharbeit (→ Kapitel 3).

In jedem Fall ist es wichtig, das Thema zusammen mit der Fachlehrerin oder dem Fachlehrer klar und eindeutig zu formulieren und bei allen im Verlauf der Themenbearbeitung auftauchenden Unklarheiten und notwendig werdenden Änderungen des Themas mit der Lehrerin oder dem Lehrer Rücksprache zu nehmen.

Vorüberlegungen

Haben Sie das Thema Ihres Referats vorliegen, so klären Sie zunächst folgende Fragen:

- ◉ Welches sind die zentralen *inhaltlichen Aspekte des Themas*? Was soll im Referat dargestellt, beschrieben, erläutert, widerlegt, bewiesen oder erörtert werden?
- ◉ Was gibt die Themenstellung als *methodisches Ziel* vor? Soll hier etwas objektiv beschrieben werden? Geht es um die Erklärung eines Sachverhaltes/Zusammenhanges? Ist die Diskussion einer bestimmten Situation/Position gefordert? Oder soll der kritische Umgang mit bestimmten Medien nachgewiesen werden?
- ◉ Welches ist die *Zielgruppe* des Referats? Wie sieht das Zuhörerprofil aus (Ihnen bekannte/unbekannte Gruppe, großer/kleiner Zuhörerkreis, Fachkompetenz der Zuhörer, Prüfungskommission usw.)? Was kann man bei den Zuhörern an Vorwissen zum Thema voraussetzen? In welcher Form kann man die Zuhörer eventuell in das Referat einbinden?
- ◉ Welche *Funktion* hat das Referat? Ist es in den Unterricht eingebunden? Welchen Beitrag zum Fortgang des Unterrichts soll es leisten? Kann man im Referat auf vorausgegangene Unterrichtsinhalte zurückgreifen? Soll man

eventuelle im Referat nachfolgende Unterrichtsinhalte vorbereiten? Oder handelt es sich um ein Referat im Zusammenhang mit Ihrer eigenen Abiturprüfung?

- ⊙ Wie sehen die *Rahmenbedingungen für die Erstellung* des Referats aus?
  - – Wie viel Zeit steht für die Erstellung zur Verfügung?
  - – Wie lang muss/darf das Referat sein?
  - – Welches sind meine Stärken und Schwächen als Referent/in? Welche Präsentationstypen liegen mir? Was ist meine bevorzugte Vortragsweise?
- ⊙ Wie sehen die *Rahmenbedingungen für die Präsentation* des Referats aus?
  - – In welchem Raum wird das Referat gehalten? Wie groß ist dieser und wie ist seine Akustik?
  - – Wie wird die Sitzordnung der Zuhörer sein? Können diese vorgesehene Projektionsflächen, die Tafel usw. gut einsehen? Kann man die Bestuhlung gegebenenfalls so anordnen, dass alle einen guten Blick auf den Referenten bzw. die Projektionsfläche haben?
  - – Wie sieht die zur Verfügung stehende technische Ausstattung aus? Ist der Vortragsraum gegebenenfalls abdunkelbar? Steht ein Overheadprojektor, ein Computer mit Beamer, eine weiße Projektionsfläche, eine Tafel oder ein interaktives Whiteboard (Smartboard) zur Verfügung? Kann ich gegebenenfalls meinen eigenen Laptop problemlos an den bereitgestellten Beamer oder das Whiteboard (Smartboard) anschließen?
  - – Gibt es jemanden, der mich in die gegebenenfalls unbekannte Technik des Vortragsraumes einführt?
  - – Gibt es gegebenenfalls jemanden, der während der Präsentation des Referats die Technik bedient?

Sie sollten, falls der Vortragsraum Ihnen unbekannt ist, sich diesen unbedingt vor Beginn Ihrer Arbeit am Referat ansehen und gegebenenfalls dessen technische Möglichkeiten erkunden und praktisch ausprobieren!   *Tipp*

Anhand der Antworten auf diese Fragen wird zu entscheiden sein,
- ⊙ wie groß die inhaltliche Breite und Tiefe des Referats sein kann;
- ⊙ wie die sprachliche Darstellung aussehen muss (z. B. die Fachsprache betreffend);
- ⊙ welche Medien und Visualisierungsmöglichkeiten verwendet werden können;
- ⊙ welche Präsentationstechniken zur Anwendung gelangen.

Sie sollten daher die Antworten auf die obigen Fragen notieren und im Weiteren als Basis der Referatvorbereitung benutzen.

Informationen beschaffen

Haben Sie Ihre Vorüberlegungen abgeschlossen, kann die Beschaffung der Informationsgrundlage für das Referat beginnen. Tipps und Hinweise dazu finden Sie im → Kapitel 4.

Informationen auswählen und komprimieren

Deutlich stärker als bei einer schriftlichen Arbeit ist die Verarbeitung der Textquellen und der Ergebnisse eigener Forschung bei einem Referat durch das enge Zeitkorsett der Präsentation und das konkrete Adressatenprofil (Erwartungen und Vorkenntnisse der Zuhörer usw.) gekennzeichnet. Daher gilt: Teilen Sie die zur Verfügung stehenden Informationen in vier Prioritätenklassen ein:

① Informationen, die zur Bearbeitung des gestellten Themas zentral sind und im Referat in jedem Fall auftauchen müssen

② Informationen, die bei ausreichender Zeit noch zusätzlich vorgestellt werden sollten

③ Informationen, die zwar mit dem Referatthema in Verbindung stehen, dies doch eher am Rande

④ Informationen ohne klaren Bezug zum Thema des Referats

Informationen der beiden obersten Prioritätenklassen gehören in das Referat. Sie müssen nun auf das Wesentliche komprimiert werden, wobei insbesondere zentrale Abläufe, Strukturen und Zusammenhänge herauszufiltern sind. Informationen der dritten Klasse sollten Sie im Hinterkopf haben, um z. B. auf Fragen der Zuhörer antworten zu können. Informationen der letzten Klasse können Sie aussortieren.

Neben der fachlichen Bedeutung sollten Sie bei der Auswahl der Informationen aber auch die Zuhörer im Blick haben:

◉ Welche Details müssen unbedingt eingebracht werden, um den Zuhörern die Zusammenhänge oder Ihre Schlussfolgerungen nachvollziehbar zu machen? So muss unter Umständen ein im Unterricht besprochenes Phänomen wiederholt, ein Seitenpfad oder Fremdwort erläutert werden.

◉ Welche Details sind zwar eventuell nicht relevant, doch für die Zuhörer besonders interessant? Diese können dazu dienen, das Interesse der Zuhörer wachzuhalten.

Sind Sie in Ihrer Referatvorbereitung an dieser Stelle angelangt, kommen zwei weitere referatspezifische Aspekte ins Spiel: Die Erstellung des Redemanuskriptes und die Visualisierung der vorgetragenen Informationen.

10.3 Das Redemanuskript

Ein Referat muss **prinzipiell frei vorgetragen** werden. Doch darf man dabei durchaus schriftliche Gedächtnisstützen nutzen. Diese werden als Redemanuskript bezeichnet. Sie dürfen diese Gedächtnisstützen während des Referats einsehen, nicht aber den dort vermerkten Referattext zu Gänze ablesen (Ausnahmen: wörtliche Zitate, Datenangaben oder Ähnliches). Es sind zwei Manuskripttypen möglich:

Manuskript mit ausformuliertem Text

Sie können – so wie viele Politiker – Ihren Vortragstext ausformulieren und Wort für Wort im Redemanuskript niederschreiben.
Diese Form der Gedächtnisstütze hat *Vorteile*:
⊙ Der Text ist ausgefeilt.
⊙ Er kann den Zuhörern gegebenenfalls zur Verfügung gestellt werden.
⊙ Ein ausformuliertes Manuskript schafft Sicherheit für den Vortragenden: Wichtiges kann nicht vergessen werden, Aussetzer sind nicht zu erwarten, die Zahl der *Ähs* und *Öhmms* wird minimiert.
⊙ Zeitvorgaben können exakt eingehalten werden.
Gerade wenn Sie wenig vortragsgeübt sind, sprechen diese Punkte auf den ersten Blick für eine schriftliche Ausformulierung des Textes.

Doch die Vorteile eines solchen Manuskripts können trügerisch sein. Ein ausgeschriebener Referattext birgt nämlich *Gefahren* in sich:
⊙ Er ist häufig zu kompliziert formuliert. In schriftlichen Texten neigt man dazu, lange, verschachtelte Satzkonstruktionen zu verwenden. Diese wirken brillant, sind aber für die Zuhörer nur schwer zu erfassen.
⊙ Ein solcher Text wird leicht mit Informationen überfrachtet. Für den Zuhörer geht so das Wesentliche in der vorgetragenen Faktenfülle verloren.
⊙ Ein vorformulierter Text verführt dazu, ihn weitgehend abzulesen. Doch: Ein Referat ist eben keine Lesung!
⊙ Liest man Referatpassagen vom Blatt ab, so spricht man erfahrungsgemäß schneller als beim freien Formulieren. Dies kann es den Zuhörern eventuell unmöglich machen, dem formulierten Gedankengang zu folgen.
⊙ Zudem wird meist recht monoton vorgelesen. Gestik und Mimik bleiben starr. Für die Zuhörer wirkt dies wenig motivierend.
⊙ Beim Ablesen verliert man den Blickkontakt mit den Zuhörern. Deren Reaktionen (z. B. offenes Unverständnis bei bestimmten Passagen) kann man so weder feststellen noch angemessen darauf reagieren, z. B. in der Form, dass man den gerade gesprochenen Text mit anderen Worten wiederholt (→ Seite 181 f.).

⊙ Muss der Raum beim Einsatz eines Beamers, Overheadprojektors usw. abgedunkelt werden, fehlt plötzlich die Textgrundlage.

Angesichts dieser Nachteile ist davon abzuraten, den Text des Referats vollständig niederzuschreiben. Wollen Sie dies dennoch ins Auge fassen, sollten Sie:

⊙ Alle Blätter nur einseitig beschreiben.
⊙ Schwereres, steifes Papier wählen, sofern man das Manuskript während des Vortrags in der Hand halten will.
⊙ Alle Blätter fortlaufend nummerieren.
⊙ Große Schrift und großen Zeilenabstand verwenden.
⊙ Den Text übersichtlich gliedern.
⊙ Wichtige Passagen hervorheben (z.B. markern).
⊙ Folien, Dias usw. nummerieren und die Nummern an den entsprechenden Stellen am Rand des Manuskriptes vermerken.
⊙ Eventuell auch Zeitmarken auf dem Manuskriptrand notieren (→ Seite 168).
⊙ Den Text sollte man genau kennen, aber nicht unbedingt auswendig lernen, da dies zu einem hölzernen Vortragsstil führt.
⊙ Während des Vortrags gilt:
  – Auf natürlichen, lebhaften Vortrag achten, auch bei abgelesenen Passagen.
  – „Abgearbeitete" Seiten zur Seite legen; nur noch vorzutragende Seiten verbleiben in der Hand/auf dem Rednerpult.
  – Nur einzelne Textpassagen ablesen (maximal etwa 1/3 des Textes).
  – Immer wieder Augenkontakt mit den Zuhörern aufnehmen.
  – Man darf auch vom ausformulierten Text abweichen!

Stichwortmanuskript

Prominente Showmaster machen es vor: Sie notieren nur Stichworte, Daten, Zitate und „Regieanweisungen" auf Karteikarten. Auch für ein Referat ist ein solches Stichwortmanuskript empfehlenswert. Ausgehend von den notierten Stichworten formuliert man dann den Text des Referats während des Vortrags „spontan".

Diese Form des Manuskripts hat *Vorteile*:

⊙ Der Vortragende hat beständig Augenkontakt mit den Zuhörern und kann so auf deren Verhalten angemessen reagieren (siehe oben).
⊙ Beim freien Formulieren ist die Sprache in der Regel einfacher und verständlicher.
⊙ Kleine Pausen, die hierbei immer auftreten, erleichtern es den Zuhörern, dem Gehörten gedanklich zu folgen.

⊙ Der Vortrag ist somit näher am Zuhörer.

Allerdings dürfen auch die *Nachteile* dieses Manuskripttyps nicht verschwiegen werden:

⊙ Es besteht die Gefahr, von der geplanten Vortragslinie abzuschweifen.

⊙ Dies erschwert das Einhalten des vorgegeben Zeitrahmens.

⊙ Ungeübte Referenten müssen akzeptieren, dass Redepannen und ungewollt lange Pausen auftreten können und die sprachliche Formulierung nicht dem Standard vorformulierter Referattexte entspricht.

Doch diese Nachteile können durch optimale Manuskriptgestaltung und intensive Vortragsvorbereitung ausgeglichen werden.

Entscheiden Sie sich für ein Stichwortmanuskript, so gehen Sie sinnvollerweise folgendermaßen vor:

⊙ Notieren Sie Ihre Stichwort auf Karteikarten. Diese sind leicht zu handhaben und rascheln nicht.

⊙ Als günstig hat sich die Verwendung von Karteikarten (oder Blättern) der Größe DIN A5 (halbe Briefpapiergröße) erwiesen.

⊙ Beschreiben Sie diese nur einseitig. Ansonsten besteht die Gefahr, dass man sich beim Umblättern vertut.

⊙ Ihre Schrift sollte groß und lesbar sein. Sie müssen die Stichworte auch im Halbdunkel noch gut lesen können.

⊙ Versehen Sie nach Fertigstellung des Manuskripts alle Karteikarten in der oberen rechten Ecke mit fortlaufenden Nummern. Dies erlaubt ein rasches Sortieren.

⊙ Gestalten Sie die Karteikarten wie folgt:
  – Teilen Sie die Karte durch einen senkrechten Strich im Verhältnis von 2/3 zu 1/3.
  – Im links liegenden größeren Teil notieren Sie oben die Nummer und Überschrift des jeweiligen (Unter)Kapitels. Darunter dann alle wichtigen Stichworte in der Reihenfolge, in der Sie diese im Vortrag erwähnen wollen. Notieren Sie auch Daten, zentrale Definitionen, wörtliche Zitate sowie schwierige Passagen, die Sie wörtlich ablesen möchten.
  – Im rechten Kartendrittel werden „Regieanweisungen" festgehalten, die den Medieneinsatz oder die Anwendung von Vortragstechniken betreffen, sowie Zeitmarken (→ Beispiel auf Seite 168).

⊙ Gibt es bei einer Karte keine „Regieanweisungen", kann auf die Unterteilung der Karteikarte verzichtet werden. Nutzen Sie sie in diesem Fall in Gänze für die Eintragung Ihrer Stichworte..

⊙ Tragen Sie die Stichworte übersichtlich ein. Überladen Sie die Karte nicht.

⊙ Arbeiten Sie mit verschiedenen Farben, um wichtige Informationen hervorzuheben.

Beispiel Stichwortkarte zu einem Referat im Fach Geographie

2.1 Der Jangtse (Jangtsekiang)   **3**
- offizieller Name Chang Jiang
  Jangtse gebräuchliche Kurzform   **Tafel:**
- 6380 km lang   Chang = lang
- längster und wasserreichster Fluss Chinas   Jiang = Fluss
- drittlängster Fluss der Erde; fast 5 x so lang   **Tafel:**
  wie Rhein   Länge 6380 km
- entspringt in fast 6000 m Höhe im   **Folie 1 mit China-**
  Tanggula-Gebirge im östlichen Tibet   **Karte:**
- mündet bei Shanghai in das   Verlauf Jangtse zeigen +
  Ostchinesische Meer   erläutern
- bricht durch drei Schluchten (Qutang,   Lage der drei Schluch-
  Wuxia, Xiling) aus dem Gebirge in die   ten zeigen
  zentralchinesische Tiefebene
- drei Schluchten:
  - steile Gebirgsklippen
  - Jangtse hier Tiefe von 150 bis 180 m
    (größte Tiefe aller Flüsse der Erde)
  - Schwankungen Wasserstand bis zu 80 m
    (Weltrekord)   → 6 min

Tipp An Stelle realer Karteikarten können Sie auch virtuelle Karteikarten auf dem Tablet oder Smartphone nutzen (→ Kapitel 2.5). Zudem bieten Präsentationsprogramme wie Microsoft PowerPoint® oder Keynote® für Apple-Computer vielfältige Möglichkeiten, Stichworte zu den einzelnen digitalen Folien zu notieren und diese während der Präsentation auf dem PC/Laptop anzeigen zu lassen.

Gründliche Vorbereitung

⊙ Stellen Sie durch intensive Recherche sicher, dass Sie mehr Wissen zum Thema parat haben, als Sie tatsächlich im Vortrag darstellen können.

⊙ Unterziehen Sie das fertige Referat einem Testlauf, indem Sie es vor Bekannten/Verwandten „probehalten" (und eventuell mit dem Smartphone o.ä aufnehmen). Und dieses mehr als ein Mal. Sie gewinnen so Sicherheit im Vortrag und können Vortragsschwächen herausfinden.
Tragen Sie das Referat nach Korrektur der festgestellten Schwächen den gleichen Zuhörern erneut vor. Bitten Sie diese, das Referat anhand der Checkliste auf → Seite 186 ff. zu prüfen. Ermuntern Sie sie zu konstruktiver Kritik. Zuhörer, die „alles super" finden, helfen Ihnen an dieser Stelle wenig.

⊙ Proben Sie auch den Einsatz von Beamer, interaktivem Whiteboard (Smartboard) oder Overheadprojektor. Machen Sie sich mit der Handhabung des technischen Equipments im Vortragsraum vertraut.

Timing

In der Regel ist die für ein Referat zur Verfügung stehende Zeit vorgegeben.

- ⊙ Halten Sie diesen Zeitrahmen ein.
- ⊙ Stoppen Sie bei Ihren „Probevorträgen" die benötigte Zeit.
- ⊙ Schlagen Sie zu dieser Vortragszeit ca. 10 bis 15 % als Puffer hinzu – denn beim „richtigen" Vortrag dauert manches etwas länger (z. B. das Handling der technischen Geräte, der Tafelanschrieb).
- ⊙ Kürzen bzw. ergänzen Sie Ihr Referat gegebenenfalls, um die Zeitvorgabe einzuhalten.
- ⊙ Notieren Sie wichtige Zeitmarken im Manuskript (z. B. „Wann muss ich mit Kapitel 2 fertig sein?"). Geben Sie dabei immer die seit Referatbeginn vergangene Zeit an – so ist die verbleibende Restzeit offensichtlich.
- ⊙ Doch: Werden Sie nicht zum Sklaven der Uhr. Eine bis zwei Minuten Zeitüberschreitung dürfen sein.
- ⊙ Sollten Sie während Ihres Referats Zuhörerfragen zulassen, müssen Sie auch hierfür Zeit einplanen. Besser: Erlauben Sie Zuhörerfragen erst am Referatende (→ Seite 183).

10.4 Der Aufbau

Ein Referat besteht in der Regel aus drei Teilen: Einleitung, Hauptteil und Schlussteil. Die Einleitung sollte ca. 10 – 15 % der Referatzeit einnehmen, der Hauptteil ca. 75 – 80 % und der Schlussteil ca. 10 – 15 %.

Einleitung

Der Start in ein Referat ist von besonderer Wichtigkeit. Hier entscheidet sich oftmals bereits, ob man als Referent/in die Zuhörer „packt" oder ob diese sich innerlich anderen Dingen zuwenden. Deshalb sollte man die Einleitung sorgfältig planen. Sie erfüllt vier wichtige Aufgaben:

Aufbau des Kontaktes zwischen Vortragenden und Publikum
Häufig sind die Zuhörer vor Beginn eines Referates mit vielerlei Dingen beschäftigt. Man unterhält sich mit dem Nachbarn, der Geräuschpegel ist hoch. Es ist daher wichtig, den Zuhörern zu signalisieren, dass der Vortrag startet:

- ⊙ Geben Sie ein klares „Es geht los"-Signal. Dies kann z. B. das Aufblenden der ersten Folie oder auch ein akustisches Signal (Klopfen o. ä.) sein.
- ⊙ Nach dem Signal empfiehlt es sich noch einige Sekunden zu warten, bis Ruhe eingekehrt ist.

- Holen Sie dann nochmals Luft und beginnen Sie den Vortrag mit klarer und deutlicher Stimme.
- Begrüßen Sie die Zuhörenden (außer Sie tragen das Referat in Ihrer Klasse/Ihrem Kurs oder einer Prüfungskommission vor).
- Stellen Sie sich als Referentin/als Referenten vor (außer Sie tragen das Referat Ihrer Klasse/Ihrem Kurs oder einer Prüfungskommission vor).

Tipp	Vermeiden Sie es, die ersten Sätze Ihres Referates in das Gemurmel der Zuhörer zu sprechen. Diese sind ansonsten nicht zu verstehen. Beginnen Sie Ihren Vortrag erst dann, wenn Ruhe eingekehrt ist und sich die Zuhörer Ihnen zugewandt haben.

Information der Zuhörer über den organisatorischen Rahmen des Referats
- Stellen Sie den Zeitrahmen und einer eventuelle Pausenregelung vor.
- Informieren Sie über das Handling von Zuhörerfragen (An welcher Stelle im Referat dürfen Zuhörerfragen gestellt werden? Wann werden diese beantwortet? → Seite 183).
- Lassen Sie die Zuhörer wissen, ob es ein Handout gibt, wann dieses ausgegeben wird und welche Aspekte darauf zu finden sind (→ Seite 184). So wird transparent, an welchen Stellen und zu welchen Aspekte sich die Zuhörer selber Notizen machen müssen.

Wecken des Interesses der Zuhörer
Dieses kann erreicht werden, indem man z. B.
- zwei gegenteilige Meinungen zur Problemfrage des Referats vorstellt
- eine interessante Karikatur präsentiert und daran die Fragestellung/das Ziel des Referats von den Zuhörern erarbeiten lässt
- eine provozierende These aufstellt
- ein kleines Experiment oder eine kurze szenische Darstellung vorführt
- ein Meinungsbild zur zentralen Fragestellung des Referats erstellt (das man an der Tafel festhält und am Ende des Referats diskutiert)
- einen originalen Gegenstand herumreichen lässt, der mit dem Referatthema in Verbindung steht
- eine im Zusammenhang mit dem Referat stehende Schätzfrage stellt
- eine Anekdote erzählt, die zum Referatthema hinführt
- einen Bezug zu einem aktuellen Ereignis/einer aktuellen Pressenachricht herstellt, das/die den Zuhörern aller Voraussicht nach bekannt ist.

Heranführen der Zuhörer an das Referatthema
Dieses kann erreicht werden, indem man z. B.
- das Thema, die Fragestellung bzw. das Ziel des Referats vorstellt

- die Abgrenzung des Themas erläutert (z. B.: Welche Themenaspekte werden im Referat behandelt? Welche werden ausgespart? Aus welchen Gründen?)
- auf die Bedeutung des Themas hinweist
- einen Kurzüberblick über das Thema gibt und die Gliederung des Referats vorstellt.

Bereits bei der Vorstellung des Themas und der Gliederung des Referates sollten Sie zuhörerorientiert denken:
Erfahrungsgemäß behält man Sachinformationen deutlich besser, wenn diese vorgetragen und gleichzeitig visualisiert werden. Schreiben Sie also das Thema Ihres Referates an die Tafel oder blenden Sie es auf der ersten Folie ihrer PowerPoint®- oder Keynote®-Präsentation ein. Lassen Sie als zweite Folie die Gliederungsübersicht folgen oder geben Sie diese mit dem Handout aus, bevor Sie sie vorstellen.

Die Übersichtsfolie mit der Gliederung Ihres Referates können Sie während des gesamten Vortrages nutzen, um für die Zuhörer Übersicht zu schaffen: Legen Sie sie immer dann erneut auf bzw. blenden Sie sie immer dann wieder ein, wenn ein neues Kapitel Ihres Referates beginnt. In digitalen Folien können Sie das jeweils anstehende Kapitel zudem optisch hervorheben (etwa durch Fettdruck; → siehe Beispiel unten), in Overheadfolien mit einem Zeiger darauf hinweisen.

Tipp

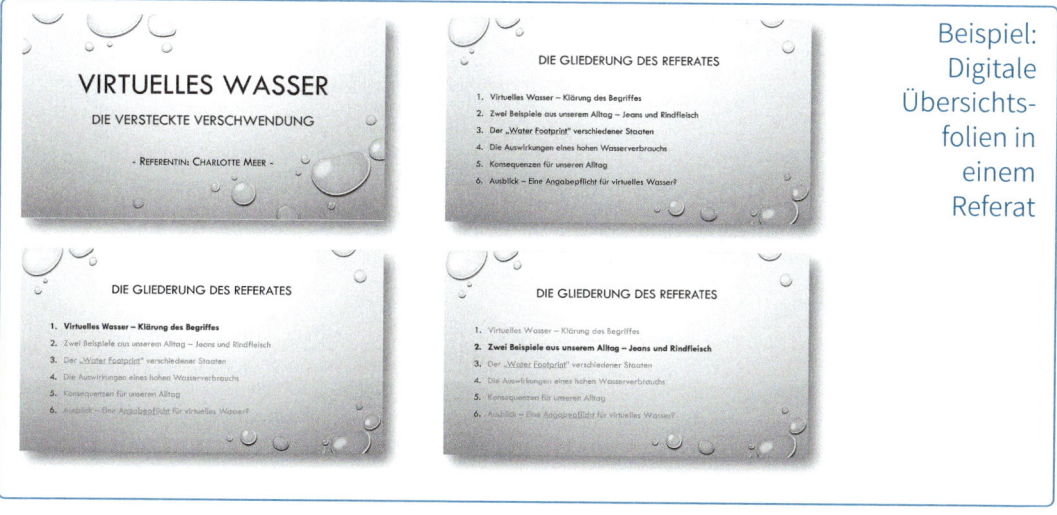

Beispiel: Digitale Übersichtsfolien in einem Referat

Hauptteil

Hier werden alle themenrelevanten Sachinformationen vorgestellt, soweit diese in den Rahmen der zuvor vorgestellten Gliederung passen.

Ziel ist es hier,

- ⊙ die Fragestellung des Referats fundiert abzuhandeln,
- ⊙ die Zuhörer optimal zu informieren bzw. mit Argumenten zu überzeugen.

Tipp

Folgende Aspekte sind bei der Gestaltung des Hauptteils zu beachten:

- ⊙ schlüssige Gliederung (→ Seite 131 ff.)
- ⊙ durchdachte Dramaturgie: logische Abfolge der Fakten, aufeinander aufbauende Argumente
- ⊙ sofern möglich: Anknüpfen an den Zuhörern Bekanntes (z. B. durch einen Vergleich von neuen Daten mit den Zuhörern vertrauten Größen)
- ⊙ Erläuterung der den Zuhörern unbekannten Fachbegriffe
- ⊙ Formulierung von Überleitungen
- ⊙ zum Schluss eines „Kapitels" eine knappe Zusammenfassung geben
- ⊙ nicht zu lange auf einem Themenpunkt „herumreiten", sich nicht im Kreis drehen
- ⊙ aber auch nicht zu oberflächlich bleiben und nur nichtssagende Pauschalitäten aneinanderreihen

Besonders wichtig ist: Die Darstellung muss klar und logisch strukturiert sein. Sie darf keine Sprünge und Lücken enthalten. Bedenken Sie: Für die Zuhörer sind (fast) alle Informationen des Referats neu und unbekannt; sie erhalten diese zudem nur einmal vorgestellt und haben keine Möglichkeit sich schwierige Passagen wiederholen zu lassen. Versetzen Sie sich in die Zuhörersituation. Strukturieren Sie den Hauptteil Ihres Referats so, dass man den **roten Faden** direkt erkennt. Nutzen Sie dazu eventuell auch überleitende Formulierungen oder rhetorische Fragen.

Zudem: Viele Referate zeichnen sich durch eine hohe Informationsdichte aus. Den Zuhörern wird eine Fülle von Fakten, Daten und Zahlen präsentiert, die sie kaum alle aufnehmen können. Also: Überrollen Sie Ihre Zuhörer nicht mit einer Informationslawine. Die Kunst der Referatvorbereitung liegt nicht nur darin, auszuwählen, was man vorstellt, sondern ebenso darin, auszuwählen, was man weglässt!

Zum richtigen Zitieren und Handling von Quellenbelegen in Referaten lesen Sie die → Seite 98.

Schlussteil

Der Schlussteil fasst die Ergebnisse zusammen und schlägt den Bogen zur eingangs formulierten Fragestellung des Referats. Auch stellt er das Referat gegebenenfalls in den Gesamtzusammenhang des Unterrichts und bietet Raum für Schlussfolgerungen und für Überlegungen, die über das Referat hinausgehen.

Der Schlussteil *muss* in jedem Fall enthalten:
- die Angabe der benutzten Quellen, z. B. in Form einer Literaturliste (Tafel/ Folie) oder auch als Quellenverzeichnis im Handout (→ Seite 184). Man kann die benutzte Literatur auch mitbringen, zur Ansicht herumreichen und mit einem wertenden Kommentar hinsichtlich ihrer Eignung versehen.

Der Schlussteil *sollte* enthalten:
- eine Zusammenfassung der Inhalte/Ergebnisse des Hauptteiles
- soweit möglich eine Antwort auf die Ausgangsfrage
- Hinweise auf offene/ungeklärte Fragen
- Hinweise auf festgestellte Widersprüche
- einen Ausblick auf die zukünftige Entwicklung
- Schlussfolgerungen, die aus dem Referat gezogen werden können
- Ihre persönliche Meinung zu den im Referat vorgestellten strittigen Aspekten

Er *kann* zudem enthalten:
- einen Rückgriff auf die Einleitung (z. B. auf das erstellte Meinungsbild, die Anekdote, die vorgestellten gegensätzlichen Positionen)
- Anmerkungen zur Bedeutung des Referats für das aktuelle Unterrichtsthema
- Anmerkungen zu Problemen bei der Referaterstellung/Quellenrecherche
- Elemente, die die Zuhörer zum Weiterdenken animieren
- einen markanten Schlusspunkt: einen Appell an die Zuhörer, ein zum Nachdenken anregendes Zitat oder Ähnliches.

Der Aufbau des Referats schlägt sich in der Gliederung nieder. Diese ist prinzipiell genauso zu gestalten wie die Gliederung einer Facharbeit. So gilt:
- das Referat wird in verschiedene Kapitel und Unterkapitel unterteilt
- jedes (Unter)Kapitel erhält eine Überschrift (möglichst im Nominalstil → Seite 133)
- alle Kapitel werden fortlaufend nummeriert (→ Seite 135)

10.5 Die Visualisierung

Möglichkeiten und Standards

„Ein Bild sagt mehr als 1000 Worte." Diese bekannte Weisheit gilt auch und in besonderem Maße für Referate. Der Zuhörer muss in kurzer Zeit viele Informationen aufnehmen. Deren zusätzliche Visualisierung (Veranschaulichung) kann hierbei eine große Hilfe sein.

Als Mittel zur Veranschaulichung bieten sich an: kurze Filmsequenzen, (digitale) Folien, Karten, Diagramme, Schaubilder, Ablaufskizzen, originale Anschauungsstücke, Modelle usw.

Alle Veranschaulichungsmittel bedürfen eines Präsentationsmediums. Hier stehen neben Tafel, Pinnwand und Flip-Chart auch technische Geräte wie Overheadprojektor, Computer mit Beamer, interaktives Whiteboard (Smartboard), Videorecorder/DVD-Player mit Fernseher, Dia- und Filmprojektor zur Verfügung. Schließlich bietet sich auch das Handout als Träger für Ablaufskizzen, Diagramme oder Karten an.

Welches Veranschaulichungsmittel Sie wählen und mit welchem Medium Sie dieses in Ihrem Referat präsentieren, hängt vom Thema des Referats ebenso ab wie von Ihren persönlichen Vorlieben und technischen Fähigkeiten. Für Ihre Wahl sollte gelten:

- ⊙ Das Veranschaulichungsmittel muss zum Referat passen und die vorgestellten Informationen tatsächlich veranschaulichen. Also keine PowerPoint®-Folie einsetzen, „weil so etwas einfach dazugehört"!
- ⊙ Sie müssen das Veranschaulichungsmittel mit akzeptablem Aufwand und in akzeptabler Zeit beschaffen können. Der Kauf einer DVD, aus der man eine 20-Sekunden-Sequenz vorführt, ist wenig sinnvoll.
- ⊙ Sie müssen das Präsentationsmedium beherrschen. Ein interaktives Whiteboard (Smartboard) das erste Mal im Leben während eines Referats zu bedienen, trägt nicht zu einer entspannten Vortragsatmosphäre bei.
- ⊙ Die Präsentationsmedien müssen verfügbar und in akzeptablem technischen Zustand sein. Computerabstürze oder ein lichtschwacher Overheadprojektor in einem nicht abdunkelbaren Vortragsraum nerven den Vortragenden und die Zuhörer.

Im Folgenden werden drei gängige Visualisierungsmittel näher vorgestellt: Die Overheadprojektor-Folie, die Folie in einem Präsentationsprogramm („digitale Folie") und die Kartencollage.

Overheadprojektor-Folien

Diese sind geeignet für die Präsentation

- der Gliederung
- zentraler Definitionen
- direkter Zitate
- von Merksätzen/Stichwortaufzählungen
- von Tabellen
- von Abbildungen (Grafiken, Karten usw.).

Für den **Text auf Folien** gilt:

- Er sollte ein Destillat des Wesentlichen sein. Prägnanz und Kürze sind Trumpf.
- Er sollte eine klare Struktur aufweisen und übersichtlich angeordnet sein – so kann der Leser den Inhalt rasch erfassen.
- Komplexe Abläufe sollten vereinfacht, also z. B. als Ablaufskizzen dargestellt werden.
- Überschriften sollte man fett und größer drucken, nicht aber unterstreichen.
- Zentrale Aspekte sollte man hervorheben (Fettdruck, Farbe usw.) – so wird der Blick des Lesers gezielt auf Wichtiges gelenkt.
- Außer bei Definitionen, Zitaten und Merksätzen gilt: keine vollständigen Sätze, sondern nur Stichworte aufschreiben.

Regeln für das **Layout von Folientexten** sind:

- Lesbarkeit ist oberstes Gebot
- möglichst keine handschriftlichen Texte
- Schriftgröße mindestens Arial 20 pt/Times New Roman 26 pt
- ausreichend Rand lassen (mindestens allseitig 3 cm)
- Groß- und Kleinschreibung verwenden
- vorrangig mit waagerechten Elementen arbeiten (also keine schräg verlaufenden Schriftbilder, keine kreisförmig angeordneten Texte usw.)
- möglichst wenig verschiedene Schriftarten verwenden (maximal zwei pro Folie)
- Möglichst wenig verschiedene Farben verwenden (maximal drei pro Folie)
- keine blassen Farben verwenden (diese sind bei der Projektion kaum erkennbar)
- Folie klar aufbauen/strukturieren
- pro Folie maximal sieben Zeilen Text
- pro Zeile maximal sieben Wörter (eher weniger)

Für **Tabellen und Abbildungen** gilt:

- ⊙ Lesbarkeit ist auch hier oberstes Gebot
- ⊙ Darstellung und Schrift müssen eine ausreichende Größe besitzen (vorher im Vortragsraum ausprobieren)
- ⊙ pro Folie maximal zwei Abbildungen
- ⊙ eine einzelne Abbildung zentriert setzen
- ⊙ für Tabellen und Abbildungen gelten die gleichen Gestaltungsvorschriften wie für Tabellen/Abbildungen in Facharbeiten (zu jeder Tabelle/Abbildung Über- bzw. Unterschrift, Quellenangabe usw. → Seite 125 ff.)
- ⊙ in komplexen Tabellen/Abbildungen können wichtige Inhalte durch Markierungen hervorgehoben werden (Umkreisen, Pfeil usw.), um dem Zuhörer die rasche Erfassung der Kernpunkte zu ermöglichen
- ⊙ beim Kopieren farbiger Abbildungen ist auf Farbtreue zu achten (z. B. sind Rottöne auf Kopien oft kaum noch unterscheidbar)

Generell sollte man:

- ⊙ jede Folie oben mit der Nummerierung und Überschrift des Gliederungspunktes versehen, dem sie zugeordnet ist
- ⊙ nur ein Thema pro Folie darstellen
- ⊙ möglichst keine reinen Textfolien erstellen (außer zur Präsentation der Gliederung)

Für den **praktischen Einsatz** der Folien gilt:

- ⊙ Nicht zu viele Folien verwenden (Aufnahmekapazität der Zuschauer beachten).
- ⊙ Keine Textfolien verwenden, die lediglich den gerade gesprochen Referattext enthalten. Solche Folien könnte der Zuhörer auch alleine lesen!
- ⊙ Der gesprochene Text muss zum Inhalt der Folie passen.
- ⊙ Komplexe Tabellen und Abbildungen müssen ausführlich erläutert werden. Bedenken Sie: Die Zuhörer sehen diese zum ersten Mal.
- ⊙ Bei komplexen Folien können die Inhalte dem Zuhörer/Zuschauer auch erst nach und nach zugänglich gemacht werden. Mögliche Methoden sind hier:
  - – Teile der Folie mit Papier abdecken; Abdeckungen nach und nach entfernen
  - – mehrere Folien übereinanderlegen; so wird die Gesamtfolie zunehmend komplexer (Achtung: Verrutschungsgefahr)
  - – Folieninformationen durch handschriftliche Eintragungen (mit Folienstiften) ergänzen
- ⊙ Folien müssen ausreichend lange gezeigt werden; kein hektisches Auf- und Ablegen.

- Den Zuhörern sollte „Einlesezeit" zur Verfügung gestellt werden. Dies kann eine kurze Pause beim Auflegen der Folie oder nach jedem erläuterten Abschnitt sein.
- In der Folie können Sie auf die gerade angesprochene Informationen zeigen (auf eine Zahl im Text oder in einer Tabelle, eine bestimmte Region in einer Karte usw.). Nutzen Sie dazu z.B. einen spitzen Bleistift oder einen Zeiger.
- Zeigen Sie in jedem Fall exakt auf die gemeinte Information. Vage Andeutungen („Irgendwo hier ...") sind für die Zuhörenden verwirrend.
- Eingesetzte Folien und deren Inhalte sollte man selbst genau kennen. Werten Sie daher Tabellen, Diagramme oder Karten intensiv aus, bevor Sie diese auf einer Folie präsentieren.
- Die/Der Referierende sollte dem Publikum zugewandt am Projektor stehen. So hat man die gezeigte Folie und die Zuhörerschaft im Blick. Das Umdrehen zum an die Wand projizierten Bild sollte man vermeiden.
- Den Overheadprojektor sollte man nicht zu häufig an- und abschalten.

Achten Sie darauf, dass Sie nicht im Strahlengang des Overheadprojektors stehen, sonst verdecken Sie einen Teil des projizierten Bildes. Probieren Sie Ihre optimale Positionierung vor dem Referat aus.   Tipp

„Digitale Folien"

„Digitale Folien" werden in der Regel mithilfe von Präsentationsprogrammen wie z. B. Microsoft PowerPoint® oder Keynote® für Apple-PC erstellt. Sie können von PC, Laptop oder Smartphone aus per Beamer gezeigt werden. Ist der Vortragsraum mit einem interaktiven Whiteboard (Smartboard) ausgestattet, ist die Präsentation auch über dieses Medium möglich.

Als kostenfreie Alternativen zu PowerPoint® bieten sich z.B. OpenOffice an (mit ähnlichen Programmen wie Microsoft Office®, also u.a. einer Präsentations-Software) oder das Präsentationsprogramm Prezi®. Für Schüler, Studenten und Lehrende (→ Studium und Lehre) ist die Version „Prezi® Basic" kostenlos. Bei Prezi® werden Texte, Bilder, Filme oder Sounddateien auf eine virtuelle Pinwand verteilt. All diese Elemente können gedreht, verschoben oder in der Größe verändert werden. Beim Referat wird das jeweils angesprochene Element der Prezi®-Präsentation herangezoomt.   Tipp

Für den Aufbau, die Gestaltung und den Einsatz digitaler Folien gelten prinzipiell die gleichen Regeln wie bei den Overheadprojektor-Folien (→ Seite 175 f.). An Besonderheiten kommen hinzu:

Layout digitaler Folien (→ Seite 171 und 179).

- ⊙ Der Folientitel (= Kapitelnummer und Kapitelüberschrift) gehört oben auf jede Folie.
- ⊙ In der Präsentation enthält (in der Regel)
  - – die erste Folie das Thema, den Namen der Referentin/des Referenten und einen Eyecatcher
  - – die vorletzte Folie ein Resümee
  - – die letzte Folie das Literatur- und Quellenverzeichnis.
- ⊙ Für den Hintergrund der Folien gilt:
  - – er sollte bei alle Folien gleich sein
  - – er sollte nicht zu auffällig sein (da er sonst vom Inhalt ablenkt)
- ⊙ Für die Schrift gilt:
  - – sie muss auch in sieben bis acht Meter Entfernung noch gut lesbar sein (hinreichende Schriftgröße und gut lesbare Schriftart wählen!)
  - – ihre Farbe muss sich deutlich vom Folienhintergrund abheben.
- ⊙ Bei den Animationen sollten Sie beachten:
  - – keine Animation beim Folientitel; er muss permanent stehenbleiben
  - – Animationen sparsam, inhaltsbezogen und zweckdienlich verwenden
- ⊙ Folien sollten:
  - – übersichtlich und klar strukturiert sein
  - – nicht zu bunt gestaltet werden

Einsatz digitaler Folien

- ⊙ Nutzen Sie die technischen Möglichkeiten des Präsentationsprogramms:
  - – man kann nicht nur Texte, sondern auch Abbildungen, Tabellen, Karten oder Filmsequenzen in die Folien einbinden
  - – Folien bzw. Folienelemente kann man per Mausklick aufblenden
  - – Text, Abbildungen und Tabellen können über- oder eingeblendet werden
  - – Animation und Einblendung von Markierungen kann man dazu nutzen, den Zuhörern die rasche Erfassung zentraler Inhalte zu ermöglichen
- ⊙ Vermeiden Sie eine Reizüberflutung der Zuhörer: Begrenzen Sie die Folienzahl, verwenden Sie Animationen mit Fingerspitzengefühl, lassen Sie den Zuhörenden nach dem Aufblenden der Folie ausreichend Zeit zum Einlesen.

Tipp	Das Präsentieren digitaler Folien über den PC, Laptop oder das Smartboard wird einfacher, wenn man einen *Presenter* verwendet. Mit dessen Hilfe lässt sich eine Computerpräsentation bequem steuern, während man sich selber innerhalb der Reichweite des Presenters frei im Raum bewegt (z. B. kann man so die nächste Folie aufblenden oder zwei Folien zurückgehen).

Erstes Aufblenden der Folie: nur der Folientitel erscheint	Zweiter Schritt: Klimadiagramm und Luftbild zur Lageeinordnung der Klimastation erscheinen	Beispiel: Aufbau und Präsentation „digitaler Folien"

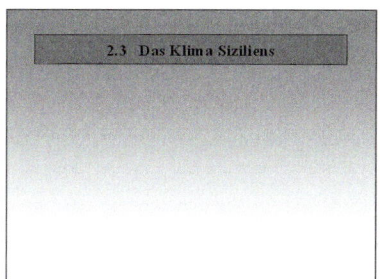
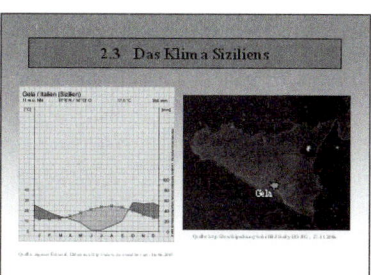

Dritter Schritt: Kasten zu den Kennzeichen des Klimas erscheint und überdeckt Luftbild

Vierter bis neunter Schritt: Im Kasten erscheinen passend zum gesprochenen Text nach und nach die Kennzeichen des Klimas Siziliens

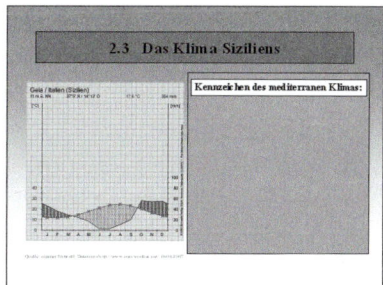
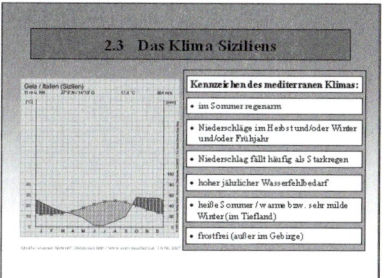

Oftmals möchte man in den präsentierten Folien auf bestimmte Inhalte hinweisen. Hierfür kann man einen Zeigestock verwenden oder auch einen Laserpointer (im *Presenter* ist ein solcher meist integriert). Nutzen Sie ein interaktives Whiteboard, so können Sie sogar Markierungen und Beschriftungen innerhalb der gezeigten Folie anbringen.

Planen Sie bei Ihrem Referat den Einsatz eines Laserpointers, so erkundigen Sie sich im Vorfeld bei der Fachlehrerin/dem Fachlehrer, ob bzw. bis zu welcher Lichtleistung/Laserklasse ein solcher Lichtzeiger an ihrer Schule erlaubt ist.
In jedem Falle gilt: Gehen Sie sorgsam mit dem Laserpointer um. Leuchten Sie niemals Personen an. Bereits bei relativ schwachen Geräten kann die Netzhaut kurzfristig oder bleibend geschädigt werden.

Tipp

Kartencollage

Nach den Kompositionsvorgaben für die Kartencollage lässt sich auch ein Tafelbild entwickeln. Achten Sie dabei auf:
– saubere Tafel
– gut lesbare Schrift
– korrekte Rechtschreibung
– klare, übersichtliche Strukturierung
– knappe, prägnante Darstellung (Stichworte)
– durchdachten Einsatz farbiger Kreide.

Zum Vorstellen der Gliederung, zur Präsentation von Ergebnissen, zur Darstellung von Pro- und Kontra-Argumenten, zum Sammeln von Ideen und zu vielem mehr eignet sich die Kartencollage. Sie besteht aus einzelnen mit Stichworttexten beschrifteten Karten, die man zur Visualisierung nach und nach an einer Pinnwand, Flip-Chart, Wand oder Tafel befestigt.

⊙ **Vorteile der Kartencollage**
- Sie ist einfach in Herstellung und Handling
- Sie ist flexibel. Man kann während des Referats „Ergänzungskarten" beschriften und einfügen oder Karten gruppieren (clustern).
- Sie ist in jedem Vortragsraum einsetzbar.
- Eine Abdunklung des Raumes ist unnötig.

⊙ **Nachteile der Kartencollage**
- In großen Räumen sind die Karten hinten kaum lesbar.
- Das Befestigen der Karten kostet Zeit.
- Die Collage wirkt weniger perfekt und modern als eine digitale Folie.

⊙ **Hinweise zu Kartengestaltung und -einsatz** (siehe Abb. 10.1)
- Es sollte für die Karten fester Karton verwendet werden. Die Verwendung verschieden gefärbter Karten ist möglich.
- Auch Bilder, Icons, Diagramme usw. können in die Collage integriert werden. Dabei ist auf ausreichende Größe zu achten.
- Es kann mit verschiedenfarbigen und unterschiedlich dicken Filzstiften geschrieben werden. Doch gilt: Maximal zwei verschiedene Schriftdicken und maximal drei Farben pro Kartencollage.
- Neben Karten können z. B. auch Pfeile zum Einsatz gelangen.
- Größere Karten müssen gegebenenfalls mit zwei Pins, Klebestreifen oder Magneten befestigt werden, um ein Verrutschen zu vermeiden.
- Die Karten müssen in der vorgesehenen Abfolge und gegebenenfalls nach Gruppen sortiert bereitliegen. Ebenso die Befestigungshilfen.
- Karten können in Reihen, Gruppen, als Kreis usw. angeordnet werden.
- Erstellen Sie im Rahmen Ihrer Vorbereitung eine Skizze, wie die Karten passend zum Referatinhalt angeordnet werden können.

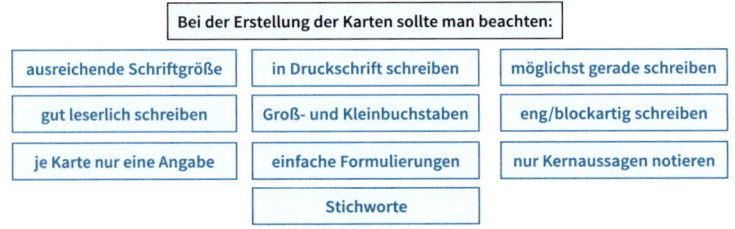

Abb. 10.1: Die Kennzeichen der Karten einer Kartencollage

10.6 Der Vortrag

Generalprobe

Auch wenn Sie das Referat bereits einmal vor Bekannten gehalten haben, sollten Sie am Tag vor dem Vortrag einen letzten Probedurchlauf fahren. Tragen Sie dabei das gesamte Referat vor. Setzen Sie alle Visualisierungsmittel so ein, wie für das Referat geplant.

- Fragen Sie anschließend die Zuhörer nach Lücken in der Darstellung und sonstigen zu verbessernden Schwachstellen.
- Überprüfen Sie Ihr Zeitmanagement.
- Testen Sie das benötigte technische Equipment und dessen Handhabung.
- Nutzen sie die Checklisten auf Seite 186 ff.
- Beseitigen Sie erkannte Schwachstellen.

Vor Referatbeginn

Ein Spaziergang, Entspannungsübungen, Musikhören oder eine Tasse Kaffee – all das hilft ein wenig, das Lampenfieber vor einem Referat in den Griff zu bekommen.

Begeben Sie sich dann frühzeitig in den Vortragsraum und bereiten Sie diesen vor:

- Lüften Sie den Raum falls notwendig.
- Ordnen Sie gegebenenfalls die Bestuhlung vortragsgerecht an.
- Überprüfen Sie die benötigte Technik.
- Legen Sie Manuskript, Visualisierungsmittel (z. B. Folien, Modelle) und Zeigegeräte bereit.
- Stellen Sie gegebenenfalls ein Glas Wasser an Ihr Rednerpult.

Auf **www.westermann.de/fit-fuers-abi** finden Sie ein Video zum Thema „Angst unter Kontrolle".

Sprache und Stil

- Das Referat muss in der Regel frei vorgetragen werden. Ausnahmen sind z. B. wörtliche Zitate und Definitionen.
- Machen Sie direkte (wörtliche) Zitate kenntlich (→ Seite 98).
- Stützen Sie sich beim Formulieren des Textes auf Ihr Redemanuskript (→ Seite 165 f.).
- Halten Sie das Manuskript so, dass es Ihr Gesicht nicht verdeckt.
- Müssen Sie das Manuskript zum Lesen augennah halten, ist die Schrift zu klein!
- Kurze Redepausen beim Blick ins Manuskript sind durchaus erlaubt. Sie bieten Referent/in wie Zuhörer eine Chance zum Luftholen.
- Sprechen Sie nicht zu schnell.
- Sprechen Sie laut und deutlich.
- Bilden Sie kurze, prägnante Sätze. Formulieren Sie nicht zu kompliziert.

- Behalten Sie das Sprachniveau der Zuhörer im Auge. Außer bei Definitionen und direkten Zitaten sollten Sie keine abgehobene, gestelzte Sprache verwenden.
- Erläutern Sie neue, den Zuhörern unbekannte Fachbegriffe. Schreiben Sie diese an die Tafel oder heben Sie diese auf Folien optisch hervor.
- Sprechen Sie nicht monoton. Setzen Sie Betonung und (sparsam) auch Mimik und Gestik ein. Ihr Vortrag wirkt so lebendiger.
- Stellen Sie – sofern möglich – Bezüge zu bekannten Unterrichtsinhalten her.
- Vergleichen Sie genannte Daten falls möglich mit Größen, die den Zuhörern vertraut sind (Beispiel: „[…] *Die VR China ist 9,6 Millionen Quadratkilometer groß und damit rund 27-mal so groß wie Deutschland.* […]")
- Sprechen Sie die Zuhörer direkt an (*„Wie ihr bereits aus dem Unterricht wisst …").*
- Wecken Sie das Interesse der Zuhörer immer wieder neu: Erzählen Sie eine kurze Anekdote, zeigen Sie eine Karikatur, spielen Sie ein Tondokument vor, beziehen Sie die Zuhörer aktiv in das Referat ein …
- Fassen Sie am Ende eines Abschnitts wesentliche Inhalte knapp zusammen.
- Erklären Sie schwierige Sachverhalte eventuell zweimal mit unterschiedlichen Worten. Oder veranschaulichen Sie diese durch eine Strukturskizze oder eine Abbildung.

Körperhaltung und Verhalten

Abb. 10.2: Blickkontakt und angemessene Gestik – da erkennt man die geübte Referentin.

- Stellen Sie möglichst häufig Blickkontakt mit dem Publikum her.
- Sprechen Sie nicht mit dem Rücken zum Publikum, auch nicht bei der Präsentation von Folien.
- Behalten Sie das Publikum im Auge, beobachten Sie dessen Reaktionen. Zeigt sich Unverständnis, sollten Sie die Passage wiederholen, neu formulieren oder nachfragen, worin die Unklarheit besteht.
- Auch bei der Arbeit am Overheadprojektor sollte sich Ihr Blick nicht an der Folie festsaugen, sondern zwischen Folie und Zuhören pendeln.
- Beim Aufblenden einer „digitalen Folie" sollten Sie den zugehörigen Text vortragen, ohne sich zur Folie hinzuwenden. Ausnahme: Sie nehmen Eintragungen auf einem interaktiven Whiteboard vor.
- In der Regel ist es günstig, in zentraler Position vor den Zuhörern zu stehen. Doch es gibt Ausnahmen:
  - Stehen Sie bei der Arbeit mit dem Overheadprojektor neben dem Gerät und nicht im Lichtkegel des Projektors.
  - Stehen Sie bei der Präsentation „digitaler Folien" seitlich von der Projektionsfläche und nicht mitten davor.

- Ihre Körperhaltung sollte entspannt, doch nicht betont lässig sein. Stehen Sie mit beiden Füßen auf dem Boden.
- Hände gehören nicht in die Hosentaschen. Nutzen Sie diese zum Halten des Manuskriptes, zum Zeigen in Folien, für den Vortrag unterstützende Gestik – oder lassen Sie sie zumindest locker hängen.
- Vermeiden Sie „Ticks" wie z. B. beständiges Spielen mit einem Stift, wiederholtes Klicken eines Kugelschreibers.
- Achten Sie auch auf angemessene Kleidung. Bei Referaten im Unterricht sollte diese „normal" sein, bei einer Präsentation im Abitur aber durchaus gediegen. Anzug oder schwarzes Kleid sind in der Regel jedoch ebenso fehl am Platz wie ein Minirock. Setzen Sie Baseballkappen oder ähnliche Kopfbedeckungen ab!

Auf **www.westermann. de/fit-fuers-abi** finden Sie ein Video zum Thema „Überzeugend auftreten".

Zuhörerfragen

Sie können Zuhörerfragen
- während des laufenden Referats,
- jeweils zum Ende eines Kapitels oder
- erst am Ende des Referats zulassen.

Tipp

Informieren Sie die Zuhörer zu Referatbeginn, an welcher Stelle Sie Fragen erlauben. Meist ist es sinnvoll, diese erst am Ende des Referats zuzulassen. Denn auftretende Fragen werden oft im Verlauf des Referats geklärt. Bitten Sie die Zuhörer, sich ihre Fragen zu notieren.

Prinzipiell sollten Sie in der Lage sein, Fragen zum Thema Ihres Referats zu beantworten. Doch: Nobody is perfect! Auch ein gut vorbereiteter Referent kann nicht auf alle Zuhörerfragen eine Antwort wissen. Verweisen Sie gegebenenfalls auf entsprechende Literatur zum Thema oder bieten Sie an, die Frage bis zur nächsten Unterrichtsstunde abzuklären.

Steckenbleiben

Dies kann auch geübten Rednern passieren. Im Fall des Falles: Bleiben Sie ruhig. Atmen Sie tief durch. Sehen Sie im Manuskript nach. Überspringen Sie falls nötig einen Punkt. Eventuell hilft es auch, das gerade Gesagte kurz zusammenzufassen oder zu wiederholen, um in das „Fahrwasser" des Manuskripttextes zurückzugelangen.

Bei technischen Problemen erbitten Sie eine Auszeit für die Problembeseitigung. Scheuen Sie sich nicht, technisch versierte Zuhörer um Hilfe bei der Lösung des Problems zu bitten.

10.7 Das Handout

Als „Serviceleistung" für die Zuhörer sollten Sie ein Handout vorbereiten. Dieses kann bereits während des Referats Orientierungshilfen bieten, kann Ausgangspunkt einer anschließenden Diskussion sein oder als Gedächtnisstütze für zentrale Referatinhalte dienen.

Ein Handout *muss* vier Komponenten enthalten:
- Einen Kopf. Hier werden vermerkt: Name der Referentin/des Referenten, Schule, Jahrgangstufe, Kursbezeichnung, Datum und Thema.
- Die Gliederung des Referats. Sie erlaubt ein Nachverfolgen des Referatablaufs.
- Hilfreiche Informationen. So z. B. neue Fachbegriffe, Vokabeln, zentrale Definitionen.
- Das Literatur- und Quellenverzeichnis (→ Seite 98 ff.).

Es *kann* weitere Komponenten aufweisen:
- Zusammenfassungen; die Ergebnisse des Referats können in Form einer Strukturskizze oder einiger Merksätze dokumentiert sein.
- wichtige Abbildungen/Tabellen mit Über-/Unterschrift, Quellenangabe (→ Seite 124 ff.)
- Thesen und offene Fragen, insbesondere solche, die Ausgangspunkt für eine anschließende Diskussion sein sollen.

Ein Handout (→ Beispiel nächste Seite) sollte
- ein bis zwei Seiten umfassen (also nur ein eventuell beidseitig bedrucktes Blatt sein);
- übersichtlich gestaltet sein;
- prägnante, knappe Informationen enthalten (gegebenenfalls in Form von Stichworten);
- Platz für individuelle Notizen bieten;
- links einen Lochrand aufweisen.

Tipp

Der Zeitpunkt für die Ausgabe des Handouts richtet sich nach dessen Inhalt:
- Enthält es Ergebnisse und Thesen, so sollte es am Ende des Referats verteilt werden.
- Enthält es hingegen die Gliederung und die während des Vortrags von den Zuhörern benötigten Arbeitsmittel (z. B. ein Diagramm, auf das die Referentin/der Referent verweisen möchte), dann sollte das Handout zu Beginn ausgegeben werden.

Handout zu einem Referat in einem Leistungskurs Geographie   Beispiel

Hoppenstedtgymnasium Köln   28.11.2017
Jahrgangsstufe 11
Leistungskurs Geographie

Referat mit dem Thema
Der Naturraum Sizilien
gehalten von Eva Castrup

Gliederung des Referats
1 Sizilien – die Insel des Lichtes
2 Die Geographische Lage und naturräumliche Gliederung
3 Der Etna
4 Das Klima
5 Die Böden
6 Die Vegetation
7 Die Bodenschätze
8 Sizilien – keine Einheit, sondern faszinierende Vielfalt

Glossar
Lava (ital. „Regenbach") – Magma, das an die Erdoberfläche ausgetreten ist
Magma (griech. „geknetete Masse") – Masse aus Gesteinsschmelze in Teilen des
    oberen Erdmantels und der tieferen Erdkruste; die Fließfähigkeit des Magmas ist
    Ursache des Vulkanismus
Macchie (ital. *macchia*, franz. *maquis* „Dickicht, Gebüsch") – 2 bis 3 m hoher, dichter,
    immergrüner Buschwald ohne Baumbestand; Degradationsstufe des Waldes im
    Mittelmeerraum
Degradation oder Degradierung (lat. *degrado* = herabsetzen) – bezeichnet in der Regel
    die Veränderung bestimmter Eigenschaften im Sinne einer Verschlechterung

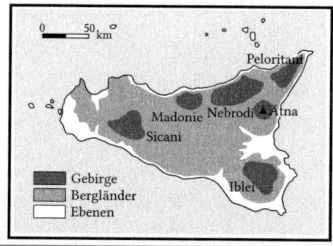

Abb. 1: Die naturräumliche Gliederung Siziliens
Quelle: Skizze nach Uhlenbrock 2017, S. 17

These
Zentrale Ursache für die wirtschaftliche Misere Siziliens sind die naturräumlichen
Gegebenheiten.

Benutzte Quellen
BÄRTELS, A. (1997): Farbatlas Mediterrane Pflanzen. Stuttgart: Ulmer.
CARNABUCI, B. (2013): Sizilien. Ostfildern: DuMont Reiseverlag.
PFEIFFER, T. (2002): Wird der Ätna zum Pulverfaß? In: Spektrum der Wissenschaft,
    5, S. 54–63.
UHLENBROCK, K. (2017): Studienfahrtführer Sizilien. Rheine: o.V.

10.8 Checkliste: Kriterien zur Bewertung

Tipp

Kopieren Sie sich diese Seiten oder erstellen Sie eine ähnliche Tabelle, die Sie dann für verschiedene Referate immer wieder nutzen können.

Thema: ....

....

Referent/in: ....

Datum: ....   Dauer des Referats: ....

1 Vorbereitung und organisatorischer Rahmen

	ja	z. T.	nein
Der Vortragsraum ist sorgfältig vorbereitet worden.			
Die benötigten Präsentationsmedien waren zu Referatbeginn funktionsbereit.			
Der vorgegebene Startzeitpunkt für das Referat wurde eingehalten.			
Der vorgegebene Zeitrahmen für das Referat wurde eingehalten.			

2 Aufbau und Präsentation des Vortrags

	ja	z. T.	nein
Thema und Gliederung wurden zu Beginn vorgestellt.			
Das Handling der Zuhörerfragen wurde zu Beginn geklärt.			
Der Vortrag wurde frei gehalten.			
Die Lautstärke des Vortrags war angemessen.			
Der Vortrag war akustisch gut zu verstehen (deutliche Sprache, kein Nuscheln usw.).			
Der Vortrag wurde fließend, doch nicht zu schnell/monoton vorgetragen.			
Der Text wurde verständlich formuliert (kein zu komplizierter Satzbau usw.).			
Direkte Zitate wurden kenntlich gemacht und formal korrekt vorgestellt.			
Am Ende des Referates wurden alle benutzten Quellen korrekt angegeben.			
Augenkontakt zum Publikum wurde gesucht.			
Es wurde nicht mit dem Rücken zum Publikum gesprochen.			
Die Körperhaltung der/des Vortragenden war angemessen.			

3 Inhalt des Vortrags

Allgemein	ja	z. T.	nein
Die Referentin bzw. der Referent war in der Sache sicher.			
Die Gliederung des Referats ist dem Thema angemessen.			
Das Referat wurde klar und logisch strukturiert. Ein roter Faden war erkennbar.			
Die zeitliche Strukturierung des Referats (das Timing) war stimmig.			
Einleitung	ja	z. T.	nein
Die Heranführung an das Thema ist gelungen.			
Das Interesse/die Neugier der Zuhörer wurde geweckt.			
Der organisatorische Rahmen des Referats wurde vorgestellt.			
Hauptteil	ja	z. T.	nein
Die Darstellung war sachlich richtig.			
Die Darstellung war verständlich und nachvollziehbar.			
Die Darstellung deckte das Thema umfassend ab.			
Wichtiges wurde ausführlich und Unwichtiges nur am Rande behandelt.			
Sachinhalte und eigene Deutung/Meinung wurden klar getrennt.			
Unbekannte, neue Fachbegriffe wurden erklärt und aufgeschrieben.			
Schlussteil	ja	z. T.	nein
Wesentliche Inhalte/Ergebnisse des Referats wurden zusammengefasst.			
Die vorgetragenen Wertungen/persönlichen Meinungen/Schlussfolgerungen sind stimmig und wurden nachvollziehbar begründet.			
Die Ausgangsfrage des Referats wurde (soweit möglich) beantwortet.			
(Vorhersehbare) Fragen der Zuhörer konnten korrekt beantwortet werden.			

4 Medien und Hilfsmittel

Präsentation allgemein	ja	z. T.	nein
Der Umgang mit der eingesetzten Technik war souverän und sicher.			
Die Zahl der eingesetzten Medien war angemessen (nicht zu viele/nicht zu wenige).			
Die/der Referent/in war mit den Inhalten der eingesetzten Medien vertraut.			
Die eingesetzten Folien usw. waren klar an den Referattext angebunden.			
Den Zuhörern wurde ausreichend Zeit zum Einlesen in z. B. Folien gegeben.			
Digitale Folien / Overheadprojektor-Folien	ja	z. T.	nein
Die Folien sind überzeugend aufgebaut/strukturiert.			
Textinformationen wurden stichwortartig vermerkt.			
Es gibt maximal 7 Textzeilen je 7 Worte pro Folie.			
Die Folien unterstützen den Referattext; sie wurden nicht einfach nur vorgelesen.			

	ja	z. T.	nein
Die Schrift ist so gestaltet, dass der Folientext für die Zuhörer gut lesbar ist.			
Abbildungen/Diagramme wurden mit Unter-/Überschrift versehen.			
Abbildungen/Diagramme wurden mit Quellenangabe versehen.			
Abbildungen/Diagramme waren gut erfassbar/nicht zu komplex.			
Die technische Qualität der Abbildungen/Diagramme ist zufriedenstellend.			
Folienhintergrund ist angemessen (nicht zu unruhig/zum Thema passend).			
Soundeffekte wurden dosiert und stimmig zu den Inhalten eingesetzt.			
Optische Animationen wurden dosiert und stimmig zu den Inhalten eingesetzt.			
Filmausschnitte (in weiten Teilen auch auf Dias/Bilder zutreffend)	ja	z. T.	nein
Die Bild- und Tonqualität war zufriedenstellend.			
Die Länge der präsentierten Ausschnitte war angemessen.			
Der Filminhalt wurde deutlich in den Referattext eingebunden.			
Die präsentierten Filmausschnitte veranschaulichen Referatinhalte.			
Die Quelle des Bildmaterials wurde genannt (z. B. Regisseur, Filmtitel).			
Tafelbild (gilt auch für Flipchartplakate)	ja	z. T.	nein
Das Tafelbild ist klar strukturiert.			
Das Tafelbild veranschaulicht gesprochene Informationen.			
Die Schrift ist ausreichend groß und gut lesbar.			
Rechtschreibung, Grammatik und Zeichensetzung sind korrekt.			

5 Handout

	ja	z. T.	nein
Der Kopf enthält alle notwendigen Angaben (Referent, Schule usw.).			
Die Gliederung des Referats (inkl. Nummerierung) wird aufgelistet.			
Die benutzten Quellen werden formal korrekt angegeben.			
Das Handout enthält weitere hilfreiche Informationen wie Zusammenfassungen, zentrale Abbildungen/Tabellen, ein Glossar neuer Fachbegriffe.			
Die auf dem Handout vermerkten Informationen sind sachlich richtig.			
Das Handout wurde übersichtlich gestaltet.			

Überblick

Merkmale von Referaten sind:

- Ein Referat ist ein mündlicher Vortrag.
- Es ist prinzipiell frei zu halten (Ausnahme: Definitionen, direkte Zitate u. ä. dürfen abgelesen werden).
- Als Gedächtnisstütze kann ein ausformulierter Text, besser aber ein Stichwortmanuskript (z. B. DIN-A5-Karteikarten) erstellt werden.
- (Digitale) Folien (z. B. PowerPoint®) unterstützen den Vortrag, dürfen aber nicht den gesamten vorgetragenen Text enthalten.
- Zur Visualisierung der referierten Inhalte können zudem Bilder, Diagramme, Filme, Tafelbilder … zum Einsatz kommen.

Stichwortverzeichnis

Bildnachweis:
|Alamy Stock Photo (RMB), Abingdon/Oxfordshire: Independent Picture Service 56.1; Jason Smalley 111.1. |fotolia.com, New York: PhotoSG 21.1; vege 36.1. |imprint, Zusmarshausen: 40.1, 129.1, 129.2, 129.3, 185.1. |iStockphoto.com, Calgary: borojoint 15.1; SDI Productions Titel; Steve Debenport 182.1. |Marckwort, Ulf, Kassel: 7.1. |Picture-Alliance GmbH, Frankfurt a.M.: dpa Themendienst/K. Remmers 23.1. |Schwarzstein, Yaroslav, Hannover: 123.1. |Uhlenbrock, Karlheinz, Rheine: 128.1, 171.1, 171.2, 171.3, 171.4, 179.1, 179.2, 179.3, 179.4.